PRACTICE OF REPLACING
THE BUSINESS TAX WITH A VALUE-ADDED TAX

营业税改征增值税
实战操作

政策讲解·财税处理·风险控制·疑难解答

栾庆忠◎编著

中国市场出版社
China Market Press

·北京·

图书在版编目（CIP）数据

营业税改征增值税实战操作/栾庆忠编著. —北京：中国市场出版社，2016.7
ISBN 978-7-5092-1503-6

Ⅰ.①营… Ⅱ.①栾… Ⅲ.①增值税-税收管理-中国 Ⅳ.①F812.424

中国版本图书馆CIP数据核字（2016）第148225号

营业税改征增值税实战操作
YINGYESHUI GAIZHENG ZENGZHISHUI SHIZHAN CAOZUO
栾庆忠　编著

出版发行	中国市场出版社		
社　　址	北京月坛北小街2号院3号楼	邮政编码	100837
电　　话	编辑部（010）68032104　读者服务部（010）68022950		
	发行部（010）68021338　68020340　68053489		
	68024335　68033577　68033539		
	总编室（010）68020336		
	盗版举报（010）68020336		
邮　　箱	474885818@qq.com		
经　　销	新华书店		
印　　刷	河北鑫宏源印刷包装有限责任公司		
规　　格	185 mm×260 mm　16开本	版　次	2016年7月第1版
印　　张	22.25	印　次	2016年7月第1次印刷
字　　数	400 000	定　价	50.00元

版权所有　侵权必究　　印装差错　负责调换

PREFACE
总　序

写作初衷

我遇到过许多刚刚走出大学校门的财税专业本科毕业的大学生，虽然在从事着一份会计工作，却连基本的会计分录、报表编制、纳税申报都做不好，缺乏实战经验，工作起来相当吃力，没有老会计指导很难胜任会计工作，只能拿着微薄的薪水，苦苦思索怎样快速改变现状。

会计新手如此，老会计也不容乐观。

我遇到过不少工作了多年的老会计，甚至是干了大半辈子的老会计。他们独立处理一家中小企业的账务可能不是问题，但是对税法知识知之甚少，对税收规定一知半解，对税务处理模棱两可，处理涉税事项深感力不从心。他们非常渴望提升自己的税务处理水平，却不知从何下手。有的财税人员买了不少书籍来充电，但总觉得多数图书理论有余而实操不足，对提高实际工作水平帮助不大。

作为一名注册会计师、税务师，一名在集团公司、会计师事务所、税务师事务所、税务咨询公司都工作过的财税工作者，我也一直在思考如何让财税人员在短时间内提升财税业务水平。我想，如果能够把多年的实战经验整理归纳，写出极具实操性的真正适合财税人员的书，也许是一种不错的方式。

财税人员的需求就是我创作的动力和源泉，能够尽我所能为广大财税人员服务，将自己的财税实战经验与大家分享，提高广大财税人员的业务水平，真正降低企业财税风险，是我的一份责任，更是我多年的心愿。

几年前的某一天，中国市场出版社胡超平副总编的一个电话激发了我的灵感，于是种种思路相继在我的脑海里酝酿，并最终转化为一本本实用的财税图书，我的心愿也得以实现。

系列图书特色

短短几年的时间，我撰写了10本适合不同水平财税人员阅读的实战操作型财税图书。这些书充分考虑了企业财税人员的实际需求，让读者以最少的时间、用最少的精力、花最少的银子取得最理想的效果，真正提高财税实战操作技能。具体来说，本系列图书具有下列特点：

1. 内容均是我多年财税工作经验的总结，我将多年财税工作的实战经验和操作技巧精心整理、提炼、汇总成书。

2. 案例高度仿真，完全根据企业真实业务设计，为读者营造一个真实的财税环境，通过案例让读者真正学会实际的财税处理操作，从而提升自身财税实际操作水平。

专家和读者强烈推荐

金奖银奖不如读者的夸奖，金杯银杯不如读者的口碑！一本书的价值，读者最有发言权！几年来，本系列图书得到了许多业内专家的高度评价，更是得到了广大读者的好评和厚爱，下面摘录部分专家和读者的推荐或评价：

1. 作者具有丰富的实战经验，每本书都是作者用心写就，是作者多年实战经验的总结。所著财税图书本本精彩，内容丰富翔实，思路条理清晰，作风认真严谨，案例贴近实际，语言通俗易懂，极具操作性和实战价值，特别是"温馨提醒"写得非常到位，在实际工作中容易忽略的细节问题也都一一点到，对财税工作者提高自身财税水平和防范税务风险很有帮助！

——樊剑英，中国注册税务师，中国"得法网"业务总监，"中国税网"房地产项目总监，中国税网特约研究员，国家税务总局网络培训学院讲师，天和经济研究所专家委员会委员，著有《房地产开发企业纳税实务与风险防范》、《营改增政策深度解析及纳税辅导》等

2. 初识栾庆忠，是在一次网上收集资料时，当看到他的《企业税务风险自查与防范》的内容介绍，就想学习一下。收到书后，从业近三十年的我很快就被书的内容所吸引，《企业税务风险自查与防范》通过案例资料、税收政策、税务风险、自查切入点、相关阅读以及独特新颖的编排，让你很快就从多角度对风险的防范有了很熟练的掌握，这么好的书让我爱不释手，随后又读《小企业会计从入门到高手》、《企业会计处理与纳税申报真账实操》、《企业税务处理与纳税申报真操实练》、《营业税改征增值税实战操作》、《增值税纳税实务与节税技巧》。逐一阅读，本本都受益匪浅，各本图书都有其独到之处，其共同特点是"连点成线、织线成面"，从实战操作角度使人读后很快上手，会计知识与税收政策的有效归集，能短时间内提高实际操作水平，迅速成为一名熟练的会计高手，甚至查账能手。

——许培升，嘉祥县地税局稽查局

3. 对于纳税人来说，增值税可以说是其最大的税收负担，因此，税收筹划首先想到的一定是增值税的筹划问题。这本《增值税纳税实务与节税技巧》把所有可能的增值税节税方法都做了非常详细的介绍，尽管可能存在挂万漏一的问题，但是，对于纳税人来说，这已经足够了。

——王红领，南京财经大学财政与税务学院副教授

4. 说来我手上有好几本栾老师的书，从基础的《企业会计处理与纳税申报真账实操》到专业深入的《增值税纳税实务与节税技巧》和《企业税务风险自查与防范》。发现栾老师写书具有的特点就是系统性、实用性、专业性，为了让会计朋友们能真正掌握、能学以致用，真正是花了心思的，也能感觉得出栾老师具有深厚的知识积累与经验沉淀，否则写不出这么有实用性与专业性的书。以《增值税纳税实务与节税技巧》来说，从最初增值税一般纳税人资格认定开始讲解，到各个涉税环节的情况处理及难点应对，到各种情况下的风险把握及日常工作中的提前自查，就连后面的答疑也是经典实例。大量的实例介绍与讲解，让人茅塞顿开，可以说日常工作中未注意的、疑难的问题都讲解明白了。对于初入会计行业的涉税会计人员来说是一本不可多得的岗前培训书籍，可以当"佛脚"抱抱；对于已入行的人员来说，也可以作为自我提升与知识补充的好工具。

——吴宇凌，某食品上市公司华东区销售财务副经理

5. 西方有句谚语："税收和死亡是人生无法避免的两件大事。"既然逃避不了，我们就应准确把握涉税事务。栾老师的书刚好抓住了企业实际工作中税务及

其会计处理的热点和难点，案例全面，基本上涉及了各个涉税事项，覆盖了各个涉税要点，具有极强的实践性和操作性。

栾老师的书所提供的不仅是知识，更是一种技能和方法，能让我们这些读者在繁杂的税务中把握住方向，提高自身的税务风险自查与防范能力；此书既可以当成教科书，也可以作为工具书，一书多用！

——楼月芳，浙江众泰税务师事务所有限公司

6.《增值税纳税实务与节税技巧》以案例的形式将增值税的原理、日常业务处理涵盖其中，结合编者的丰富经验，为企业财务人员指明了办理增值税业务方面需要掌握的知识点、可能产生税务风险的地方，是财务人员在增值税方面的一盏指明灯。

——刘永孝，中国新时代国际工程公司，注册会计师、高级会计师

7. 栾老师的好几本书都有一个共同的特点：重点突出，易于理解！与实际工作相符，对提高大家的实际操作水平有很大帮助！

——史俊娟，北京市海淀区上地信息路26号

8. 全面、具体、详细、实用，是我对栾老师所著系列图书的一个简洁概括。作为一个企业财务人员，这些图书对我在实际工作中遇到的一些具体问题给出了详尽的答案，从而提高了我的业务水平。一本好书可以丰富一个人的知识，感谢栾老师为广大财税人员带来如此实用的好书。以后将继续关注您的著作。

——高毅，黑龙江昊天通信工程有限公司

9. 我是一个会计初学者，非会计专业毕业，刚刚考取了会计从业资格证书，看了您写的《增值税纳税实务与节税技巧》，真是拍案叫好！感觉读您的书非常值！于是我又继续购买了好几本您的倾心力作！您为广大读者慷慨地奉献了大量的宝贵经验，这些宝贵经验是一个初学者需要慢慢摸索花好多时间才能积累到的！万分感谢！！！

——陈明远，广西南宁读者

一人难称百人心，我以真心换称心，读者的满意将是我永远不懈的追求。

栾庆忠

PREFACE
前　言

市面上关于营改增的书籍已经不少，但我相信，本书一定会让您感到与众不同！

一、我与增值税实务的缘分

自信来源于真实的历史数据。我对增值税图书的写作一直情有独钟，《增值税纳税实务与节税技巧》2010年9月第一版面市，2013年1月第二版、2015年9月第三版相继出版，2013年3月出版了《营业税改征增值税实战操作》，2014年1月出版了《增值税疑难问题案例精解》，每一本书上市之后都深受读者喜爱。特别是《增值税纳税实务与节税技巧》一书，自上市以来连续多年位列当当网增值税类图书畅销榜第一名，财政税收类图书畅销榜前六名，许多读者通过电子邮件、QQ、微信等方式向我表达谢意，还有许多读者更是把我写的系列图书全部购买，仔细研读，纷纷表示受益匪浅。

自信也来源于我多年的工作经历和丰富的实战经验。我具有大型企业、会计师事务所、税务师事务所工作经验，特别是近几年来一直从事税务咨询、税务审查和税务培训工作，每年都接触几百家企业，涉及工业、商业、建筑业、房地产业、服务业等各行业，既有央企、省属国企，也有大中型私企，操作过大量税收实战案例，受邀为中国国电四川公司、广西建工集团、黑龙江省水利水电集团、港华集团苏浙区域公司、内蒙古源源能源集团等各类大型企业做内训，积累了丰富的实战经验。在写作过程中，我对近几年来实际工作中积累的实战经验和纳税人咨询较多的疑难热点问题根据最新政策进行整理，融于书中。

二、本书的特点：实战！实战！

自 2016 年 5 月 1 日起，营改增试点全面推开，建筑业、房地产业、金融业、生活服务业 4 个行业被纳入试点范围。自此，现行营业税纳税人全部改征增值税。无论是营改增试点纳税人，还是制造业、商业等原增值税纳税人，都将因税收政策的变化而受到不同程度的影响。为使纳税人更快更好地掌握营改增税收政策的精髓，全面学习营改增操作实务，进一步提高自己的增值税业务水平，减少税务风险，特编写了《营业税改征增值税实战操作——政策讲解　财税处理　风险控制　疑难解答》一书。

本书融汇最新营改增政策，全面讲解营改增操作实务，将营改增政策与案例相结合，以例讲法，融法于例，让读者更迅速、准确地理解税法，轻松掌握营改增政策精髓，提升实战操作业务技能。

具体来说，本书具有下列特点：

1. 内容全面，重点突出。本书涉及的营改增相关税收政策截至 2016 年 6 月份，对营改增企业主要纳税事项都根据最新政策进行了详细的讲解，并尽可能采取表格的形式展现在读者面前，简洁、直观，条理清晰，便于读者阅读、理解、吸收和消化。

2. 案例丰富，实用性强。本书充分考虑了所有行业纳税人在工作中可能会遇到的通用税收业务，也考虑了建筑、房地产开发行业比较特殊的税收业务，力求做到税收业务全而精，每项业务均设计了极具实战性和操作价值的典型案例，融法于例，以例讲法，以提升读者税务实际操作水平。

3. 贴近实际，直击热点。本书中的每个案例、每个疑难热点问题都来源于实际工作，对纳税人普遍关注的疑难热点问题不回避，最大限度地为纳税人服务。

4. 通俗易懂，事半功倍。本书充分考虑了企业财税人员的实际需求，言简意赅、通俗易懂，将理论融入实际操作，希望读者以较少的时间、用较少的精力、花较少的银子取得理想的效果，真正提高营改增实战操作技能。

本书内容分为四大部分：

第一部分为第一章至第三章，主要讲述营改增税收政策，全面、详细、务实，让读者准确把握营改增政策精髓，学以致用；

第二部分为第四章和第五章，主要讲述营改增纳税人实际账务处理和纳税申报操作，对营改增纳税人可能会遇到的增值税业务进行了全面、细致的讲解，编写了丰富的实战案例，真正让读者学会实务操作；

第三部分为第六章，主要讲述营改增纳税人可能面临的增值税税务风险，让纳税人了解常见的增值税税务风险点，切实有效防范、规避税务风险；

第四部分为第七章，主要针对营改增纳税人在实际工作中遇到的疑难热点问题进行解析，精心选取了日常咨询和培训工作中纳税人最为关注、最感困惑的系列问题，直击热点，真正为纳税人答疑解惑！

三、你也可以成为实战专家

特别要对营改增纳税人说的是，营改增并非你想象的那么复杂！增值税其实非常简单，而且绝大多数增值税政策都是不分行业的，比如发票与进项税额抵扣这点事，只要掌握好方法，不管你身在何种行业，不管你以后遇到何种未见过的业务，都可以自己判断发票是否符合规定、进项税额能否抵扣！你自己就是专家！关键你要会学习，会融会贯通，举一反三！

要说营改增政策在行业之间的区别，我认为其实主要体现在三点上：一是在销售额确定上，有的存在差额征税；二是在优惠政策上，有的存在减免税；三是有些项目一般纳税人也可以采取简易计税方法。即便是在建筑业这个营改增政策影响最大、最受关注的行业也是如此，绝大部分政策依然是各行业通用的，区别就是存在部分项目可以采用简易计税方法征税、可以采用差额征税，还有跨地区经营预缴税款等，之所以关注度高，是因为行业特点决定了很多诸如砂石材料采购之类的业务很难取得增值税专用发票从而无法抵扣进项税额，还存在诸如资质共享、挂靠经营、违法分包等违反《建筑法》等不规范的经营问题，造成没有形成完整的抵扣链条，但是这些问题其实都可以用增值税的基本原理和政策来解决。

本书适合所有行业营改增纳税人阅读，也同样适合原增值税纳税人阅读。本书除了对各行业通用的营改增税收政策及操作实务进行详细解析，也对建筑、房地产、酒店等行业中的一些特殊疑难热点问题进行了详细讲述，这方面内容甚至比一些专门以某个行业营改增为主的书籍还要丰富。

从您拿到本书的此刻起，希望读者朋友们不要再受营业税思维的影响，而要尽快建立起全新的增值税思维，全面准确吃透增值税政策，熟练掌握增值税实战操作技能，灵活地运用到实际工作中去！

四、以书为媒，架起作者与读者交流的桥梁

赠人玫瑰，手留余香。本着对读者认真负责，为读者真心服务的态度，每周我都会抽出时间阅读读者来信，认认真真地进行回复，及时解决读者遇到的疑难问题，在帮助读者提升业务水平的同时，自己的业务素质也得到了提升！一人难称百人心，我以真心换称心，读者的称心就是我不懈的追求。

金奖银奖不如读者的夸奖，金杯银杯不如读者的口碑！借此新书出版之际，我再次衷心地感谢所有的读者朋友！读者的支持和厚爱就是我创作的动力和源泉，读者的需求和建议就是我创作的方向和目标。财税工作让我们相识，网络架起了我们沟通的桥梁，拉近了我们的距离，在感谢读者的同时，我希望能够得到读者的宝贵建议，希望能够和大家经常交流财税方面的业务。大家可以通过电子邮箱（17876312@qq.com）与我交流。

能够尽我所能地为广大财税人员服务，将自己的财税实战经验与大家分享，提高财税人员的业务水平，是我多年的心愿。在中国市场出版社的大力支持下，这一愿望不断得以实现，不知不觉中已经出版了 10 本书。值此新书出版之际，我再次感谢中国市场出版社对我的帮助和支持。另外，本书在写作过程中，参考了国家税务总局以及部分省市国税局政策指引，在此一并表示感谢！

在写作过程中，本书严格按照最新税收政策进行编写，精益求精，力求做到专业、准确，但是限于时间和水平，本书难免会存在一些疏漏和不足甚至错误之处，敬请广大读者批评指正。本书观点和建议仅供读者参考，切忌生搬硬套，实际工作中须特别关注税法政策的变化和主管税务机关的规定。

栾庆忠
2016 年 6 月

CONTENTS

目 录

第一章 营业税改征增值税政策讲解 *001*

  一、纳税人和扣缴义务人、应税行为范围、税率和征收率 *001*

    （一）纳税人和扣缴义务人 *001*

    （二）应税行为范围 *007*

    （三）税率和征收率 *009*

  二、应纳税额的计算方法 *011*

    （一）一般纳税人发生应税行为适用一般计税方法计税 *011*

    （二）小规模纳税人发生应税行为适用简易计税方法计税 *016*

    （三）一般纳税人发生特定应税行为可以选择简易计税方法计税 *016*

    （四）建筑服务计税方法 *017*

    （五）销售不动产计税方法 *020*

    （六）不动产经营租赁服务计税方法 *022*

（七）增值税差额征税　023

　　（八）金融服务计税方法　026

　　（九）销售使用过的固定资产计税方法　027

　　（十）跨省预缴增值税　028

　　（十一）扣缴税额　028

三、增值税扣税凭证　028

　　（一）各种增值税扣税凭证及其税额抵扣　029

　　（二）增值税扣税凭证抵扣期限　032

　　（三）一般纳税人发票的认证与采集　035

　　（四）增值税专用发票限额管理　037

　　（五）增值税专用发票的领购　038

　　（六）增值税发票的开具　039

　　（七）几种特殊情况下发票开具的特殊要求　041

　　（八）不得开具增值税专用发票的情形　041

　　（九）一般纳税人作废增值税专用发票重新开具的税法规定　042

　　（十）一般纳税人开具红字增值税专用发票的规定　043

　　（十一）一般纳税人增值税专用发票抄报税　044

　　（十二）一般纳税人丢失增值税专用发票的处理　045

　　（十三）一般纳税人收到失控增值税专用发票的处理　046

　　（十四）一般纳税人用加油卡加油可否要求加油站直接开具专用发票　047

　　（十五）增值税发票的使用及过渡期政策　048

　　（十六）其他12项常见开票问题　049

四、不得从销项税额中抵扣的进项税额　050

五、不动产抵扣　054

六、兼营业务　057

七、混合销售　059

八、不征收增值税项目　060

九、增值税纳税义务发生时间　060

十、原增值税纳税人有关政策　063

　　　　（一）进项税额　063

　　　　（二）增值税期末留抵税额　065

　　　　（三）混合销售　065

　　十一、试点前发生的业务　066

　　十二、增值税的起征点　066

　　十三、增值税纳税地点与纳税期限　067

　　十四、征收管理　068

　　十五、其他规定　069

　　附　录　070

　　　　附录1-1　销售服务、无形资产、不动产注释　070

　　　　附录1-2　增值税销售额一般规定及特殊规定一览表　078

　　　　附录1-3　增值税简易计税方法、发票类型及计税公式汇总表　080

　　　　附录1-4　建筑服务、销售不动产、不动产经营租赁营改增政策一览表　088

第二章　营业税改征增值税试点过渡政策　101

　　一、直接免税的营改增政策　101

　　二、增值税即征即退的营改增政策　112

　　三、扣减增值税的营改增政策　113

　　　　（一）退役士兵创业就业　113

　　　　（二）重点群体创业就业　115

　　四、金融企业表外利息的营改增政策　117

　　五、个人出售二手房的营改增政策　117

　　六、增值税优惠政策说明　118

　　七、小微企业免征增值税优惠政策　118

　　八、享受增值税税收优惠政策的注意事项　119

第三章　跨境应税行为适用增值税零税率和免税政策　122

　　一、增值税零税率的情形　122

二、免征增值税的情形 123

三、其他说明 131

第四章 营业税改征增值税试点纳税人实务操作 133

一、纳税人增值税会计科目的设置 133

（一）一般纳税人增值税会计科目的设置 133

（二）小规模纳税人增值税会计科目的设置 137

二、纳税人具体增值税业务的财税处理（适合于所有行业） 137

（一）纳税人购入货物、固定资产、无形资产或接受应税行为的财税处理 137

（二）纳税人接受捐赠转入货物、固定资产、无形资产的财税处理 141

（三）纳税人接受投资转入货物、固定资产、无形资产的财税处理 141

（四）纳税人利润分配转入货物、固定资产、无形资产的财税处理 142

（五）自行建造固定资产的账务处理 142

（六）纳税人发生各类不得抵扣进项税额情形的财税处理 142

（七）纳税人进项税额转回的财税处理 145

（八）纳税人接受境外单位提供应税服务扣缴税款的财税处理 145

（九）纳税人发生应税行为的财税处理 146

（十）纳税人适用简易计税方法的应税项目的财税处理 147

（十一）纳税人发生应税行为价格明显偏低或者偏高且不具有合理商业目的或者发生视同销售服务、无形资产或者不动产的财税处理 148

（十二）纳税人视同销售货物的财税处理 149

（十三）纳税人发生应税行为收取价外费用的财税处理 151

（十四）纳税人现金折扣、商业折扣、销售折让的财税处理 152

（十五）纳税人兼营销售货物、劳务、服务、无形资产或者不动产

　　　　　　的财税处理 155

　　（十六）混合销售的财税处理 156

　　（十七）兼营免税、减税项目的增值税财税处理 158

　　（十八）纳税人差额征税的财税处理 159

　　（十九）纳税人已抵扣进项税额的固定资产、无形资产或者不动产
　　　　　　进项税转出的增值税账务处理 166

　　（二十）纳税人销售自己使用过的固定资产的增值税账务处理 167

　　（二十一）纳税人享受增值税优惠政策（直接免征、直接减征、即
　　　　　　征即退、先征后退、先征后返）的财税处理 169

　　（二十二）纳税人增值税税控系统专用设备和技术维护费用抵减增
　　　　　　值税额的财税处理 174

　　（二十三）纳税人月末缴纳增值税的财税处理 179

　　（二十四）纳税人增值税检查调整的账务处理 180

　　（二十五）因发生增值税偷税、骗取退税和虚开增值税扣税凭证等
　　　　　　行为，被辅导期管理的一般纳税人的特殊财税处理 183

三、纳税人具体增值税业务的财税处理（适合于建筑业、房地产业） 186

　　（一）纳税人挂靠经营挂靠方与被挂靠方双方的财税处理 186

　　（二）纳税人跨区经营预缴税款的财税处理 189

　　（三）会计准则与企业所得税收入确认时点、增值税纳税义务发生
　　　　　时间存在差异的财税处理 191

　　（四）纳税人销售房地产差额征税的财税处理 193

　　（五）房地产开发企业财税处理综合案例 196

第五章　营业税改征增值税纳税人纳税申报 199

一、纳税申报资料 199

　　（一）纳税申报表及其附列资料 199

　　（二）纳税申报的其他资料 200

　　（三）需填写《增值税预缴税款表》的情形 201

二、纳税申报表的填写 201

　　（一）一般纳税人纳税申报表的填写 201

（二）小规模纳税人纳税申报表的填写　214

　附　录　227

　　附录5-1　《增值税纳税申报表（一般纳税人适用）》及其附列资料填写说明　227

　　附录5-2　《增值税纳税申报表（小规模纳税人适用）》及其附列资料填写说明　248

　　附录5-3　《增值税预缴税款表》填写说明　253

　　附录5-4　《营改增税负分析测算明细表》填写说明　254

第六章　营业税改征增值税纳税人常见税务风险　258

　一、销项税额的税务风险　258

　　（一）增值税纳税义务发生时间　258

　　（二）视同销售服务、无形资产或者不动产　260

　　（三）跨县（市）、跨省（自治区、直辖市或者计划单列市）提供建筑服务或者销售、出租不动产　261

　　（四）销售额　264

　　（五）价外费用　264

　　（六）兼　营　265

　　（七）混合销售　266

　　（八）销售收入完整性　266

　二、进项税额的税务风险　267

　　（一）增值税扣税凭证　267

　　（二）不应该抵扣而抵扣进项税额　267

　　（三）应作进项税额转出而未作进项税额转出　269

　　（四）扣税凭证要符合规定，资料要齐全　270

　三、发票使用管理税务风险　270

　　（一）不得开具增值税专用发票而开具的税务风险　271

　　（二）增值税发票不及时认证的税务风险　272

　　（三）不按税法规定开具发票的税务风险　273

　　（四）虚开发票的税务风险　274

四、税控设备管理税务风险　279

　　　　(一) 防伪税控专用设备被盗、丢失的税务风险　279

　　　　(二) 未按照规定安装、使用税控装置的税务风险　280

　　五、逾期申报、逾期缴税的风险　280

　　　　(一) 逾期申报的风险　280

　　　　(二) 逾期缴税的风险　281

　　六、纳税人销售额超过小规模纳税人标准不登记的风险　281

　　七、账务处理的税务风险　282

　　八、节税筹划的操作风险　283

　　九、营改增企业合同签订中的税务风险　284

第七章　营业税改征增值税纳税人常见疑难热点问题解析　291

　　一、建筑企业增值税疑难热点问题解析　292

　　　　问题1：建筑企业跨县、市、区承接建筑工程，是在服务发生地开具发票，还是回机构所在地统一开具发票？　292

　　　　问题2：施工企业作为一般纳税人，采购小规模纳税人按简易计税方法出售的材料，该材料可否作为施工企业的进项税额进行抵扣？　292

　　　　问题3：建筑用和生产建筑材料所用的砂、土、石料、砖、瓦、商品混凝土，是必须采用简易计税方法，还是可选择一般计税方法或简易计税方法？　292

　　　　问题4：财税〔2016〕36号文的附件二中"试点纳税人提供建筑服务适用简易计税方法的，以取得的全部价款和价外费用扣除支付的分包款后的余额为销售额。"这里所称的"分包款"，是指工程分包、劳务分包还是材料分包？不同项目可以差额扣除分包款吗？　292

　　　　问题5：实施分包的工程，减除分包款项，须取得合法发票，是否指增值税专用发票？　293

　　　　问题6：跨县（市、区）外的建安项目，经总公司授权并由分公司对外签订分包合同、材料合同等，回机构所在地机构时，

其取得的进项发票由于公司名称不一致，无法进行抵扣。这一问题有无解决办法？ 293

问题7：一般纳税人以清包工方式或者甲供工程提供建筑服务，适用简易计税方法，开票的金额是总金额还是分包之后的金额？ 293

问题8：建筑公司在工地搭建的临时建筑在工程完工后会被拆除，原已抵扣的进项税额是否需要转出？ 294

问题9：EPC总承包合同属于兼营还是混合销售？怎样预缴税款？ 294

问题10：建筑业的行业特点决定了将会有大量采购来自个人之类的无票供应商，这些开支怎样取得发票？ 294

问题11：营改增后提供建筑服务的一般纳税人按照建委要求为施工人员购买团体意外保险，保险费支出取得增值税专用发票，能否作为进项税额抵扣？ 294

问题12：建筑企业违法分包怎样界定？是否适用差额征税？能否抵扣进项税额？ 295

问题13：销售建筑服务、不动产和出租不动产，开票时有什么特殊规定？ 296

问题14：建筑分包项目，总包方和分包方分别如何开具发票？ 297

问题15：建筑服务未开始前收到的备料款是否征税？ 297

问题16：建筑服务已在营改增前完成，按合同规定营改增后收取的工程款怎样征税？ 297

问题17：经住建部门批准在原建筑工程项目基础上进行新增建设（如扩大建筑面积等），新增合同对应项目可否参照原建筑工程项目按照老项目选择简易计税方法？ 297

问题18：纳税人提供建筑服务时，应按照工程进度还是按合同约定缴纳增值税？ 298

二、房地产企业增值税疑难热点问题解析 298

问题1：房地产企业在预售环节如何预缴增值税？预收款范围如何

　　　　确定？是否需要开票？怎样进行纳税申报？　298

问题2：房地产开发企业跨县（市、区）开发房产如何预缴
　　　　税款？　300

问题3：已缴纳营业税未开具发票是否需要补开增值税普通
　　　　发票？　301

问题4：房地产公司销售不动产纳税义务发生时间如何
　　　　确定？　302

问题5：房地产开发企业适用差额征税的增值税发票怎样
　　　　开具？　303

问题6：房地产开发企业的多个老项目可否部分选择简易计税方
　　　　法，部分选择一般计税方法？　303

问题7：房地产开发企业销售精装修房、售房送装修，怎样
　　　　纳税？　304

问题8：房地产企业销售不动产的同时，无偿提供家具、家电等货
　　　　物如何征税？　304

问题9：房地产企业"一次拿地、分次开发"，如何扣除土地成本？
　　　　可供销售建筑面积如何确定？　304

问题10：适用简易计税方法的房地产开发项目是否允许扣除土地
　　　　 价款？　305

问题11：房地产开发企业一般纳税人土地价款扣除范围怎样
　　　　 确定？　305

问题12：因土地缴纳的契税、配套设施费、政府性基金及因延期
　　　　 缴纳地价款产生的利息能否纳入土地价款扣除？　305

问题13：当期允许扣除的土地价款=（当期销售房地产项目建筑面
　　　　 积/房地产项目可供销售建筑面积）×支付的土地价款，
　　　　 房地产项目可供销售建筑面积能否将用于出租、自用的
　　　　 物业面积剔除？　306

问题14：如果存在土地返还款，企业实际需要支付的土地价款可
　　　　 能小于土地出让合同列明的土地价款，该种情况下可以
　　　　 扣除的土地价款的范围是否只包含企业直接支付的土

价款？ *306*

问题15：同一法人多项目滚动开发，新拿地支付的土地出让金能否在其他正在销售的项目的销售额中抵减？ *306*

问题16：项目清算后进项税额留抵，如何处理？ *306*

问题17：地下车位永久租赁行为的增值税税目如何适用？ *306*

问题18：没收的定金和违约金是否应当缴纳增值税及开具发票？ *307*

问题19：房地产开发企业收到购房人的定金、订金、诚意金、意向金时，是否视同收到预收款按照3%的预征率预缴增值税？ *307*

问题20：2016年5月1日后发生的退补面积差，如何缴纳税款？ *308*

问题21：怎样算一个项目？一个项目分期开发，分别取得《建筑工程施工许可证》，是作为一个项目还是不同项目？ *308*

问题22：房地产企业取得境外公司发票（如规划、设计费、劳务费）能否抵扣？ *308*

问题23：原已开具地税的不动产发票若发生退房、更名等需要开具红字发票的情况，红字发票如何开具？发生退税行为的由哪个部门受理？ *308*

问题24：营改增实施后，房地产企业代垫的施工水电费，可否作为代收代付处理？ *308*

问题25：房产预售按3%征收率预缴的税款，在发生纳税义务时未抵减完的可以结转下期继续抵减，具体怎样抵减？若因后续没有销售收入，预缴额未抵减完的，能否退税？ *309*

问题26：房地产开发企业增值税留抵税额是否可以抵减预缴税款？ *309*

问题27：房地产兼有新老项目无法准确划分进项税如何计算？ *310*

问题28：房地产开发企业的售楼处、样板间的进项税额如何抵扣？这些设施如果最后拆除，已经抵扣的进项税额

　　　　是否要转出？　310

　　问题29：房地产开发企业中的一般纳税人销售开发的房地产老项目如何计税？　310

　　问题30：房地产开发企业中的一般纳税人出租自行开发的房地产老项目如何计税？　310

　　问题31：房地产企业销售不动产在营改增前已开具营业税发票的，营改增后，企业发生退款等其他情形应如何处理？　311

　　问题32：营改增全面推开后，房地产开发企业"代建"房屋的行为如何征收增值税？　311

　　问题33：出售车位或储藏间，没有独立产权，是否按不动产出售处置？　311

　　问题34：房地产开发企业总分机构之间土地价款能否扣除？　312

　　问题35：房地产开发企业将尚未出售的房屋进行出租怎样界定房地产新、老项目？　312

　　问题36：房地产开发企业代收的办证费、契税、印花税等代收转付费用是否属于价外费用？　312

　　问题37：房地产开发企业自行开发的开发产品转为固定资产后再销售怎样征税？　312

　　问题38：房地产开发企业在2015年4月30日前购入在建工程，于5月1日后销售的，可否选择适用简易计税方法扣除土地价款后按照5%的征收率计税？　313

　　问题39：房地产开发企业自行开发的产品用于出租怎样征税？　313

三、其他增值税疑难热点问题解析　314

　　问题1：公司超营业范围经营，可否开具增值税发票？　314

　　问题2：选择简易计税方法的试点一般纳税人，是否可以开具增值税专用发票？　314

　　问题3：哪些项目的差额扣除部分不得开具增值税专用发票？不得开具增值税专用发票的部分应如何开票？　315

　　问题4：增值税一般纳税人从安装总电表单位购进的非直供电力产

品，应如何开票、缴税？ 316

问题5：自来水费、电费是否开具增值税专用发票？若是，税率是多少？ 316

问题6：纳税人提供的电梯保养服务怎样征收增值税？ 316

问题7：转让土地使用权、土地出租怎样征收增值税？ 317

问题8：旅店业和饮食业纳税人销售非现场消费的食品怎样征收增值税？ 317

问题9：挂靠企业应当如何确定纳税义务人？ 317

问题10：如何区分劳务派遣和人力资源外包？增值税税收政策有何区别？ 317

问题11：转租不动产怎样征收增值税？ 319

问题12：营改增全面实施后，其他个人发生应税项目可否申请代开增值税专用发票？ 319

问题13：分支机构已达到一般纳税人登记标准，但总机构尚未登记一般纳税人资格，分支机构能否认定？ 319

问题14：在会计制度上按"固定资产"核算的不动产，其进项税额如何抵扣？在会计制度上不按"固定资产"核算的不动产或者不动产在建工程（如投资性房地产），其进项税额如何抵扣？ 320

问题15：原兼营增值税、营业税业务分别享受小微企业优惠政策的纳税人，如何享受小微企业增值税优惠政策？ 320

问题16：不得开具专用发票的情形有哪些？ 320

问题17：宾馆（酒店）在楼层售货或房间内的单独收费物品如何征税？ 321

问题18：宾馆住宿服务和不动产租赁怎样划分？ 321

问题19：餐饮企业购进新鲜食材，还没用完就过期或变质了，超市销售的食品过了保质期还没有卖掉就销毁了，这些情况是否属于非正常损失？ 321

问题20：酒店餐饮企业里的兼营和混合销售怎样划分？ 321

问题21：不动产的范围如何界定？出租附着在土地或不动产上的

　　　　　　空位、楼面、屋顶给他人安装竖立广告牌等是否属于出
　　　　　　租不动产范围？　321
问题22：以货币资金投资收取的固定利润或者保底利润，如何缴
　　　　　　纳增值税？　322
问题23：楼体广告、电梯间广告、车辆广告行为如何适用增值税
　　　　　　税目？　322
问题24：物业公司代收水电费、暖气费怎样征收增值税？　322
问题25：营改增后有哪些发票类型？过渡期发票政策是
　　　　　　怎样的？　324
问题26：同一纳税人在简易计税方法与一般计税方法并存的情况
　　　　　　下，进项税额怎么划分？　324
问题27：营改增后公司食堂整体外包怎样进行税务处理？　325
问题28：以不动产对外投资是否缴纳增值税？　326
问题29：股权转让涉及的不动产是否需要缴纳增值税？　326
问题30：营改增纳税人兼营和混合销售有什么区别？　326
问题31：境内单位进口货物取得境外单位的返利是否需要作进项
　　　　　　税额转出？　326
问题32：某公司连续12个月取得装饰服务销售额400万元，同期
　　　　　　还取得设计服务的销售额80万元，取得货物的销售额40
　　　　　　万元，那么该公司是否要认定为一般纳税人？　327
问题33：营改增试点纳税人中，已登记为一般纳税人的个体工商
　　　　　　户能适用增值税起征点的规定吗？　327
问题34：什么情况下可以使用新系统中的差额征税开票
　　　　　　功能？　327
问题35：什么情形下可以开具红字增值税专用发票？　327
问题36：婚庆公司提供婚庆策划、主持司仪、婚车接送、花篮等
　　　　　　服务怎样缴纳增值税？　327
问题37："三流"一致，也有的说"四流"一致，其中的资金流究
　　　　　　竟有无政策依据？资金流不一致究竟能否抵扣？三方抵
　　　　　　款协议、委托付款协议在税法上是否认可？　328

Chapter 01

第一章
营业税改征增值税政策讲解

一、纳税人和扣缴义务人、应税行为范围、税率和征收率

(一) 纳税人和扣缴义务人

1. 在中华人民共和国境内（以下称境内）销售服务、无形资产或者不动产（以下称应税行为）的单位和个人，为增值税纳税人，应当按照《营业税改征增值税试点实施办法》缴纳增值税，不缴纳营业税。

单位，是指企业、行政单位、事业单位、军事单位、社会团体及其他单位。

个人，是指个体工商户和其他个人。

2. 单位以承包、承租、挂靠方式经营的，承包人、承租人、挂靠人（以下统称承包人）以发包人、出租人、被挂靠人（以下统称发包人）名义对外经营并由发包人承担相关法律责任的，以该发包人为纳税人。否则，以承包人为纳税人。

> **温馨提醒**
>
> 1. 承包、承租、挂靠经营方式的理解。
>
> （1）承包经营企业是指发包方在不改变企业所有权的前提下，将企业发包给经营者承包，经营者以企业名义从事经营活动，并按合同分享经营成果的经营形式。
>
> （2）承租经营企业是在所有权不变的前提下，出租方将企业租赁给承租方经营，承租方向出租方交付租金并对企业实行自主经营，在租赁关系终止时，返还所租财产。
>
> （3）挂靠经营是指企业、合伙组织、个体户或者自然人与另外的一个经营主体达成依附协议，然后依附的企业、个体户或者自然人将其经营的财产纳入被依附的经营主体名下，并对外以该经营主体的名义进行独立核算的经营活动。
>
> 2. 以承包人名义对外经营，以承包人为增值税纳税人；以发包人名义对外经营但发包人不承担相关法律责任的，以承包人为增值税纳税人。
>
> 3. 建筑业挂靠、承包经营方式，只要同时符合"以发包人名义对外经营"及"发包人承担相关法律责任"两个要件，税法还是界定由发包人对业主提供建筑服务，应当以发包人为纳税人。建筑企业应重点关注增值税发票所带来的税务风险。

【例1-1】 李某与S运输公司签订挂靠协议，以S运输公司名义对外经营，但领取独立营运证件，自备运输工具在试点地区独立开展运输服务并承担法律责任，那么按照规定李某应办理税务登记，并确定为增值税纳税人，缴纳增值税。

李某与S运输公司签订挂靠协议，以S运输公司名义对外经营并由S运输公司承担相关法律责任的，以S运输公司为增值税纳税人，缴纳增值税。

3. 纳税人分为一般纳税人和小规模纳税人。

应税行为的年应征增值税销售额（以下称应税销售额）超过财政部和国家税务总局规定标准的纳税人为一般纳税人，未超过规定标准的纳税人为小规模纳税人。

年应税销售额超过规定标准的其他个人不属于一般纳税人。年应税销售额超过规定标准但不经常发生应税行为的单位和个体工商户可选择按照小规模纳税人纳税。

年应税销售额标准为 500 万元（含本数）。财政部和国家税务总局可以对年应税销售额标准进行调整。

> **温馨提醒**
>
> （1）年应税销售额，是指纳税人在连续不超过 12 个月的经营期内（含未取得销售收入的月份）累计应征增值税销售额，包括纳税申报销售额、稽查查补销售额、纳税评估调整销售额、税务机关代开发票销售额和免税销售额。稽查查补销售额和纳税评估调整销售额计入查补税款申报当月的销售额，不计入税款所属期销售额。
>
> （2）超过财政部、国家税务总局规定的小规模纳税人标准是指：从事货物生产或者提供应税劳务的纳税人，以及以从事货物生产或者提供应税劳务为主，并兼营货物批发或者零售的纳税人，年应征增值税销售额在 50 万元以上；除此规定以外的纳税人，年应税销售额在 80 万元以上。以从事货物生产或者提供应税劳务为主，是指纳税人的年货物生产或者提供应税劳务的销售额占年应税销售额的比重在 50% 以上。应税行为年应税销售额标准为 500 万元（含本数），财政部和国家税务总局可以根据试点情况对应税行为年销售额标准进行调整。
>
> 试点纳税人试点实施前的应税行为年应税销售额按以下公式换算：
>
> $$\text{应税行为年应税销售额} = \text{连续不超过 12 个月应税行为营业额合计} \div (1+3\%)$$
>
> 按照现行营业税规定差额征收营业税的试点纳税人，其应税行为营业额按未扣除之前的营业额计算。
>
> 试点实施前，试点纳税人偶然发生的转让不动产的营业额，不计入应税行为年应税销售额。
>
> 试点实施后，符合条件的试点纳税人应当按照《增值税一般纳税人资格认定管理办法》、《国家税务总局关于调整增值税一般纳税人管理有关事项的公告》及相关规定，办理增值税一般纳税人资格登记。按照营改增有关规定，应税行为有扣除项目的试点纳税人，其应税行为年应税销售额按未扣除之前的销售额计算。
>
> 增值税小规模纳税人偶然发生的转让不动产的销售额，不计入应税行为年应税销售额。

> （3）特殊规定是指：不办理一般纳税人资格登记的纳税人，具体有：
>
> ①个体工商户以外的其他个人，即自然人；
>
> ②选择按照小规模纳税人纳税的非企业性单位，即行政单位、事业单位、军事单位、社会团体和其他单位。
>
> ③选择按照小规模纳税人纳税的不经常发生应税行为的企业，即非增值税纳税人。

【例1-2】 甲装修公司，2016年7月至2017年5月累计取得业务收入510万元，该公司连续11个月的累计销售额已超过500万元，应当办理增值税一般纳税人资格登记。

【例1-3】 甲餐饮公司财务核算制度不健全，2016年5月—2017年4月取得销售额660万元，应税行为年销售额已超过小规模纳税人标准，公司不得以会计制度不健全为理由不办理增值税一般纳税人资格登记，否则，将按《中华人民共和国增值税暂行条例实施细则》第三十四条的规定，按销售额依照增值税税率计算应纳税额，不得抵扣进项税额，也不得使用增值税专用发票。

4. 试点纳税人兼有销售货物、提供加工修理修配劳务和应税行为的，应税货物及劳务销售额与应税行为销售额分别计算，分别适用增值税一般纳税人资格登记标准。

兼有销售货物、提供加工修理修配劳务和应税行为，年应税销售额超过财政部、国家税务总局规定标准且不经常发生销售货物、提供加工修理修配劳务和应税行为的单位和个体工商户可选择按照小规模纳税人纳税。

【例1-4】 甲电子产品公司连续12个月累计电子产品销售额90万元，技术服务450万元，应当办理增值税一般纳税人资格登记。乙电子产品公司连续12个月累计电子产品销售额40万元，技术服务销售额502万元，应当办理增值税一般纳税人资格登记。丙电子产品公司连续12个月累计电子产品销售额40万元，技术服务销售额490万元，可以不向主管税务机关办理增值税一般纳税人资格登记。

5. 年应税销售额未超过规定标准的纳税人，会计核算健全，能够提供准确税务资料的，可以向主管税务机关办理一般纳税人资格登记，成为一般纳税人。

会计核算健全，是指能够按照国家统一的会计制度规定设置账簿，根据合法、有效凭证核算。

6. 符合一般纳税人条件的纳税人应当向主管税务机关办理一般纳税人资格登记。具体登记办法由国家税务总局制定。

除国家税务总局另有规定外，一经登记为一般纳税人后，不得转为小规模纳税人。

温馨提醒

超过标准的纳税人必须向主管税务机关办理一般纳税人资格登记，没有选择权，具有强制性；不超过标准的纳税人可以选择申请一般纳税人，也可以选择小规模纳税人，具有选择性。

7. 办理一般纳税人资格登记程序。

自2015年4月1日起，增值税一般纳税人资格实行登记制，登记事项由增值税纳税人向其主管税务机关办理。

纳税人办理一般纳税人资格登记的程序如下：

（1）纳税人向主管税务机关填报《增值税一般纳税人资格登记表》，并提供税务登记证件；

（2）纳税人填报内容与税务登记信息一致的，主管税务机关当场登记；

（3）纳税人填报内容与税务登记信息不一致，或者不符合填列要求的，税务机关应当场告知纳税人需要补正的内容。

温馨提醒

1. 纳税人年应税销售额超过财政部、国家税务总局规定标准（以下简称规定标准），且符合有关政策规定，选择按小规模纳税人纳税的，应当向主管税务机关提交书面说明。

个体工商户以外的其他个人年应税销售额超过规定标准的，不需要向主管税务机关提交书面说明。

规定标准包括《中华人民共和国增值税暂行条例实施细则》和财政部、国家税务总局在营改增试点中规定的销售额标准。"有关政策规定"主要指，一是《中华人民共和国增值税暂行条例实施细则》规定，个体工商户以外的其他个人、非企业性单位、不经常发生应税行为的企业可选择按小规模纳税人纳税；二是根据《营业税改征增值税试点实施办法》，应税行为年销售额超过规定标准但不经常提供应税行为的单位和个体工商户可选择按照小规模纳税人纳税。

2. 纳税人年应税销售额超过规定标准的，在申报期结束后20个工作日内按照《国家税务总局关于调整增值税一般纳税人管理有关事项的公告》（国家税务总局公告2015年第18号）第二条或第三条的规定办理相关手续；未按规定时限办理的，主管税务机关应当在规定期限结束后10个工作日内制作《税务事项通知书》，告知纳税人应当在10个工作日内向主管税务机关办理相关手续。

《税务事项通知书》的主要内容包括，提示纳税人年应税销售额已超过财政部、国家税务总局规定标准，请于具体期限前向主管税务机关办理一般纳税人资格登记或提交选择按小规模纳税人纳税的情况说明，逾期仍不办理的，将按《中华人民共和国增值税暂行条例实施细则》第三十四条的规定，按销售额依照增值税税率计算应纳税额，不得抵扣进项税额，也不得使用增值税专用发票，直至纳税人办理相关手续为止。

3. 除财政部、国家税务总局另有规定外，纳税人自其选择的一般纳税人资格生效之日起，按照增值税一般计税方法计算应纳税额，并按照规定领用增值税专用发票。

《增值税一般纳税人资格登记表》中"一般纳税人资格生效之日"项目，由纳税人在填表时自行勾选"当月1日"或"次月1日"。

8. 辅导期管理要求。

试点纳税人在办理增值税一般纳税人资格登记后，发生增值税偷税、骗取出口退税和虚开增值税扣税凭证等行为的，主管国税机关可以对其实行6个月的纳税辅导期管理。

9. 中华人民共和国境外（以下称境外）单位或者个人在境内发生应税行为，在境内未设有经营机构的，以购买方为增值税扣缴义务人。财政部和国家税务总局另有规定的除外。

> **温馨提醒**
>
> 在境内未设有经营机构是存在扣缴义务人的前提，如果在境内设有经营机构，则不存在扣缴义务人的问题。

10. 两个或者两个以上的纳税人，经财政部和国家税务总局批准可以视为一个纳税人合并纳税。具体办法由财政部和国家税务总局另行制定。

（二）应税行为范围

1. 应税行为的具体范围，按照《销售服务、无形资产、不动产注释》（详见本章末的附录1-1）执行。

2. 销售服务、无形资产或者不动产，是指有偿提供服务、有偿转让无形资产或者不动产，但属于下列非经营活动的情形除外：

（1）行政单位收取的同时满足以下条件的政府性基金或者行政事业性收费。

①由国务院或者财政部批准设立的政府性基金，由国务院或者省级人民政府及其财政、价格主管部门批准设立的行政事业性收费；

②收取时开具省级以上（含省级）财政部门监（印）制的财政票据；

③所收款项全额上缴财政。

（2）单位或者个体工商户聘用的员工为本单位或者雇主提供取得工资的服务。

（3）单位或者个体工商户为聘用的员工提供服务。

（4）财政部和国家税务总局规定的其他情形。

有偿，是指取得货币、货物或者其他经济利益。

> **温馨提醒**
>
> "有偿"分两种形式：一是货币形式，包括现金、存款、应收账款、应收票据、准备持有至到期的债券投资以及债务的豁免等；二是非货币形式，包括固定资产、生物资产、无形资产、股权投资、存货、不准备持有到期的债券投资、劳务以及有关权益等。
>
> 营改增后，《财政部 国家税务总局关于股权转让有关营业税问题的通知》

（财税〔2002〕191号）中"以无形资产、不动产投资入股，参与接受投资方利润分配、共同承担投资风险的行为，不征收营业税"的规定不再延续执行，对将不动产投资入股换取股权行为，按有偿销售不动产、无形资产行为征收增值税。

【例1-5】A公司用不动产换取了B公司的土地使用权，此时虽没有取得货币，但对于A公司而言，它取得了B公司的土地使用权；同样，B公司也是以土地为代价换取了A公司的房屋所有权，这里的土地使用权和房屋所有权就是我们所说的其他经济利益。

【例1-6】C银行将房屋出租给D饭店，而D饭店长期不付租金，后经双方协商，由银行人员在饭店的就餐抵账，对C银行而言，出租房屋取得的是免费接受餐饮服务；对D饭店而言，提供餐饮服务取得的是免费使用房屋。这两者都涉及到了饮食服务和房屋出租等也是其他经济利益，因此都应征收增值税。

【例1-7】E房地产开发企业委托F建筑工程公司建造房屋，双方在结算价款时，E房地产开发企业将若干套房屋给建筑公司冲抵工程款，看上去没有资金往来，但实际上E房地产开发企业取得的好处是接受了F建筑工程公司的建筑劳务，同样F建筑工程公司获得了房屋所有权，双方都取得了经济利益，因此也应当缴纳增值税。

3. 在境内销售服务、无形资产或者不动产，是指：

（1）服务（租赁不动产除外）或者无形资产（自然资源使用权除外）的销售方或者购买方在境内；

（2）所销售或者租赁的不动产在境内；

（3）所销售自然资源使用权的自然资源在境内；

（4）财政部和国家税务总局规定的其他情形。

【例1-8】A境外纳税人向B境外纳税人提供我国境内某设备的租赁服务，不属于"在境内销售服务（租赁不动产除外）或者无形资产"的情形，不征收增值税。

境外单位和个人向其他境外单位和个人销售或租赁我国境内的不动产，属于我国征税管辖权，按规定征收增值税。

【例1-9】境外旅行社组织国外游客的中国旅游项目，境外旅行社已收款，并支付给境内酒店，由境内酒店提供酒店服务，该境内酒店是否需要申报缴纳增值税？

根据《营业税改征增值税试点实施办法》第十二条的规定,"在境内销售服务、无形资产或者不动产,是指:(一)服务(租赁不动产除外)或者无形资产(自然资源使用权除外)的销售方或者购买方在境内",故上述酒店服务应申报缴纳增值税。

4. 下列情形不属于在境内销售服务或者无形资产:
(1) 境外单位或者个人向境内单位或者个人销售完全在境外发生的服务。
(2) 境外单位或者个人向境内单位或者个人销售完全在境外使用的无形资产。
(3) 境外单位或者个人向境内单位或者个人出租完全在境外使用的有形动产。
(4) 财政部和国家税务总局规定的其他情形。

5. 下列情形视同销售服务、无形资产或者不动产:
(1) 单位或者个体工商户向其他单位或者个人无偿提供服务,但用于公益事业或者以社会公众为对象的除外。
(2) 单位或者个人向其他单位或者个人无偿转让无形资产或者不动产,但用于公益事业或者以社会公众为对象的除外。
(3) 财政部和国家税务总局规定的其他情形。

【例1-10】酒店在提供住宿服务的同时,免费提供餐饮服务(以早餐居多)、矿泉水、水果、洗漱用品等,作为酒店的一种营销模式,消费者统一支付对价,不列为视同销售范围,无须另外组价征收,按酒店实际收取的价款,依适用税率计算缴纳增值税;对于酒店明码标价提供的餐饮服务、橱窗内销售物品、房间内餐饮迷你吧等,应分别核算销售额,按适用税率计算缴纳增值税。

【例1-11】在国外发生地震、海啸时,航空公司运送救灾物资以及把中国公民接回国内都是指令性的,无偿的,这种运输服务无须视同销售服务征税。

(三)税率和征收率

1. 增值税税率。
(1) 纳税人发生应税行为,除第(2)项、第(3)项、第(4)项规定外,税率为6%。
(2) 提供交通运输、邮政、基础电信、建筑、不动产租赁服务,销售不动产,转让土地使用权,税率为11%。

（3）提供有形动产租赁服务，税率为17%。

（4）境内单位和个人发生的跨境应税行为，税率为零。具体范围由财政部和国家税务总局另行规定。

温馨提醒

1. 增值税零税率与增值税免税有何区别？

一是纳税人销售零税率货物在税法规定具有纳税的义务，但由于规定税率为零，纳税人不用负担税款。免税则指国家根据政策的需要，免除纳税人缴纳税款的义务。

二是纳税人销售零税率货物既然有纳税义务，同样具有抵扣税额的权利，从形式上表现为退给纳税人在各个流转环节已缴纳的税款。免税则规定免除纳税人纳税的义务，同时也规定生产销售免税货物不得抵扣进项税额，也即纳税人必须放弃抵扣税款的权利。因此，不应将零税率和免税混为一谈，二者是有本质区别的。

一句话总结：零税率，进项可以抵扣（形式上表现为退税）；免税，进项不能抵扣。

2. 纳税人要准确判断经营业务的适用税率，确保适用税率准确，取得和开具发票合规，准确核算销项税额和抵扣进项税额。

3. 纳税人需要测算税率变化对收入、利润的影响，以便对定价策略和商业谈判进行调整，合理转嫁增值税税负。

2. 增值税征收率为3%的情况（财政部和国家税务总局另有规定的除外）。

增值税征收率为3%，适用于以下情况：

（1）小规模纳税人发生应税行为适用简易计税方法计税。

（2）一般纳税人发生财政部和国家税务总局规定的特定应税行为，可以选择适用简易计税方法计税，但一经选择，36个月内不得变更。

财政部和国家税务总局另有规定的情形：销售不动产、不动产经营租赁服务的征收率为5%。具体规定详见后文。

二、应纳税额的计算方法

增值税的计税方法，包括一般计税方法和简易计税方法。

（一）一般纳税人发生应税行为适用一般计税方法计税

一般计税方法的应纳税额，是指当期销项税额抵扣当期进项税额后的余额。应纳税额计算公式为：

应纳税额＝当期销项税额－当期进项税额

> **温馨提醒**
> 当期销项税额小于当期进项税额不足抵扣时，其不足部分可以结转下期继续抵扣。

1. 销项税额，是指纳税人发生应税行为按照销售额和增值税税率计算并收取的增值税额。销项税额计算公式为：

销项税额＝销售额×税率

一般计税方法的销售额不包括销项税额，纳税人采用销售额和销项税额合并定价方法的，按照下列公式计算销售额：

销售额＝含税销售额÷(1＋税率)

销售额，是指纳税人发生应税行为取得的全部价款和价外费用，财政部和国家税务总局另有规定的除外。

> **温馨提醒**
> 增值税应税行为的计税依据为不含税销售额，这一点与营业税计税依据不同。

价外费用，是指价外收取的各种性质的收费，但不包括以下项目：

（1）代为收取并符合规定的政府性基金或者行政事业性收费。

即代行政单位收取的同时满足以下条件的政府性基金或者行政事业性收费。

①由国务院或者财政部批准设立的政府性基金，由国务院或者省级人民政府及其财政、价格主管部门批准设立的行政事业性收费；

②收取时开具省级以上（含省级）财政部门监（印）制的财政票据；

③所收款项全额上缴财政。

（2）以委托方名义开具发票代委托方收取的款项。

温馨提醒

很多企业对发生应税行为价外收取的手续费、违约金、滞纳金、延期付款利息、赔偿金、代收款项等费用不计提缴纳增值税，造成少缴增值税的税务风险。

举例说明：

【例1-12】建筑企业施工过程中或完成后，收取房地产开发企业的违约金、提前竣工奖、材料差价款、赔偿金等属于税法规定的价外费用，也需要开具发票，缴纳增值税。

固定电话、有线电视、宽带、水、电、燃气、暖气等经营者向用户收取的安装费、初装费、开户费、扩容费以及类似收费，按照安装服务缴纳增值税，不需要作为原增值税销售价外费用而随销售货物的税率缴纳增值税。

纳税人发生应税行为价格明显偏低或者偏高且不具有合理商业目的的，或者发生视同销售服务、无形资产或者不动产而无销售额的，主管税务机关有权按照下列顺序确定销售额：

（1）按照纳税人最近时期销售同类服务、无形资产或者不动产的平均价格确定。

（2）按照其他纳税人最近时期销售同类服务、无形资产或者不动产的平均价格确定。

（3）按照组成计税价格确定。组成计税价格的计算公式为：

组成计税价格＝成本×(1＋成本利润率)

成本利润率由国家税务总局确定。

不具有合理商业目的，是指以谋取税收利益为主要目的，通过人为安排，减少、免除、推迟缴纳增值税税款，或者增加退还增值税税款。

销售额以人民币计算。

纳税人按照人民币以外的货币结算销售额的，应当折合成人民币计算，折合率可以选择销售额发生的当天或者当月1日的人民币汇率中间价。纳税人应当在事先确定采用何种折合率，确定后12个月内不得变更。

关于各种应税行为销售额的一般规定和特殊规定，详见《增值税销售额一般规定及特殊规定一览表》（本章末的附录1-2）

2. 进项税额，是指纳税人购进货物、加工修理修配劳务、服务、无形资产或者不动产，支付或者负担的增值税额。

下列进项税额准予从销项税额中抵扣：

（1）从销售方取得的增值税专用发票（含税控机动车销售统一发票，下同）上注明的增值税额。

（2）从海关取得的海关进口增值税专用缴款书上注明的增值税额。

（3）购进农产品，除取得增值税专用发票或者海关进口增值税专用缴款书外，按照农产品收购发票或者销售发票上注明的农产品买价和13％的扣除率计算的进项税额。计算公式为：

$$进项税额＝买价×扣除率$$

买价，是指纳税人购进农产品在农产品收购发票或者销售发票上注明的价款和按照规定缴纳的烟叶税。

购进农产品，按照《农产品增值税进项税额核定扣除试点实施办法》抵扣进项税额的除外。

> **温馨提醒**
>
> 一般纳税人购进农产品抵扣进项税额存在如下五种情况：
>
> （1）向农业生产单位或农民专业合作社购进其自产的农产品（免税），凭农业生产单位或农民专业合作社开具的普通发票抵扣进项税额；
>
> （2）向农民个人购进其自产的农产品（免税），凭农民个人向税务机构申请

代开的普通发票，或一般纳税人自开的收购发票抵扣进项税额；

（3）向其他一般纳税人购进非自产农产品（应税），凭增值税专用发票抵扣进项税额；

（4）向小规模购进非自产的农产品（应税），凭自开或向税务机关代开的增值税普通发票（或专用发票）抵扣进项税额；

（5）向批发、零售单位购进的（免税）非自产农产品，按照《财政部 国家税务总局关于免征部分鲜活肉蛋产品流通环节增值税政策的通知》（财税〔2012〕75号）的有关规定，不得抵扣进项税额。

财税〔2012〕75号文规定，小规模纳税人销售农产品依照3%征收率按简易办法计算缴纳增值税而自行开具或委托税务机关代开的普通发票，可以作为扣税凭证。批发、零售纳税人享受免税政策后开具的普通发票不得作为计算抵扣进项税额的凭证。

对不享受免税政策的批发、零售纳税人，依照3%征收率按简易办法计算缴纳增值税而自行开具或委托税务机关代开的农产品销售发票，可以计算抵扣进项税额。

切记：纳税人收购农业生产者自产农业产品的应严格按规定开具农产品收购发票，对收购的货物非农业生产者自产免税农业产品的，应要求销售方开具发票。

（4）从境外单位或者个人购进服务、无形资产或者不动产，自税务机关或者扣缴义务人取得的解缴税款的完税凭证上注明的增值税额。

温馨提醒

完税凭证至少包括《税收缴款书》和《税收完税证明》两种票证。

以完税凭证作为扣税凭证，需为购进服务、无形资产或者不动产业务。接受境外单位或个人在境内提供的加工修理修配劳务，代扣代缴增值税的完税凭证不允许抵扣。

（5）2016年5月1日至7月31日，一般纳税人支付的道路、桥、闸通行费，暂凭取得的通行费发票（不含财政票据，下同）上注明的收费金额按照下列公式计算可抵扣的进项税额：

$$\text{高速公路通行费可抵扣进项税额} = \text{高速公路通行费发票上注明的金额} \div (1+3\%) \times 3\%$$

$$\text{一级公路、二级公路、桥、闸通行费可抵扣进项税额} = \text{一级公路、二级公路、桥、闸通行费发票上注明的金额} \div (1+5\%) \times 5\%$$

通行费，是指有关单位依法或者依规设立并收取的过路、过桥和过闸费用。

3. 纳税人适用一般计税方法计税的，因销售折让、中止或者退回而退还给购买方的增值税额，应当从当期的销项税额中扣减；因销售折让、中止或者退回而收回的增值税额，应当从当期的进项税额中扣减。

4. 适用一般计税方法的试点纳税人，2016年5月1日后取得并在会计制度上按固定资产核算的不动产或者2016年5月1日后取得的不动产在建工程，其进项税额应自取得之日起分2年从销项税额中抵扣，第一年抵扣比例为60%，第二年抵扣比例为40%。

取得不动产，包括以直接购买、接受捐赠、接受投资入股、自建以及抵债等各种形式取得不动产，不包括房地产开发企业自行开发的房地产项目。

纳税人新建、改建、扩建、修缮、装饰不动产，属于不动产在建工程。

融资租入的不动产以及在施工现场修建的临时建筑物、构筑物，其进项税额不适用上述分2年抵扣的规定。

> **温馨提醒**
>
> 融资租入的不动产以及在施工现场修建的临时建筑物、构筑物，其进项税额不适用上述分2年抵扣的规定，按进项税额抵扣的一般原则规定进行处理。
>
> 融资租入的不动产，按照取得的租赁服务企业开具的增值税专用发票抵扣。
>
> 施工现场修建的临时建筑物、构筑物，按照临时建筑物、构筑物取得的材料销售方开具的增值税专用发票抵扣。

5. 按照《营业税改征增值税试点实施办法》第二十七条第（一）项规定不得抵扣且未抵扣进项税额的固定资产、无形资产、不动产，发生用途改变，用于允许抵扣进项税额的应税项目，可在用途改变的次月按照下列公式计算可以抵扣的进项税额：

$$可以抵扣的进项税额 = \frac{固定资产、无形资产、不动产净值}{1+适用税率} \times 适用税率$$

上述可以抵扣的进项税额应取得合法有效的增值税扣税凭证。

> **温馨提醒**
>
> 先用于不得抵扣进项税额且未抵扣，后又用于允许抵扣进项税额的应税项目，才可以计算进项税额转回；先用于不得抵扣进项税额且未抵扣，后又混用的，不可以计算进项税额转回。比如，某项业务免征增值税，其生产设备的进项税额不得抵扣，企业做了进项税额转出，后来该业务恢复征税，则可以计算其生产设备的进项税额进行抵扣。

（二）小规模纳税人发生应税行为适用简易计税方法计税

简易计税方法的应纳税额，是指按照销售额和增值税征收率计算的增值税额，不得抵扣进项税额。应纳税额计算公式为：

$$应纳税额 = 销售额 \times 征收率$$

简易计税方法的销售额不包括其应纳税额，纳税人采用销售额和应纳税额合并定价方法的，按照下列公式计算销售额：

$$销售额 = 含税销售额 \div (1+征收率)$$

纳税人适用简易计税方法计税的，因销售折让、中止或者退回而退还给购买方的销售额，应当从当期销售额中扣减。扣减当期销售额后仍有余额造成多缴的税款，可以从以后的应纳税额中扣减。

一般纳税人发生财政部和国家税务总局规定的特定应税行为，可以选择适用简易计税方法计税，但一经选择，36个月内不得变更。

（三）一般纳税人发生特定应税行为可以选择简易计税方法计税

一般纳税人发生下列应税行为可以选择适用简易计税方法计税：

1. 公共交通运输服务。

公共交通运输服务，包括轮客渡、公交客运、地铁、城市轻轨、出租车、长途客运、班车。

班车，是指按固定路线、固定时间运营并在固定站点停靠的运送旅客的陆路运输服务。

2. 经认定的动漫企业为开发动漫产品提供的动漫脚本编撰、形象设计、背景设计、动画设计、分镜、动画制作、摄制、描线、上色、画面合成、配音、配乐、音效合成、剪辑、字幕制作、压缩转码（面向网络动漫、手机动漫格式适配）服务，以及在境内转让动漫版权（包括动漫品牌、形象或者内容的授权及再授权）。

动漫企业和自主开发、生产动漫产品的认定标准和认定程序，按照《文化部 财政部 国家税务总局关于印发〈动漫企业认定管理办法（试行）〉的通知》（文市发〔2008〕51号）的规定执行。

3. 电影放映服务、仓储服务、装卸搬运服务、收派服务和文化体育服务。

4. 以纳入营改增试点之日前取得的有形动产为标的物提供的经营租赁服务。

5. 在纳入营改增试点之日前签订的尚未执行完毕的有形动产租赁合同。

温馨提醒

为便于读者全面掌握简易计税方法，笔者总结整理了目前所有增值税简易计税方法及发票开具类型和计税公式，具体规定详见《增值税简易计税方法、发票类型及计税公式汇总表》（本章末的附录1-3）。

（四）建筑服务计税方法

1. 一般纳税人以清包工方式提供的建筑服务，可以选择适用简易计税方法计税。

以清包工方式提供建筑服务，是指施工方不采购建筑工程所需的材料或只采购辅助材料，并收取人工费、管理费或者其他费用的建筑服务。

> **温馨提醒**
>
> 按照该规定，以清包工方式提供建筑服务，是指施工方仅收取人工费、管理费或者其他费用，不采购建筑工程所需的材料或只采购辅助材料，建筑工程所需的主要材料或全部材料由建设方或上一环节工程发包方采购。

2. 一般纳税人为甲供工程提供的建筑服务，可以选择适用简易计税方法计税。

甲供工程，是指全部或部分设备、材料、动力由工程发包方自行采购的建筑工程。

> **温馨提醒**
>
> 按照该规定，在甲供工程中，施工方可能采购部分设备、材料、动力，也可能完全不采购设备、材料、动力，工程所需全部或部分设备、材料、动力由工程发包方自行采购。

3. 一般纳税人为建筑工程老项目提供的建筑服务，可以选择适用简易计税方法计税。

建筑工程老项目，是指：

（1）《建筑工程施工许可证》注明的合同开工日期在 2016 年 4 月 30 日前的建筑工程项目。

（2）未取得《建筑工程施工许可证》的，建筑工程承包合同注明的开工日期在 2016 年 4 月 30 日前的建筑工程项目。

（3）《建筑工程施工许可证》未注明合同开工日期，但建筑工程承包合同注明的开工日期在 2016 年 4 月 30 日前的建筑工程项目。

4. 一般纳税人跨县（市）提供建筑服务，适用一般计税方法计税的，应以取得的全部价款和价外费用为销售额计算应纳税额。纳税人应以取得的全部价款和价外费用扣除支付的分包款后的余额，按照2%的预征率在建筑服务发生地预缴税款后，向机构所在地主管税务机关进行纳税申报。

5. 一般纳税人跨县（市）提供建筑服务，选择适用简易计税方法计税的，应以取得的全部价款和价外费用扣除支付的分包款后的余额为销售额，按照3%的征收率计算应纳税额。纳税人应按照上述计税方法在建筑服务发生地预缴税款后，向机构所在地主管税务机关进行纳税申报。

6. 试点纳税人中的小规模纳税人（以下称小规模纳税人）跨县（市）提供建筑服务，应以取得的全部价款和价外费用扣除支付的分包款后的余额为销售额，按照3%的征收率计算应纳税额。纳税人应按照上述计税方法在建筑服务发生地预缴税款后，向机构所在地主管税务机关进行纳税申报。

温馨提醒

1. 设备、材料、动力的税率大都是17%，建筑服务、销售不动产的税率是11%，建筑企业、房地产企业可以用17%的增值税进项税额来抵扣11%的销项税额。可能甲方和乙方均想自己提供设备、材料、动力，企业应考虑这方面的问题，从税负、利润、现金流几个角度综合考虑，合理选择施工方式，合理确定合同价款，以合理确定整体实际负担。仅仅从税负角度可能会得出错误结论，因为税负高并不等于企业实际负担重，税负低也不等于企业实际负担轻。

2. 对于以清包工方式提供的建筑服务、为甲供工程提供的建筑服务、为建筑工程老项目提供的建筑服务，可以选择适用简易计税方法计税，也可以选择一般计税方法。

对于选择简易计税方法还是一般计税方法，对于提供3%征收率的发票还是11%税率的发票，对于双方税负的影响，对于工程报价的影响，对于合同的签订，都需要仔细分析，充分考虑，才能找出最适合的方式。

对于清包工来说，仅能取得很少的辅料进项发票，选择简易计税方式更为合适。

对于甲供工程，在甲供材料比例较小时，建筑企业可以获得较多的进项发票，可以选择一般计税方法，可以保持较为合理的税负，也能保证与甲方工程报价的优势。

3. 预缴税款的依据为取得全部价款和价外费用扣除支付的分包款后的余额。

4. 为了便于读者掌握目前所有建筑服务相关政策，笔者一并整理总结，详见《建筑服务、销售不动产、不动产经营租赁营改增政策一览表》（本章末的附录1-4）。

（五）销售不动产计税方法

1. 一般纳税人销售其 2016 年 4 月 30 日前取得（不含自建）的不动产，可以选择适用简易计税方法，以取得的全部价款和价外费用减去该项不动产购置原价或者取得不动产时的作价后的余额为销售额，按照 5% 的征收率计算应纳税额。纳税人应按照上述计税方法在不动产所在地预缴税款后，向机构所在地主管税务机关进行纳税申报。

一般纳税人销售其 2016 年 4 月 30 日前取得的不动产（不含自建），适用一般计税方法计税的，以取得的全部价款和价外费用为销售额计算应纳税额。上述纳税人应以取得的全部价款和价外费用减去该项不动产购置原价或者取得不动产时的作价后的余额，按照 5% 的预征率在不动产所在地预缴税款后，向机构所在地主管税务机关进行纳税申报。

2. 一般纳税人销售其 2016 年 4 月 30 日前自建的不动产，可以选择适用简易计税方法，以取得的全部价款和价外费用为销售额，按照 5% 的征收率计算应纳税额。纳税人应按照上述计税方法在不动产所在地预缴税款后，向机构所在地主管税务机关进行纳税申报。

一般纳税人销售其 2016 年 4 月 30 日前自建的不动产，适用一般计税方法计税的，应以取得的全部价款和价外费用为销售额计算应纳税额。纳税人应以取得的全部价款和价外费用，按照 5% 的预征率在不动产所在地预缴税款后，向机构所在地主管税务机关进行纳税申报。

> **温馨提醒**
>
> 自建后销售的不动产，其自建行为无须缴纳增值税。

3. 一般纳税人销售其 2016 年 5 月 1 日后取得（不含自建）的不动产，应适用一般计税方法，以取得的全部价款和价外费用为销售额计算应纳税额。纳税人应以取得的全部价款和价外费用减去该项不动产购置原价或者取得不动产时的作价后的余额，按照 5% 的预征率在不动产所在地预缴税款后，向机构所在地主管税务机关进行纳税申报。

4. 一般纳税人销售其 2016 年 5 月 1 日后自建的不动产，应适用一般计税方法，以取得的全部价款和价外费用为销售额计算应纳税额。纳税人应以取得的全部价款和价外费用，按照 5% 的预征率在不动产所在地预缴税款后，向机构所在地主管税务机关进行纳税申报。

5. 小规模纳税人销售其取得（不含自建）的不动产（不含个体工商户销售购买的住房和其他个人销售不动产），应以取得的全部价款和价外费用减去该项不动产购置原价或者取得不动产时的作价后的余额为销售额，按照 5% 的征收率计算应纳税额。纳税人应按照上述计税方法在不动产所在地预缴税款后，向机构所在地主管税务机关进行纳税申报。

6. 小规模纳税人销售其自建的不动产，应以取得的全部价款和价外费用为销售额，按照 5% 的征收率计算应纳税额。纳税人应按照上述计税方法在不动产所在地预缴税款后，向机构所在地主管税务机关进行纳税申报。

7. 房地产开发企业中的一般纳税人，销售自行开发的房地产老项目，可以选择适用简易计税方法按照 5% 的征收率计税。

房地产开发企业中的一般纳税人销售房地产老项目，以及一般纳税人出租其 2016 年 4 月 30 日前取得的不动产，适用一般计税方法计税的，应以取得的全部价款和价外费用，按照 3% 的预征率在不动产所在地预缴税款后，向机构所在地主管税务机关进行纳税申报。

8. 房地产开发企业中的小规模纳税人，销售自行开发的房地产项目，按照 5% 的征收率计税。

9. 房地产开发企业采取预收款方式销售所开发的房地产项目，在收到预收款时按照 3% 的预征率预缴增值税。

温馨提醒

房地产开发企业一般采用先销售后完工的经营方式，结算及票据延后，此项规定很好地解决了先期只有预售收入而没有进项税额抵扣的问题。

10. 个体工商户销售购买的住房，应按照《财政部 国家税务总局关于全面推开营业税改征增值税试点的通知》（财税〔2016〕36 号）附件 3《营业税改征增值税试点过渡政策的规定》第五条的规定征免增值税。纳税人应按照上述计税方法在不动产所在地预缴税款后，向机构所在地主管税务机关进行纳税申报。

11. 其他个人销售其取得（不含自建）的不动产（不含其购买的住房），应以取得的全部价款和价外费用减去该项不动产购置原价或者取得不动产时的作价后的余额为销售额，按照5%的征收率计算应纳税额。

> **温馨提醒**
>
> 为了便于读者掌握目前所有销售不动产相关政策，一并整理总结，详见《建筑服务、销售不动产、不动产经营租赁营改增政策一览表》（本章末的附录1-4）。

（六）不动产经营租赁服务计税方法

1. 一般纳税人出租其2016年4月30日前取得的不动产，可以选择适用简易计税方法，按照5%的征收率计算应纳税额。纳税人出租其2016年4月30日前取得的与机构所在地不在同一县（市）的不动产，应按照上述计税方法在不动产所在地预缴税款后，向机构所在地主管税务机关进行纳税申报。

2. 公路经营企业中的一般纳税人收取试点前开工的高速公路的车辆通行费，可以选择适用简易计税方法，减按3%的征收率计算应纳税额。

试点前开工的高速公路，是指相关施工许可证明上注明的合同开工日期在2016年4月30日前的高速公路。

> **温馨提醒**
>
> 高速公路的车辆通行费，应按不动产租赁品目征收，适用11%税率。试点前开工的高速公路的车辆通行费，可依照5%征收率减按3%征收。

3. 一般纳税人出租其2016年5月1日后取得的、与机构所在地不在同一县（市）的不动产，应按照3%的预征率在不动产所在地预缴税款后，向机构所在地主管税务机关进行纳税申报。

4. 小规模纳税人出租其取得的不动产（不含个人出租住房），应按照5%的征收率计算应纳税额。纳税人出租与机构所在地不在同一县（市）的不动产，应按照上述计税方法在不动产所在地预缴税款后，向机构所在地主管税务机关进行纳税申报。

5. 其他个人出租其取得的不动产（不含住房），应按照5%的征收率计算应纳税额。

6. 个人出租住房，应按照5%的征收率减按1.5%计算应纳税额。

温馨提醒

为了便于读者掌握目前所有不动产经营租赁相关政策，一并整理总结，详见《建筑服务、销售不动产、不动产经营租赁营改增政策一览表》（本章末的附录1-4）。

（七）增值税差额征税

1. 试点纳税人提供旅游服务，可以选择以取得的全部价款和价外费用，扣除向旅游服务购买方收取并支付给其他单位或者个人的住宿费、餐饮费、交通费、签证费、门票费和支付给其他接团旅游企业的旅游费用后的余额为销售额。

选择上述办法计算销售额的试点纳税人，向旅游服务购买方收取并支付的上述费用，不得开具增值税专用发票，可以开具普通发票。

2. 试点纳税人提供建筑服务适用简易计税方法的，以取得的全部价款和价外费用扣除支付的分包款后的余额为销售额。

3. 房地产开发企业中的一般纳税人销售其开发的房地产项目（选择简易计税方法的房地产老项目除外），以取得的全部价款和价外费用，扣除受让土地时向政府部门支付的土地价款后的余额为销售额。

房地产老项目，是指《建筑工程施工许可证》注明的合同开工日期在2016年4月30日前的房地产项目。

4. 经纪代理服务，以取得的全部价款和价外费用，扣除向委托方收取并代为支付的政府性基金或者行政事业性收费后的余额为销售额。向委托方收取的政府性基金或者行政事业性收费，不得开具增值税专用发票。

5. 融资租赁和融资性售后回租业务。

（1）经中国人民银行、银监会或者商务部批准从事融资租赁业务的试点纳税人，提供融资租赁服务，以取得的全部价款和价外费用，扣除支付的借款利息（包括外汇借款和人民币借款利息）、发行债券利息和车辆购置税后的余额为销售额。

> **温馨提醒**
>
> 扣除项目的范围不包括保险费和安装费，因为这些项目可以取得专用发票抵扣。

（2）经中国人民银行、银监会或者商务部批准从事融资租赁业务的试点纳税人，提供融资性售后回租服务，以取得的全部价款和价外费用（不含本金），扣除对外支付的借款利息（包括外汇借款和人民币借款利息）、发行债券利息后的余额作为销售额。

> **温馨提醒**
>
> 售后回租业务按贷款服务缴纳增值税的，其销售额不包括"本金"，承租方与出租方也不应再就本金互相开具发票。

（3）试点纳税人根据2016年4月30日前签订的有形动产融资性售后回租合同，在合同到期前提供的有形动产融资性售后回租服务，可继续按照有形动产融资租赁服务缴纳增值税。

继续按照有形动产融资租赁服务缴纳增值税的试点纳税人，经中国人民银行、银监会或者商务部批准从事融资租赁业务的，根据2016年4月30日前签订的有形动产融资性售后回租合同，在合同到期前提供的有形动产融资性售后回租服务，可以选择以下方法之一计算销售额：

①以向承租方收取的全部价款和价外费用，扣除向承租方收取的价款本金，以及对外支付的借款利息（包括外汇借款和人民币借款利息）、发行债券利息后的余额为销售额。

纳税人提供有形动产融资性售后回租服务，计算当期销售额时可以扣除的价款本金，为书面合同约定的当期应当收取的本金。无书面合同或者书面合同没有约定的，为当期实际收取的本金。

试点纳税人提供有形动产融资性售后回租服务，向承租方收取的有形动产价款本金，不得开具增值税专用发票，可以开具普通发票。

②以向承租方收取的全部价款和价外费用，扣除支付的借款利息（包括外汇

借款和人民币借款利息)、发行债券利息后的余额为销售额。

(4) 经商务部授权的省级商务主管部门和国家经济技术开发区批准的从事融资租赁业务的试点纳税人,2016年5月1日后实收资本达到1.7亿元的,从达到标准的当月起按照上述第(1)、(2)、(3)项规定执行;2016年5月1日后实收资本未达到1.7亿元但注册资本达到1.7亿元的,在2016年7月31日前仍可按照上述第(1)、(2)、(3)项规定执行,2016年8月1日后开展的融资租赁业务和融资性售后回租业务不得按照上述第(1)、(2)、(3)项规定执行。

6. 航空运输企业的销售额,不包括代收的机场建设费和代售其他航空运输企业客票而代收转付的价款。

7. 试点纳税人中的一般纳税人(以下称一般纳税人)提供客运场站服务,以其取得的全部价款和价外费用,扣除支付给承运方运费后的余额为销售额。

8. 劳务派遣选择简易计税方法依5%的征收率差额计算缴纳增值税,即以取得的全部价款和价外费用,扣除代用工单位支付给劳务派遣员工的工资、福利和为其办理社会保险及住房公积金后的余额为销售额,按照简易计税方法依5%的征收率计算缴纳增值税。

9. 纳税人提供人力资源外包服务,按照经纪代理服务缴纳增值税,其销售额不包括受客户单位委托代为向客户单位员工发放的工资和代理缴纳的社会保险、住房公积金。

10. 试点纳税人按照上述规定从全部价款和价外费用中扣除的价款,应当取得符合法律、行政法规和国家税务总局规定的有效凭证。否则,不得扣除。

上述凭证是指:

(1) 支付给境内单位或者个人的款项,以发票为合法有效凭证。

(2) 支付给境外单位或者个人的款项,以该单位或者个人的签收单据为合法有效凭证,税务机关对签收单据有疑义的,可以要求其提供境外公证机构的确认证明。

(3) 缴纳的税款,以完税凭证为合法有效凭证。

(4) 扣除的政府性基金、行政事业性收费或者向政府支付的土地价款,以省级以上(含省级)财政部门监(印)制的财政票据为合法有效凭证。

(5) 国家税务总局规定的其他凭证。

纳税人取得的上述凭证属于增值税扣税凭证的,其进项税额不得从销项税额中抵扣。

> **温馨提醒**
> 明确属于扣额项目的,即使取得扣税凭证也不得用于进项税额抵扣。

【例1-13】甲公司9月取得的旅游服务含税销售额为80万元,按政策规定扣除项目金额为100万元,9月扣除项目的期初余额为0,10月取得的旅游服务含税销售额为300万元,按政策规定扣除项目金额为200万元,旅游服务扣除项目和计税销售额(含税)的计算,见表1-1。

表 1-1   单位:万元

月份	本期应税行为价税合计额	应税行为扣除项目					计税销售额(含税)
		期初余额	本期发生额	本期应扣除金额	本期实际扣除金额	期末余额	
一	1	2	3	4=2+3	5 (5≤1且5≤4)	6=4-5	7=1-5
9	80	0	100	100	80	20	0
10	300	20	200	220	220	0	80

(八)金融服务计税方法

1. 贷款服务,以提供贷款服务取得的全部利息及利息性质的收入为销售额。

2. 直接收费金融服务,以提供直接收费金融服务收取的手续费、佣金、酬金、管理费、服务费、经手费、开户费、过户费、结算费、转托管费等各类费用为销售额。

3. 金融商品转让,按照卖出价扣除买入价后的余额为销售额。

转让金融商品出现的正负差,按盈亏相抵后的余额为销售额。若相抵后出现负差,可结转下一纳税期与下期转让金融商品销售额相抵,但年末时仍出现负差的,不得转入下一个会计年度。

金融商品的买入价,可以选择按照加权平均法或者移动加权平均法进行核算,选择后36个月内不得变更。

金融商品转让,不得开具增值税专用发票。

4. 下列金融服务可以按简易计税方法计税:

(1)农村信用社、村镇银行、农村资金互助社、由银行业机构全资发起设立的贷款公司、法人机构在县（县级市、区、旗）及县以下地区的农村合作银行和农村商业银行提供金融服务收入，可以选择适用简易计税方法按照3%的征收率计算缴纳增值税。

村镇银行，是指经银监会依据有关法律、法规批准，由境内外金融机构、境内非金融机构企业法人、境内自然人出资，在农村地区设立的主要为当地农民、农业和农村经济发展提供金融服务的银行业金融机构。

农村资金互助社，是指经银行业监督管理机构批准，由乡（镇）、行政村农民和农村小企业自愿入股组成，为社员提供存款、贷款、结算等业务的社区互助性银行业金融机构。

由银行业机构全资发起设立的贷款公司，是指经银监会依据有关法律、法规批准，由境内商业银行或农村合作银行在农村地区设立的专门为县域农民、农业和农村经济发展提供贷款服务的非银行业金融机构。

县（县级市、区、旗），不包括直辖市和地级市所辖城区。

（2）对中国农业银行纳入"三农金融事业部"改革试点的各省、自治区、直辖市、计划单列市分行下辖的县域支行和新疆生产建设兵团分行下辖的县域支行（也称县事业部），提供农户贷款、农村企业和农村各类组织贷款（具体贷款业务清单见附件）取得的利息收入，可以选择适用简易计税方法按照3%的征收率计算缴纳增值税。

农户贷款，是指金融机构发放给农户的贷款，但不包括按照《营业改征增值税试点过渡政策的规定》第一条第（十九）项规定的免征增值税的农户小额贷款。

农户，是指《营业税改征增值税试点过渡政策的规定》第一条第（十九）项所称的农户。

农村企业和农村各类组织贷款，是指金融机构发放给注册在农村地区的企业及各类组织的贷款。

（九）销售使用过的固定资产计税方法

一般纳税人销售自己使用过的、纳入营改增试点之日前取得的固定资产，按照现行旧货相关增值税政策执行。

使用过的固定资产，是指纳税人符合《营业改征增值税试点实施办法》

第二十八条规定并根据财务会计制度已经计提折旧的固定资产。

(十) 跨省预缴增值税

一般纳税人跨省（自治区、直辖市或者计划单列市）提供建筑服务或者销售、出租取得的与机构所在地不在同一省（自治区、直辖市或者计划单列市）的不动产，在机构所在地申报纳税时，计算的应纳税额小于已预缴税额，且差额较大的，由国家税务总局通知建筑服务发生地或者不动产所在地省级税务机关，在一定时期内暂停预缴增值税。

(十一) 扣缴税额

境外单位或者个人在境内发生应税行为，在境内未设有经营机构的，扣缴义务人按照下列公式计算应扣缴税额：

$$应扣缴税额 = 购买方支付的价款 \div (1 + 税率) \times 税率$$

境内的购买方为境外单位和个人扣缴增值税的，按照适用税率扣缴增值税。

> **温馨提醒**
>
> 在计算应扣缴税款时使用的税率应当为应税行为的适用税率，无须区分扣缴义务人是增值税一般纳税人还是小规模纳税人。

三、增值税扣税凭证

纳税人取得的增值税扣税凭证不符合法律、行政法规或者国家税务总局有关规定的，其进项税额不得从销项税额中抵扣。

纳税人应高度重视扣税凭证的获取和管理，这将直接决定增值税税负的大小。

（一）各种增值税扣税凭证及其税额抵扣

增值税扣税凭证，包括增值税专用发票、海关进口增值税专用缴款书、农产品收购发票、农产品销售发票和完税凭证。

1. 增值税专用发票（含税控机动车销售统一发票），按增值税专用发票上注明的税额抵扣。

> **温馨提醒**
>
> 货物运输业增值税专用发票也属增值税专用发票，其要求与增值税专用发票一致。但按照《国家税务总局关于停止使用货物运输业增值税专用发票有关问题的公告》（国家税务总局公告2015年第99号）的规定，货物运输业增值税专用发票7月1日起停止使用。

（1）增值税专用发票，分为三联票和六联票两种。

三联票由发票联、抵扣联和记账联三联组成，其中：发票联，作为购买方核算采购成本和增值税进项税额的记账凭证；抵扣联，作为购买方报送主管税务机关认证和留存备查的凭证；记账联，作为销售方核算销售收入和增值税销项税额的记账凭证。

六联票由发票联、抵扣联和记账联三个基本联次附加其他联次构成，其他联次用途由一般纳税人自行确定。通常用于工业企业。

（2）税控系统开具的机动车销售统一发票，增值税一般纳税人从事机动车（应征消费税的机动车和旧机动车除外）零售业务，必须使用税控系统开具的机动车销售统一发票。使用税控系统开具的机动车销售统一发票视同增值税专用发票，属于增值税扣税凭证。

> **温馨提醒**
>
> 1.《国家税务总局关于调整机动车销售统一发票票面内容的公告》（国家税务总局公告2014年第27号）规定：

"一、机动车销售统一发票票面调整内容及填用

（一）将原'身份证号码/组织机构代码'栏调整为'纳税人识别号'；'纳税人识别号'栏内打印购买方纳税人识别号，如购买方需要抵扣增值税税款，该栏必须填写，其他情况可为空。

（二）将原'购货单位（人）'栏调整为'购买方名称及身份证号码/组织机构代码'栏；'身份证号码/组织机构代码'应换行打印在'购买方名称'的下方。

（三）增加'完税凭证号码'栏；'完税凭证号码'栏内打印代开机动车销售统一发票时对应开具的增值税完税证号码，自开机动车销售统一发票时此栏为空。

（四）纳税人销售免征增值税的机动车，通过机动车销售统一发票税控系统开具时应在机动车销售统一发票'增值税税率或征收率'栏选填'0'，机动车销售统一发票'增值税税率或征收率'栏自动打印显示'＊＊＊'，'增值税税额'栏自动打印显示'＊＊＊＊＊＊'；机动车销售统一发票票面'不含税价'栏和'价税合计'栏填写金额相等。

（五）根据纳税人开票需要，增加'厂牌型号'栏宽度、压缩'车辆类型'栏宽度，并相应调整'购买方名称及身份证号码/组织机构代码'、'吨位'栏宽度，机动车销售统一发票联次、规格及票面所有栏次高度不变（新版机动车销售统一发票票样见附件）。

二、本公告新版机动车销售统一发票自2014年7月1日起启用，2015年1月1日起旧版机动车销售统一发票停止使用。"

2. 防伪税控系统开具的机动车销售统一发票的抵扣联和报税联是否需要加盖印章？

根据《国家税务总局关于使用新版机动车销售统一发票有关问题的通知》（国税函〔2006〕479号）的规定，凡从事机动车零售业务的单位和个人，从2006年8月1日起，在销售机动车（不包括销售旧机动车）收取款项时，必须开具税务机关统一印制的新版《机动车销售统一发票》，并在发票联加盖发票专用章，抵扣联和报税联不得加盖印章。因此，防伪税控系统开具的机动车销售统一发票的抵扣联和报税联不得加盖印章，其他联次可以加盖发票专用章。

2. 海关进口增值税专用缴款书，按海关进口增值税专用缴款书上注明的税额抵扣。

目前货物进口环节的增值税是由海关负责代征的，试点纳税人在进口货物办理报关进口手续时，需向海关申报缴纳进口增值税并从海关取得完税证明，其取得的海关进口增值税专用缴款书上注明的增值税额准予抵扣。

海关进口增值税专用缴款书项目填写要齐全；能够提供相关单证，海关进口增值税专用缴款书原件、纸质抵扣清单及抵扣清单电子信息要一致，专用缴款书号码、进口口岸代码、进口口岸名称、填发日期、税款金额等项目一致，采集抵扣凭证份数与清单采集信息记录数目相符，纸质清单数据和清单电子信息一致。

海关进口增值税专用缴款书上标明有两个单位名称的，即既有代理进口单位名称，又有委托进口单位名称的，只准予其中取得专用缴款书原件的一个单位抵扣税款。申报抵扣税款的委托进口单位，必须提供相应的海关进口增值税专用缴款书原件、委托代理合同及付款凭证，否则，不予抵扣进项税款。

3. 农产品收购发票或者销售发票，按照农产品收购发票或者销售发票上注明的农产品买价和13%的扣除率计算的进项税额抵扣。买价，包括纳税人购进农产品在农产品收购发票或者销售发票上注明的价款和按规定缴纳的烟叶税。进项税额计算公式为：

$$进项税额＝买价\times 13\%$$

农产品收购发票仅限从事农业产品收购、加工、经营业务的增值税一般纳税人领购使用。增值税一般纳税人在向农业生产者个人收购其自产农产品时，可以自行开具农产品收购发票。

增值税一般纳税人向农业生产单位收购农产品，以及向从事农产品经营的单位和个人购进农产品的，不得自行开具农产品收购发票，而应由农业生产单位、或农产品经营者开具普通发票，或到税务机关申请代开发票；经营者是一般纳税人的可以按规定开具专用发票。

温馨提醒

1.《财政部 国家税务总局关于在部分行业试行农产品增值税进项税额核定扣除办法的通知》（财税〔2012〕38号）规定：

自 2012 年 7 月 1 日起，以购进农产品为原料生产销售液体乳及乳制品、酒及酒精、植物油的增值税一般纳税人，纳入农产品增值税进项税额核定扣除试点范围，其购进农产品无论是否用于生产上述产品，增值税进项税额均按照《农产品增值税进项税额核定扣除试点实施办法》的规定抵扣。除纳入农产品增值税进项税额核定扣除试点范围以外的纳税人，其购进农产品仍按现行增值税的有关规定抵扣农产品进项税额。

试点纳税人购进农产品不再凭增值税扣税凭证抵扣增值税进项税额，购进除农产品以外的货物、应税劳务和应税行为，增值税进项税额仍按现行有关规定抵扣。

2.《财政部 国家税务总局关于收购烟叶支付的价外补贴进项税额抵扣问题的通知》（财税〔2011〕21 号）规定：

烟叶收购单位收购烟叶时按照国家有关规定以现金形式直接补贴烟农的生产投入补贴（以下简称价外补贴），属于农产品买价，为"价款"的一部分。烟叶收购单位，应将价外补贴与烟叶收购价格在同一张农产品收购发票或者销售发票上分别注明，否则，价外补贴不得计算增值税进项税额进行抵扣。

3.《国家税务总局关于明确营改增试点若干征管问题的公告》（国家税务总局公告 2016 年第 26 号）规定：

餐饮行业增值税一般纳税人购进农业生产者自产农产品，可以使用国税机关监制的农产品收购发票，按照现行规定计算抵扣进项税额。

有条件的地区，应积极在餐饮行业推行农产品进项税额核定扣除办法，按照《财政部 国家税务总局关于在部分行业试行农产品增值税进项税额核定扣除办法的通知》（财税〔2012〕38 号）的有关规定计算抵扣进项税额。

4. 完税凭证。

纳税人凭完税凭证抵扣进项税额的，应当具备书面合同、付款证明和境外单位的对账单或者发票。资料不全的，其进项税额不得从销项税额中抵扣。

（二）增值税扣税凭证抵扣期限

1. 增值税一般纳税人取得的增值税专用发票（含税控机动车销售统一发票），

应在开具之日起 180 日内到税务机关办理认证,并在认证通过的次月申报期内,向主管税务机关申报抵扣进项税额。

2. 取得的海关进口增值税专用缴款书应自开具之日起 180 天内向主管税务机关报送《海关完税凭证抵扣清单》(电子数据),申请稽核比对,逾期未申请的其进项税额不予抵扣。

税务机关于每月纳税申报期内,向纳税人提供上月稽核比对结果,纳税人应向主管税务机关查询稽核比对结果信息。

对稽核比对结果为相符的海关缴款书,纳税人应在税务机关提供稽核比对结果的当月纳税申报期内申报抵扣,逾期的其进项税额不予抵扣。

(1) 稽核比对的结果分为相符、不符、滞留、缺联、重号五种。

相符,是指纳税人申请稽核的海关缴款书,其号码与海关已核销的海关缴款书号码一致,并且比对的相关数据也均相同。

不符,是指纳税人申请稽核的海关缴款书,其号码与海关已核销的海关缴款书号码一致,但比对的相关数据有一项或多项不同。

滞留,是指纳税人申请稽核的海关缴款书,在规定的稽核期内系统中暂无相对应的海关已核销海关缴款书号码,留待下期继续比对。

缺联,是指纳税人申请稽核的海关缴款书,在规定的稽核期结束时系统中仍无相对应的海关已核销海关缴款书号码。

重号,是指两个或两个以上的纳税人申请稽核同一份海关缴款书,并且比对的相关数据与海关已核销海关缴款书数据相同。

(2) 稽核比对结果异常的处理。

稽核比对结果异常,是指稽核比对结果为不符、缺联、重号、滞留。

①对于稽核比对结果为不符、缺联的海关缴款书,纳税人应于产生稽核结果的 180 日内,持海关缴款书原件向主管税务机关申请数据修改或者核对,逾期的其进项税额不予抵扣。属于纳税人数据采集错误的,数据修改后再次进行稽核比对;不属于数据采集错误的,纳税人可向主管税务机关申请数据核对,主管税务机关会同海关进行核查。经核查,海关缴款书票面信息与纳税人实际进口货物业务一致的,纳税人应在收到主管税务机关书面通知的次月申报期内申报抵扣,逾期的其进项税额不予抵扣。

②对于稽核比对结果为重号的海关缴款书,由主管税务机关进行核查。经核

查,海关缴款书票面信息与纳税人实际进口货物业务一致的,纳税人应在收到税务机关书面通知的次月申报期内申报抵扣,逾期的其进项税额不予抵扣。

(3) 对于稽核比对结果为滞留的海关缴款书,可继续参与稽核比对,纳税人不需申请数据核对。

3. 增值税一般纳税人取得的增值税专用发票(含税控机动车销售统一发票)以及海关缴款书,未在规定期限内到税务机关办理认证、申报抵扣或者申请稽核比对的,不得作为合法的增值税扣税凭证,不得计算进项税额抵扣。

温馨提醒

增值税进项税额抵扣的基本原则:当期认证当期抵扣,认证的当期未抵扣的,不能转下期再抵扣。处于辅导期的纳税人除外。

4. 对增值税一般纳税人发生真实交易但由于客观原因造成增值税扣税凭证逾期的,经主管税务机关审核、逐级上报,由国家税务总局认证、稽核比对后,对比对相符的增值税扣税凭证,允许纳税人继续抵扣其进项税额。增值税一般纳税人因客观原因造成增值税扣税凭证逾期的,可按照《逾期增值税扣税凭证抵扣管理办法》的规定,申请办理逾期抵扣手续。

增值税一般纳税人由于除下列客观原因规定以外的其他原因造成增值税扣税凭证逾期的,仍应按照增值税扣税凭证抵扣期限的有关规定执行。

客观原因包括如下类型:

(1) 因自然灾害、社会突发事件等不可抗力因素造成增值税扣税凭证逾期;

(2) 增值税扣税凭证被盗、抢,或者因邮寄丢失、误递导致逾期;

(3) 有关司法、行政机关在办理业务或者检查中,扣押增值税扣税凭证,纳税人不能正常履行申报义务,或者税务机关信息系统、网络故障,未能及时处理纳税人网上认证数据等导致增值税扣税凭证逾期;

(4) 买卖双方因经济纠纷,未能及时传递增值税扣税凭证,或者纳税人变更纳税地点,注销旧户和重新办理税务登记的时间过长,导致增值税扣税凭证逾期;

(5) 由于企业办税人员伤亡、突发危重疾病或者擅自离职,未能办理交接手续,导致增值税扣税凭证逾期;

(6) 国家税务总局规定的其他情形。

5. 增值税一般纳税人取得的增值税扣税凭证（增值税专用发票、海关进口增值税专用缴款书）已认证或已采集上报信息但未按照规定期限申报抵扣；实行纳税辅导期管理的增值税一般纳税人以及实行海关进口增值税专用缴款书"先比对后抵扣"管理办法的增值税一般纳税人，取得的增值税扣税凭证稽核比对结果相符但未按规定期限申报抵扣，属于发生真实交易且符合下列客观原因的，经主管税务机关审核，允许纳税人继续申报抵扣其进项税额。增值税一般纳税人发生符合规定未按期申报抵扣的增值税扣税凭证，可按照《未按期申报抵扣增值税扣税凭证抵扣管理办法》的规定，申请办理抵扣手续。

增值税一般纳税人除下列客观原因规定以外的其他原因造成增值税扣税凭证未按期申报抵扣的，仍按照现行增值税扣税凭证申报抵扣有关规定执行。

客观原因包括如下类型：

（1）因自然灾害、社会突发事件等不可抗力原因造成增值税扣税凭证未按期申报抵扣；

（2）有关司法、行政机关在办理业务或者检查中，扣押、封存纳税人账簿资料，导致纳税人未能按期办理申报手续；

（3）税务机关信息系统、网络故障，导致纳税人未能及时取得认证结果通知书或稽核结果通知书，未能及时办理申报抵扣；

（4）由于企业办税人员伤亡、突发危重疾病或者擅自离职，未能办理交接手续，导致未能按期申报抵扣；

（5）国家税务总局规定的其他情形。

> **温馨提醒**
>
> 目前未规定抵扣期限的增值税扣税凭证包括：
> （1）农产品收购发票或者销售发票。
> （2）完税凭证。

（三）一般纳税人发票的认证与采集

1. 需要认证的发票：增值税专用发票，机动车销售统一发票。

用于抵扣增值税进项税额的专用发票应经税务机关认证相符（国家税务总局

另有规定的除外）。认证相符的专用发票应作为购买方的记账凭证，不得退还销售方。专用发票抵扣联无法认证的，可使用专用发票发票联到主管税务机关认证。专用发票发票联复印件留存备查。

认证操作非常简单：扫描录入发票信息——上传认证信息——接收认证结果。

2. 经认证，有下列情形之一的，不得作为增值税进项税额的抵扣凭证，税务机关退还原件，购买方可要求销售方重新开具专用发票。

（1）无法认证。

这里所称无法认证，是指专用发票所列密文或者明文不能辨认，无法产生认证结果。

（2）纳税人识别号认证不符。

这里所称纳税人识别号认证不符，是指专用发票所列购买方纳税人识别号有误。

（3）专用发票代码、号码认证不符。

这里所称专用发票代码、号码认证不符，是指专用发票所列密文解译后与明文的代码或者号码不一致。

3. 经认证，有下列情形之一的，暂不得作为增值税进项税额的抵扣凭证，税务机关扣留原件，查明原因，分别情况进行处理。

（1）重复认证。

这里所称重复认证，是指已经认证相符的同一张专用发票再次认证。

（2）密文有误。

这里所称密文有误，是指专用发票所列密文无法解译。

（3）认证不符。

这里所称认证不符，是指纳税人识别号有误，或者专用发票所列密文解译后与明文不一致。

（4）列为失控专用发票。

这里所称列为失控专用发票，是指认证时的专用发票已被登记为失控专用发票。

4. 《国家税务总局关于纳税信用A级纳税人取消增值税发票认证有关问题的公告》（国家税务总局公告2016年第7号）规定：对纳税信用A级增值税一般纳税人取消增值税发票认证，A级纳税人取得销售方使用增值税发票管理新系统开具的增值税专用发票可以不再进行扫描认证，通过增值税发票税控开票软件登录本省增值税发票查询平台，查询、选择用于申报抵扣或者出口退税的增值税发票信息。

《国家税务总局关于全面推开营业税改征增值税试点有关税收征收管理事项的公告》（国家税务总局公告2016年第23号）规定：纳税信用B级增值税一般纳税人取得销售方使用新系统开具的增值税发票（包括增值税专用发票、货物运输业增值税专用发票、机动车销售统一发票，下同），可以不再进行扫描认证，登录本省增值税发票查询平台，查询、选择用于申报抵扣或者出口退税的增值税发票信息，未查询到对应发票信息的，仍可进行扫描认证。

纳税人填报增值税纳税申报表的方法保持不变，即当期申报抵扣的增值税发票数据，仍填报在《增值税纳税申报表附列资料（二）》第2栏"其中：本期认证相符且本期申报抵扣"的对应栏次中。

温馨提醒

> 误区澄清：不是取消认证，只是简化认证。
>
> 所谓的取消认证是指：纳税人取得销售方使用增值税发票系统升级版开具的增值税发票，可以不再进行扫描认证，通过增值税发票税控开票软件登录本省增值税发票查询平台，查询、选择用于申报抵扣或者出口退税的增值税发票信息，即增值税专用发票在线免扫描认证。
>
> 实务操作是"扫描认证"变成"网络认证"，特别需要提醒的是，还要按照"开具之日起180日内到税务机关办理认证，并在认证通过的次月申报期内，向主管税务机关申报抵扣进项税额"扫描或网络认证并在认证通过的次月申报期内申报。

5. 需要采集的发票：海关进口增值税专用缴款书。

这些发票无须认证，只需将其相关信息录入网上申报系统进行采集即可。

（四）增值税专用发票限额管理

《国家税务总局关于在全国开展营业税改征增值税试点有关征收管理问题的公告》（国家税务总局公告2013年第39号）第三条规定：

增值税专用发票（增值税税控系统）实行最高开票限额管理。最高开票限额，是指单份专用发票或货运专票开具的销售额合计数不得达到的上限额度。

最高开票限额由一般纳税人申请，区县税务机关依法审批。一般纳税人申请最高开票限额时，需填报《增值税专用发票最高开票限额申请单》。主管税务机关受理纳税人申请以后，根据需要进行实地查验。实地查验的范围和方法由各省国税机关确定。

税务机关应根据纳税人实际生产经营和销售情况进行审批，保证纳税人生产经营的正常需要。

一般纳税人申请最高开票限额时，需提供下列材料：

（1）企业基本生产经营情况书面报告原件；

（2）企业法人、经办人员身份证明原件和复印件；

（3）《最高开票限额申请表》原件；

（4）《税务行政许可申请表》原件；

（5）对企业偶然发生大宗交易业务的，需要提供相关购销合同、协议或已认证的进项发票原件及复印件等；

（6）申请前一个月的《增值税纳税申报表》（主表）、资产负债表、利润表；

（7）税务机关规定应当提供的其他材料。

对以上材料，纳税人应当承诺其内容真实、可靠、完整，并加盖公章，其中原件核实后退还企业。

（五）增值税专用发票的领购

一般纳税人有下列情形之一的，不得领购开具专用发票：

（1）会计核算不健全，不能向税务机关准确提供增值税销项税额、进项税额、应纳税额数据及其他有关增值税税务资料的。上列其他有关增值税税务资料的内容，由省、自治区、直辖市和计划单列市国家税务局确定。

（2）有《中华人民共和国税收征收管理法》（以下简称《税收征收管理法》）规定的税收违法行为，拒不接受税务机关处理的。

（3）有下列行为之一，经税务机关责令限期改正而仍未改正的：

①虚开增值税专用发票；

②私自印制专用发票；

③向税务机关以外的单位和个人买取专用发票；

④借用他人专用发票；

⑤未按规定开具专用发票；

⑥未按规定保管专用发票和专用设备；

⑦未按规定申请办理防伪税控系统变更发行；

⑧未按规定接受税务机关检查。

有上列情形的，如已领购专用发票，主管税务机关应暂扣其结存的专用发票和 IC 卡。

税务机关核定的增值税专用发票领购数量不能满足日常经营需要时，可向主管税务机关申请进行增次增量。

（六）增值税发票的开具

（1）国家税务总局编写了《商品和服务税收分类与编码（试行）》（以下简称编码），并在新系统中增加了编码相关功能。自 2016 年 5 月 1 日起，纳入新系统推行范围的试点纳税人及新办增值税纳税人，应使用新系统选择相应的编码开具增值税发票。北京市、上海市、江苏省和广东省已使用编码的纳税人，应于 5 月 1 日前完成开票软件升级。5 月 1 日前已使用新系统的纳税人，应于 8 月 1 日前完成开票软件升级。

（2）按照现行政策规定适用差额征税办法缴纳增值税，且不得全额开具增值税发票的（财政部、税务总局另有规定的除外），纳税人自行开具或者税务机关代开增值税发票时，通过新系统中的差额征税开票功能，录入含税销售额（或含税评估额）和扣除额，系统自动计算税额和不含税金额，备注栏自动打印"差额征税"字样，发票开具不应与其他应税行为混开。

（3）提供建筑服务，纳税人自行开具或者税务机关代开增值税发票时，应在发票的备注栏注明建筑服务发生地县（市、区）名称及项目名称。

（4）销售不动产，纳税人自行开具或者税务机关代开增值税发票时，应在发票"货物或应税劳务、服务名称"栏填写不动产名称及房屋产权证书号码（无房屋产权证书的可不填写），"单位"栏填写面积单位，备注栏注明不动产的详细地址。

（5）出租不动产，纳税人自行开具或者税务机关代开增值税发票时，应在备注栏注明不动产的详细地址。

（6）个人出租住房适用优惠政策减按1.5%征收，纳税人自行开具或者税务机关代开增值税发票时，通过新系统中的征收率减按1.5%征收开票功能，录入含税销售额，系统自动计算税额和不含税金额，发票开具不应与其他应税行为混开。

（7）税务机关代开增值税发票时，"销售方开户行及账号"栏填写税收完税凭证字轨及号码或系统税票号码（免税代开增值税普通发票可不填写）。

（8）国税机关为跨县（市、区）提供不动产经营租赁服务、建筑服务的小规模纳税人（不包括其他个人），代开增值税发票时，在发票备注栏中自动打印"YD"字样。

（9）接受货物运输服务，使用增值税专用发票和增值税普通发票，开具发票时应将起运地、到达地、车种车号以及运输货物信息等内容填写在发票备注栏中，如内容较多可另附清单。

（10）专用发票应按下列要求开具：

①项目齐全，与实际交易相符；

②字迹清楚，不得压线、错格；

③发票联和抵扣联加盖发票专用章；

④按照增值税纳税义务的发生时间开具。

对不符合上列要求的专用发票，购买方有权拒收。

票样见图1-1（来源：国家税务总局）。

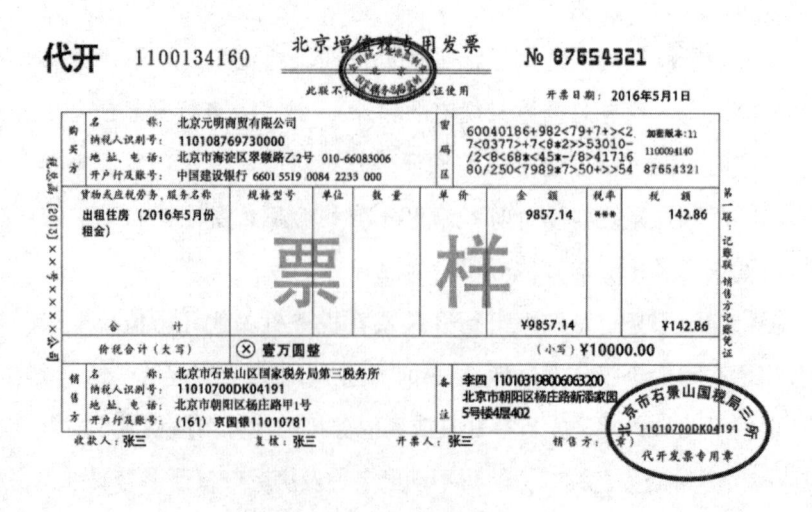

图1-1 增值税专用发票样

(七) 几种特殊情况下发票开具的特殊要求

1. 一般纳税人销售货物或者提供应税劳务（服务）可汇总开具专用发票。汇总开具专用发票的，同时使用防伪税控系统开具《销售货物或者提供应税劳务（服务）清单》，并加盖发票专用章。

2. 纳税人发生应税行为，将价款和折扣额在同一张发票上分别注明的，以折扣后的价款为销售额；未在同一张发票上分别注明的，以价款为销售额，不得扣减折扣额。

3. 纳税人发生应税行为，开具增值税专用发票后，发生开票有误或者销售折让、中止、退回等情形的，应当按照国家税务总局的规定开具红字增值税专用发票；未按照规定开具红字增值税专用发票的，不得扣减销项税额或者销售额。

(八) 不得开具增值税专用发票的情形

纳税人发生应税行为，应当向索取增值税专用发票的购买方开具增值税专用发票，并在增值税专用发票上分别注明销售额和销项税额。

1. 属于下列情形之一的，不得开具增值税专用发票：
（1）向消费者个人销售服务、无形资产或者不动产。
（2）适用免征增值税规定的应税行为。

2. 金融商品转让，不得开具增值税专用发票。

3. 经纪代理服务，向委托方收取的政府性基金或者行政事业性收费，不得开具增值税专用发票，可以开具普通发票。

4. 试点纳税人提供有形动产融资性售后回租服务，向承租方收取的有形动产价款本金，不得开具增值税专用发票，可以开具普通发票。

5. 选择差额征税办法计算销售额的试点纳税人，向旅游服务购买方收取并支付的相关费用，不得开具增值税专用发票，可以开具普通发票。

6. 选择差额纳税的纳税人，向用工单位收取用于支付给劳务派遣员工工资、福利和为其办理社会保险及住房公积金的费用，不得开具增值税专用发票，可以开具普通发票。

7. 纳税人提供人力资源外包服务，按照经纪代理服务缴纳增值税，其销售额不包括受客户单位委托代为向客户单位员工发放的工资和代理缴纳的社会保险、住房公积金。向委托方收取并代为发放的工资和代理缴纳的社会保险、住房公积金，不得开具增值税专用发票，可以开具普通发票。

8. 商业企业一般纳税人零售的烟、酒、食品、服装、鞋帽（不包括劳保专用部分）、化妆品等消费品，不得开具增值税专用发票。

9. 增值税一般纳税人销售免税货物，一律不得开具专用发票，但国有粮食购销企业销售免税粮食除外。

10. 小规模纳税人不能自行开具增值税专用发票。

小规模纳税人发生应税行为，购买方索取增值税专用发票的，可以向主管税务机关申请代开。

> **温馨提醒**
>
> 小规模纳税人由于其自身不具有自行开具增值税专用发票的资格，如需开具增值税专用发票，可向主管税务机关申请代开。但是，向消费者个人提供应税行为以及提供应税行为适用免征增值税规定的，不得申请代开增值税专用发票。各主管税务机关不得为未达起征点的个体工商户代开增值税专用发票。

违反规定开具专用发票的，则对其开具的销售额依照增值税适用税率全额征收增值税，不得抵扣进项税额，并按照《中华人民共和国发票管理办法》及其实施细则的有关规定予以处罚。

（九）一般纳税人作废增值税专用发票重新开具的税法规定

一般纳税人在开具专用发票当月，发生销货退回、开票有误等情形，符合作废条件的可以直接作废发票，重新填写。

《国家税务总局关于修订〈增值税专用发票使用规定〉的通知》（国税发

〔2006〕156号）第十三条规定："一般纳税人在开具专用发票当月，发生销货退回、开票有误等情形，收到退回的发票联、抵扣联符合作废条件的，按作废处理；开具时发现有误的，可即时作废。作废专用发票须在防伪税控系统中将相应的数据电文按'作废'处理，在纸质专用发票（含未打印的专用发票）各联次上注明'作废'字样，全联次留存。"

《国家税务总局关于修订〈增值税专用发票使用规定〉的通知》（国税发〔2006〕156号）第二十条规定："同时具有下列情形的，为本规定所称作废条件：(1) 收到退回的发票联、抵扣联时间未超过销售方开票当月；(2) 销售方未抄税并且未记账；(3) 购买方未认证或者认证结果为'纳税人识别号认证不符'、'专用发票代码、号码认证不符'。本规定所称抄税，是报税前用 IC 卡或者 IC 卡和软盘抄取开票数据电文。"

（十）一般纳税人开具红字增值税专用发票的规定

《国家税务总局关于全面推行增值税发票系统升级版有关问题的公告》（国家税务总局公告 2015 年第 19 号）第五条规定：

"（一）一般纳税人开具增值税专用发票或货物运输业增值税专用发票（以下统称专用发票）后，发生销货退回、开票有误、应税服务中止以及发票抵扣联、发票联均无法认证等情形但不符合作废条件，或者因销货部分退回及发生销售折让，需要开具红字专用发票的，暂按以下方法处理：

1. 专用发票已交付购买方的，购买方可在增值税发票系统升级版中填开并上传《开具红字增值税专用发票信息表》或《开具红字货物运输业增值税专用发票信息表》（以下统称《信息表》，详见附件1、附件2）。《信息表》所对应的蓝字专用发票应经税务机关认证（所购货物或服务不属于增值税扣税项目范围的除外）。经认证结果为'认证相符'并且已经抵扣增值税进项税额的，购买方在填开《信息表》时不填写相对应的蓝字专用发票信息，应暂依《信息表》所列增值税税额从当期进项税额中转出，未抵扣增值税进项税额的可列入当期进项税额，待取得销售方开具的红字专用发票后，与《信息表》一并作为记账凭证；经认证结果为'无法认证'、'纳税人识别号认证不符'、'专用发票代码、号码认证不符'，以及所购货物或服务不属于增值税扣税项目范围的，购买方不列入进项税额，不作进项税额转出，填开《信息表》时应填写相对应的蓝字专用发票信息。

专用发票尚未交付购买方或者购买方拒收的，销售方应于专用发票认证期限内在增值税发票系统升级版中填开并上传《信息表》。

2. 主管税务机关通过网络接收纳税人上传的《信息表》，系统自动校验通过后，生成带有'红字发票信息表编号'的《信息表》，并将信息同步至纳税人端系统中。

3. 销售方凭税务机关系统校验通过的《信息表》开具红字专用发票，在增值税发票系统升级版中以销项负数开具。红字专用发票应与《信息表》一一对应。

4. 纳税人也可凭《信息表》电子信息或纸质资料到税务机关对《信息表》内容进行系统校验。

5. 已使用增值税税控系统的一般纳税人，在纳入升级版之前暂可继续使用《开具红字增值税专用发票申请单》。

（二）税务机关为小规模纳税人代开专用发票需要开具红字专用发票的，按照一般纳税人开具红字专用发票的方法处理。

（三）纳税人需要开具红字增值税普通发票的，可以在所对应的蓝字发票金额范围内开具多份红字发票。红字机动车销售统一发票需与原蓝字机动车销售统一发票一一对应。"

温馨提醒

如果已经在规定时限（180日）内认证的专用发票发生退货，没有冲红的时间限制。如果是超过认证期限尚未办理认证的专用发票（所购货物或服务不属于增值税扣税项目范围的除外），则无法开具红字发票。

（十一）一般纳税人增值税专用发票抄报税

一般纳税人开具专用发票应在增值税纳税申报期内抄税，并向主管税务机关报税，在申报所属月份内可分次向主管税务机关报税。

增值税发票管理新系统实现了对所有增值税发票的全票面信息实时上传税务机关，汇总形成电子底账。全国存量一般纳税人纳入新系统后，将取消纳税人上门或网上抄报税，条件成熟后全面取消扫描认证。

（十二）一般纳税人丢失增值税专用发票的处理

《国家税务总局关于简化增值税发票领用和使用程序有关问题的公告》（国家税务总局公告2014年第19号）规定：

一般纳税人丢失已开具专用发票的发票联和抵扣联，如果丢失前已认证相符，购买方可凭销售方提供的相应专用发票记账联复印件及销售方主管税务机关出具的《丢失增值税专用发票已报税证明单》或《丢失货物运输业增值税专用发票已报税证明单》（附件1、2，以下统称《证明单》），作为增值税进项税额的抵扣凭证；如果丢失前未认证，购买方凭销售方提供的相应专用发票记账联复印件进行认证，认证相符的可凭专用发票记账联复印件及销售方主管税务机关出具的《证明单》，作为增值税进项税额的抵扣凭证。专用发票记账联复印件和《证明单》留存备查。

一般纳税人丢失已开具专用发票的抵扣联，如果丢失前已认证相符，可使用专用发票发票联复印件留存备查；如果丢失前未认证，可使用专用发票发票联认证，专用发票发票联复印件留存备查。

一般纳税人丢失已开具专用发票的发票联，可将专用发票抵扣联作为记账凭证，专用发票抵扣联复印件留存备查。

温馨提醒

必须按照《增值税专用发票使用规定》保管使用专用发票，否则造成专用发票被盗、丢失，就要按照《国家税务总局关于被盗、丢失增值税专用发票的处理意见的通知》（国税函〔1995〕292号）进行处理，可处以10 000元以下的罚款，并可视具体情况，对丢失专用发票纳税人，在一定期限内（最长不超过半年）停止领购专用发票（这可是会影响公司经营的大事，如果不能开专用发票，许多业务人家就不会跟你做）。对纳税人申报遗失的专用发票，如发现非法代开、虚开问题的，该纳税人应承担偷税、骗税的连带责任。

相关链接

1. 一般纳税人丢失海关进口增值税专用缴款书的处理。

根据《国家税务总局关于调整增值税扣税凭证抵扣期限有关问题的通知》（国税函〔2009〕第617号）第四条的规定，增值税一般纳税人丢失海关缴款书，应在规定期限内（开具之日起180日内），凭报关地海关出具的相关已完税证明，向主管税务机关提出抵扣申请。主管税务机关受理申请后，应当进行审核，并将纳税人提供的海关缴款书电子数据纳入稽核系统进行比对。稽核比对无误后，方可允许计算进项税额抵扣。

2. 一般纳税人丢失增值税普通发票或铁路运输费用结算单据的处理。

根据《发票管理办法》第三十六条、《发票管理办法实施细则》第四十一条、第五十条的相关规定，丢失普通发票的纳税人应于丢失当日书面报告主管税务机关、填写《发票挂失声明申请审批表》等税务申请文书、向税务机关指定的报刊等媒介刊登公告声明作废，然后接受主管税务机关责令限改并处10 000元以下的罚款。

增值税普通发票一旦丢失，纳税人则无法凭借增值税普通发票进行账务处理，而只能够使用收据、复印件等其他证明材料入账（实际工作中，很多地市国税机关不允许使用发票复印件入账），这样将使财务工作显得很不规范，而且与之相关的成本费用在企业所得税汇算清缴时也不允许税前扣除。

增值税专用发票的发票联和抵扣联丢失还有办法补救，但是，对于增值税普通发票丢失的情况怎样处理，目前税法还没有明确的规定（有些地区的税务机关作出了相应的规定，可以按照当地税务机关规定办理）。因此，纳税人一定要高度重视增值税普通发票的保管问题。

（十三）一般纳税人收到失控增值税专用发票的处理

《国家税务总局关于失控增值税专用发票处理的批复》（国税函〔2008〕607号）规定：

在税务机关按非正常户登记失控增值税专用发票（以下简称失控发票）后，增值税一般纳税人又向税务机关申请防伪税控报税的，其主管税务机关可以通过防伪税控报税子系统的逾期报税功能受理报税。

购买方主管税务机关对认证发现的失控发票，应按照规定移交稽查部门组织协查。属于销售方已申报并缴纳税款的，可由销售方主管税务机关出具书面证明，并通过协查系统回复购买方主管税务机关，该失控发票可作为购买方抵扣增值税进项税额的凭证。

（十四）一般纳税人用加油卡加油可否要求加油站直接开具专用发票

根据《成品油零售加油站增值税征收管理办法》第十二条的规定，发售加油卡、加油凭证销售成品油的纳税人（以下简称预售单位）在售卖加油卡、加油凭证时，应按预收账款方法作相关账务处理，不征收增值税。预售单位在发售加油卡或加油凭证时可开具普通发票，如购油单位要求开具增值税专用发票，待用户凭卡或加油凭证加油后，根据加油卡或加油凭证回笼记录，向购油单位开具增值税专用发票。接受加油卡或加油凭证销售成品油的单位与预售单位结算油款时，接受加油卡或加油凭证销售成品油的单位根据实际结算的油款向预售单位开具增值税专用发票。

因此，加油站在售卖加油卡时，企业可以要求其提前开具普通发票，但不能提前开具增值税专用发票。企业只有在凭卡或加油凭证加油后，才能根据加油卡或加油凭证回笼记录，要求加油站开具增值税专用发票。

相关链接

企业加油卡、电话充值卡、商场购物卡支出是否允许在支付并取得发票当期准于企业所得税税前扣除？售卡企业何时确认收入？

零售企业：根据《国家税务总局关于确认企业所得税收入若干问题的通知》（国税函〔2008〕875号）的规定，纳税人预售卡时做预收款处理，持卡实际消费时再确认所得税收入。如预售卡有使用期限已到期、或者无使用期限但预售卡超过两年未实际消费，纳税人做收入处理，若以后年度再消费的允许作纳税调减。

购卡企业：对纳税人办充值卡获得发票而没有实际货物购进（或实际消费）的，办充值卡支出应作为预付款项，支出当期不得税前扣除；待实际发生时按实际用途根据税法规定列支。

(十五)增值税发票的使用及过渡期政策

(1)增值税一般纳税人销售货物、提供加工修理修配劳务和应税行为,使用增值税发票管理新系统(以下简称新系统)开具增值税专用发票、增值税普通发票、机动车销售统一发票、增值税电子普通发票。

(2)增值税小规模纳税人销售货物、提供加工修理修配劳务月销售额超过3万元(按季纳税9万元),或者销售服务、无形资产月销售额超过3万元(按季纳税9万元),使用新系统开具增值税普通发票、机动车销售统一发票、增值税电子普通发票。

(3)增值税普通发票(卷式)启用前,纳税人可通过新系统使用国税机关发放的现有卷式发票。

(4)门票、过路(过桥)费发票、定额发票、客运发票和二手车销售统一发票继续使用。

营改增后,门票、过路(过桥)费发票属于予以保留的票种,自2016年5月1日起,由国税机关监制管理。原地税机关监制的上述两类发票,可以延用至2016年6月30日。

(5)采取汇总纳税的金融机构,省、自治区所辖地市以下分支机构可以使用地市级机构统一领取的增值税专用发票、增值税普通发票、增值税电子普通发票;直辖市、计划单列市所辖区县及以下分支机构可以使用直辖市、计划单列市机构统一领取的增值税专用发票、增值税普通发票、增值税电子普通发票。

(6)国税机关、地税机关使用新系统代开增值税专用发票和增值税普通发票。代开增值税专用发票使用六联票,代开增值税普通发票使用五联票。

(7)自2016年5月1日起,地税机关不再向试点纳税人发放发票。试点纳税人已领取地税机关印制的发票以及印有本单位名称的发票,可继续使用至2016年6月30日,特殊情况经省国税局确定,可适当延长使用期限,最迟不超过2016年8月31日。

纳税人在地税机关已申报营业税未开具发票,2016年5月1日以后需要补开发票的,可于2016年12月31日前开具增值税普通发票(国家税务总局另有规定的除外)。

（十六）其他 12 项常见开票问题

1. 发票填开时，如购买方是个人，如何填写？

名称处填写个人姓名或"个人"字样，"纳税人识别号"栏处填写个人身份证号，"地址、电话"栏处正常填写，"银行账号"栏可以不填。

2. 发票填开时，如购买方是属机关、事业单位性质的，如何填写？

属机关、事业等单位性质的，可填写其 9 位组织机构代码证号，并在后补足 6 位"0"。

3. 增值税专用发票和普通发票的货物应税劳务、服务名称处可以填写几行商品？

商品行数最多可为 8 行。

4. 增值税普通发票（卷票）项目处可以填写几行商品？

商品行数最多可为 6 行。

5. 增值税普通发票可以开具哪些税率？

系统支持填开税率为 17%，13%，11%，6%，5%，4%，3%，1.5%，0% 和"免税"的增值税普通发票，但企业应自觉根据当前的增值税政策填开发票，所选税率应符合国税局要求，以免造成开具的发票无效。

6. 非本月开具的增值税普通发票开错了，如何处理？

需开具红字增值税普通发票。先点击开一张"增值税普通发票"，然后点击"红字"按钮进行负数发票填开，填写负数发票对应的正数发票代码、号码。

7. 非本月开具的增值税专用发票开错了，如何处理？

（1）提交信息表：企业在开票系统中开具信息表并通过"上传"按钮提交税局审核。提交税务机关。

（2）税务机关审核信息表，审核后变为"审核通过"，且显示信息表编号可供开具红字专用发票。

（3）开具红字发票企业根据税局提供的信息表开具红字专用发票。

8. 符合自开增值税普通发票条件的增值税小规模纳税人，销售其取得的不动产，购买方索取增值税专用发票的，可依申请代开增值税专用发票。简单地说就是，月销售额 3 万元以上（或按季纳税的，季销售额 9 万元以上）的小规模纳税人，销售其取得的不动产，地税机关只能为其代开专用发票。

9. 不符合自开增值税普通发票条件的增值税小规模纳税人，销售其取得的不动产，可依申请代开增值税专用发票或增值税普通发票。简单地说就是，月销售额 3 万元以下（或按季纳税的，季销售额 9 万元以下）的小规模纳税人，销售其取得的不动产，地税机关可以为其代开专用发票或普通发票。

10. 其他个人（也就是自然人）销售其取得的不动产或出租不动产（包括住房），可依申请代开增值税专用发票或增值税普通发票。简单地说，自然人销售其取得的不动产（包括住房）或出租不动产（包括住房），地税机关可以为其代开专用发票或普通发票。

11. 向其他个人（也就是自然人）销售其取得的不动产或出租不动产。也就是说，买房人或承租人是自然人的，不得代开专用发票。

12. 销售其取得的不动产或出租不动产适用免征增值税规定的。也就是说，免税不得代开专用发票。

四、不得从销项税额中抵扣的进项税额

下列项目的进项税额不得从销项税额中抵扣：

（1）用于简易计税方法计税项目、免征增值税项目、集体福利或者个人消费的购进货物、加工修理修配劳务、服务、无形资产和不动产。其中涉及的固定资产、无形资产、不动产，仅指专用于上述项目的固定资产、无形资产（不包括其他权益性无形资产）、不动产。

纳税人的交际应酬消费属于个人消费。

> **温馨提醒**
>
> 1. 不动产、无形资产的具体范围，按照《营业税改征增值税试点实施办法》所附的《销售服务、无形资产或者不动产注释》执行。
>
> 固定资产，是指使用期限超过 12 个月的机器、机械、运输工具以及其他与生产经营有关的设备、工具、器具等有形动产。

> 增值税所称固定资产，不包括房屋、建筑物等不动产，这是与企业所得税和会计准则的区别。
>
> 2. 只有专门用于简易计税方法计税项目、免征增值税项目、集体福利或者个人消费的固定资产、无形资产（不包括其他权益性无形资产）、不动产进项税额才不得抵扣，发生兼用于增值税应税项目和上述项目情况的，该进项税额准予全部抵扣。
>
> 3. 纳税人购进其他权益性无形资产，无论是专用于简易计税方法计税项目、免征增值税项目、集体福利或者个人消费，还是兼用于上述项目，均可以抵扣进项税额。
>
> 4. 集体福利或者个人消费，是指企业内部供职工使用的食堂、浴室、理发室、宿舍、幼儿园等福利设施及其设备、物品或者纳税人以福利、奖励、津贴等形式发放给职工的个人物品和纳税人的交际应酬消费。另外，劳保用品取得增值税专用发票的可以抵扣进项税额。
>
> 个人消费包括纳税人的交际应酬消费。如：业务招待费中列支的各类礼品、烟、酒，不得抵扣进项税额。若具有宣传作用的在业务宣传费中列支的礼品按视同销售处理，可以抵扣进项税额。

（2）非正常损失的购进货物，以及相关的加工修理修配劳务和交通运输服务。

（3）非正常损失的在产品、产成品所耗用的购进货物（不包括固定资产）、加工修理修配劳务和交通运输服务。

（4）非正常损失的不动产，以及该不动产所耗用的购进货物、设计服务和建筑服务。

（5）非正常损失的不动产在建工程所耗用的购进货物、设计服务和建筑服务。纳税人新建、改建、扩建、修缮、装饰不动产，均属于不动产在建工程。

（6）购进的旅客运输服务、贷款服务、餐饮服务、居民日常服务和娱乐服务。

温馨提醒

> 纳税人接受贷款服务向贷款方支付的与该笔贷款直接相关的投融资顾问费、手续费、咨询费等费用，其进项税额不得从销项税额中抵扣。

> 融资性售后回租纳入贷款服务，其进项税额不得从销项税额中抵扣。
>
> 购买文化体育服务、教育医疗服务、旅游服务、住宿服务且不用于上述第(1)项情形则允许抵扣进项税额。
>
> 住宿服务和旅游服务不属于居民日常服务，因此用于公务消费可以抵扣进项税额，但是用于集体福利或个人消费就不可以抵扣。
>
> 物业管理服务不属于居民日常服务，而是属于商务辅助服务中的企业管理服务，因此可以抵扣进项税额。
>
> 纳税人购买应征消费税的摩托车、汽车、游艇取得的进项税额允许按规定抵扣。

(7) 财政部和国家税务总局规定的其他情形。

上述第(4)项、第(5)项所称货物，是指构成不动产实体的材料和设备，包括建筑装饰材料和给排水、采暖、卫生、通风、照明、通讯、煤气、消防、中央空调、电梯、电气、智能化楼宇设备及配套设施。

温馨提醒

> 非正常损失，是指因管理不善造成货物被盗、丢失、霉烂变质，以及因违反法律法规造成货物或者不动产被依法没收、销毁、拆除的情形。
>
> 如何理解"管理不善"？
>
> 一般来说，管理不善属于主观原因，企业是可以避免发生的，但企业还是发生该类损失，则企业应该自己承担责任，税收上不应鼓励。如果一些原因是企业难以控制的，如自然灾害损失等不可抗力形成的资产损失，纳税人已经尽到保护的义务，国家则不应再加重其负担。另外，市场环境的突然变化，大量存货滞销导致产品过期而导致的损失，并非由于管理不善引起的，也应属于正常损失。
>
> 实务操作中，纳税人在遇到货物损失时应区别对待，而不是全部作进项税额转出处理。比如，税法明确非正常损失为管理不善造成被盗、丢失、霉烂变质等损失，而自然灾害也会造成货物霉烂变质，但自然灾害不属于非正常损失，这种情况下，企业应保留相关证据，或由中介机构出具货物损失鉴证，这样才能确保非正常损失的真实性，税务机关才能相信和认可。

举例说明：

【例1-14】企业生产不合格产品所耗用的原材料是否属于非正常损失，已抵扣的进项税额需要转出吗？

根据上述规定，企业生产不合格产品不属于非正常损失，不必转出进项税额。

【例1-15】新华书店的图书盘亏、毁损损失，因政策变动而积压的财税图书，是否需要转出进项税额？

新华书店的图书盘亏、毁损损失显然属于因人为管理责任而毁损、被盗造成的非正常损失，该类资产损失进项税额应予以转出。而因政策变动而积压的财税图书可以理解为"政策因素造成的损失"，是企业无法控制的，不是因为管理不善引起的，属于正常损失，其进项税额无须转出。

【例1-16】过期商品是否属于"非正常损失"？

商品过期一般有下列几种情形：

对于鲜活、易腐烂变质或者易失效的商品（保质期15天以内），比如：鲜奶，如果超过保质期报废，一般不属于非正常损失。除此之外的商品，如果超过保质期导致商品报废，属于主观上应当或应当可以控制的情形，应当界定为管理不善，属于非正常损失，否则属于正常损失。

产品过期（不含鲜活等），按照以销定产或以销定购的管理理论，属于管理不善造成的霉烂变质，应当转出进项税额，不属于管理不善造成的霉烂变质，无须转出进项税额。

产品过季节、断码等，如果还具有原商品属性，售价虽然可能偏低，但是存在合理理由，不需要转出进项税额。

在实践中存在争议，但是部分地区的国税部门发布了规定，明确过期商品的损失不属于非正常损失的范围，例如：

《青海省国家税务局关于增值税有关业务问题的通知》（青国税函〔2006〕113号）规定，"有保质期的货物因过期报废而造成的损失，除责任事故以外，可以按照不属于《增值税暂行条例》和《实施细则》规定的非正常损失，准予从销项税额中抵扣其进项税额"；

《四川省国家税务局关于印发〈增值税若干政策问题解答（之一）〉的通知》（川国税函〔2008〕155号）规定"企业销售过期、过季节商品、缺码（不配套）商品、工业企业报废产品等属正常损失范围，其外购货物或应税劳务的进项税额允许抵扣，不做进项转出"；

《安徽省国家税务局关于若干增值税政策和管理问题的通知》（皖国税函〔2008〕10号）规定，"纳税人因库存商品已过保质期、商品滞销或被淘汰等原因，将库存货物报废或低价销售处理的，不属于非正常损失，不需要做进项税额转出处理"；

2009年11月9日，国家税务总局纳税服务司的问题解答中也指出，"纳税人生产或购入在货物外包装或使用说明书中注明有使用期限的货物，超过有效（保质）期无法进行正常销售，需作销毁处理的，可视作企业在经营过程中的正常经营损失，不纳入非正常损失"。

在企业所得税处理中，不管正常损失还是非正常损失，只要是与生产经营有关的、合理的损失均可按规定的程序和要求向主管税务机关申报后在税前扣除。而且非正常损失范围与增值税规定不同。

已抵扣进项税额的购进货物（不含固定资产）、劳务、服务，发生上述规定情形（简易计税方法计税项目、免征增值税项目除外）的，应当将该进项税额从当期进项税额中扣减；无法确定该进项税额的，按照当期实际成本计算应扣减的进项税额。

已抵扣进项税额的固定资产、无形资产或者不动产，发生上述规定情形的，按照下列公式计算不得抵扣的进项税额：

不得抵扣的进项税额＝固定资产、无形资产或者不动产净值×适用税率

固定资产、无形资产或者不动产净值，是指纳税人根据财务会计制度计提折旧或摊销后的余额。

有下列情形之一者，应当按照销售额和增值税税率计算应纳税额，不得抵扣进项税额，也不得使用增值税专用发票：

（1）一般纳税人会计核算不健全，或者不能够提供准确税务资料的。

（2）应当办理一般纳税人资格登记而未办理的。

五、不动产抵扣

《不动产进项税额分期抵扣暂行办法》（国家税务总局公告2016年第15号）规定：

第二条 增值税一般纳税人（以下称纳税人）2016年5月1日后取得并在会计制度上按固定资产核算的不动产，以及2016年5月1日后发生的不动产在建工程，其进项税额应按照本办法有关规定分2年从销项税额中抵扣，第一年抵扣比例为60%，第二年抵扣比例为40%。

取得的不动产，包括以直接购买、接受捐赠、接受投资入股以及抵债等各种形式取得的不动产。

纳税人新建、改建、扩建、修缮、装饰不动产，属于不动产在建工程。

房地产开发企业自行开发的房地产项目，融资租入的不动产，以及在施工现场修建的临时建筑物、构筑物，其进项税额不适用上述分2年抵扣的规定。

第三条 纳税人2016年5月1日后购进货物和设计服务、建筑服务，用于新建不动产，或者用于改建、扩建、修缮、装饰不动产并增加不动产原值超过50%的，其进项税额依照本办法有关规定分2年从销项税额中抵扣。

不动产原值，是指取得不动产时的购置原价或作价。

上述分2年从销项税额中抵扣的购进货物，是指构成不动产实体的材料和设备，包括建筑装饰材料和给排水、采暖、卫生、通风、照明、通讯、煤气、消防、中央空调、电梯、电气、智能化楼宇设备及配套设施。

第四条 纳税人按照本办法规定从销项税额中抵扣进项税额，应取得2016年5月1日后开具的合法有效的增值税扣税凭证。

上述进项税额中，60%的部分于取得扣税凭证的当期从销项税额中抵扣；40%的部分为待抵扣进项税额，于取得扣税凭证的当月起第13个月从销项税额中抵扣。

第五条 购进时已全额抵扣进项税额的货物和服务，转用于不动产在建工程的，其已抵扣进项税额的40%部分，应于转用的当期从进项税额中扣减，计入待抵扣进项税额，并于转用的当月起第13个月从销项税额中抵扣。

第六条 纳税人销售其取得的不动产或者不动产在建工程时，尚未抵扣完毕的待抵扣进项税额，允许于销售的当期从销项税额中抵扣。

第七条 已抵扣进项税额的不动产，发生非正常损失，或者改变用途，专用于简易计税方法计税项目、免征增值税项目、集体福利或者个人消费的，按照下列公式计算不得抵扣的进项税额：

不得抵扣的进项税额＝（已抵扣进项税额＋待抵扣进项税额）×不动产净值率

$$不动产净值率 = (不动产净值 \div 不动产原值) \times 100\%$$

不得抵扣的进项税额小于或等于该不动产已抵扣进项税额的，应于该不动产改变用途的当期，将不得抵扣的进项税额从进项税额中扣减。

不得抵扣的进项税额大于该不动产已抵扣进项税额的，应于该不动产改变用途的当期，将已抵扣进项税额从进项税额中扣减，并从该不动产待抵扣进项税额中扣减不得抵扣进项税额与已抵扣进项税额的差额。

第八条　不动产在建工程发生非正常损失的，其所耗用的购进货物、设计服务和建筑服务已抵扣的进项税额应于当期全部转出；其待抵扣进项税额不得抵扣。

第九条　按照规定不得抵扣进项税额的不动产，发生用途改变，用于允许抵扣进项税额项目的，按照下列公式在改变用途的次月计算可抵扣进项税额：

$$可抵扣进项税额 = 增值税扣税凭证注明或计算的进项税额 \times 不动产净值率$$

依照本条规定计算的可抵扣进项税额，应取得 2016 年 5 月 1 日后开具的合法有效的增值税扣税凭证。

按照本条规定计算的可抵扣进项税额，60%的部分于改变用途的次月从销项税额中抵扣，40%的部分为待抵扣进项税额，于改变用途的次月起第 13 个月从销项税额中抵扣。

第十条　纳税人注销税务登记时，其尚未抵扣完毕的待抵扣进项税额于注销清算的当期从销项税额中抵扣。

第十一条　待抵扣进项税额记入"应交税金——待抵扣进项税额"科目核算，并于可抵扣当期转入"应交税金——应交增值税（进项税额）"科目。

对不同的不动产和不动产在建工程，纳税人应分别核算其待抵扣进项税额。

第十二条　纳税人分期抵扣不动产的进项税额，应据实填报增值税纳税申报表附列资料。

第十三条　纳税人应建立不动产和不动产在建工程台账，分别记录并归集不动产和不动产在建工程的成本、费用、扣税凭证及进项税额抵扣情况，留存备查。

用于简易计税方法计税项目、免征增值税项目、集体福利或者个人消费的不动产和不动产在建工程，也应在纳税人建立的台账中记录。

第十四条　纳税人未按照本办法有关规定抵扣不动产和不动产在建工程进项

税额的，主管税务机关应按照《中华人民共和国税收征收管理法》及有关规定进行处理。

六、兼营业务

1. 适用一般计税方法的纳税人，兼营简易计税方法计税项目、免征增值税项目而无法划分不得抵扣的进项税额，按照下列公式计算不得抵扣的进项税额：

$$\text{不得抵扣的进项税额} = \text{当期无法划分的全部进项税额} \times (\text{当期简易计税方法计税项目销售额} + \text{免征增值税项目销售额}) \div \text{当期全部销售额}$$

主管税务机关可以按照上述公式依据年度数据对不得抵扣的进项税额进行清算。

> **温馨提醒**
>
> 在纳税人的现实生产经营活动中，兼营行为是很常见的，经常出现进项税额不能准确划分的情形。比较典型的就是耗用的水和电力。但同时也有很多进项税额是可以划分清楚用途的，比如：纳税人购进的一些原材料，用途是确定的，所对应的进项税额也就可以准确划分。因此，这里的公式只是对不能准确划分的进项税额进行划分计算的方法，对于能够准确划分的进项税额，直接按照归属进行区分。因此，纳税人全部不得抵扣的进项税额应按照下列公式计算：
>
> $$\text{纳税人全部不得抵扣的进项税额} = \text{当期可以直接划分的不得抵扣的进项税额} + \text{当期无法划分的全部进项税额} \times (\text{当期简易计税方法计税项目销售额} + \text{免税增值税项目销售额}) \div \text{当期全部销售额}$$
>
> 纳税人计算进项税额转出应按月进行，但由于月度间取得进项税额的不均衡性，有可能会造成按月计算的进项转出数失真，因此，主管税务机关可在年度终了对纳税人的进项税额转出进行清算，对相应差异进行调整。

2. 纳税人兼营免税、减税项目的，应当分别核算免税、减税项目的销售额；未分别核算的，不得免税、减税。

纳税人发生应税行为适用免税、减税规定的，可以放弃免税、减税，依照规定缴纳增值税。放弃免税、减税后，36个月内不得再申请免税、减税。

> **温馨提醒**
>
> 1. 放弃免税权的增值税一般纳税人发生应税行为可以开具增值税专用发票。
> 2. 纳税人一经放弃免税权，其发生的全部应税行为均应按照适用税率征税，不得选择某一免税项目放弃免税权，也不得根据不同的对象选择部分应税行为放弃免税权。

纳税人发生应税行为同时适用免税和零税率规定的，纳税人可以选择适用免税或者零税率。

3. 纳税人兼营销售货物、劳务、服务、无形资产或者不动产，适用不同税率或者征收率的，应当分别核算适用不同税率或者征收率的销售额；未分别核算的，从高适用税率。

（1）兼有不同税率的销售货物、加工修理修配劳务、服务、无形资产或者不动产，从高适用税率。

（2）兼有不同征收率的销售货物、加工修理修配劳务、服务、无形资产或者不动产，从高适用征收率。

（3）兼有不同税率和征收率的销售货物、加工修理修配劳务、服务、无形资产或者不动产，从高适用税率。

【例1-17】某试点一般纳税人既有不动产销售业务，又有经纪代理业务（两项业务不属于混合销售）。如果该纳税人能够分别核算上述两项应税行为的销售额，则销售不动产适用11%的增值税税率，提供经纪代理服务适用6%的增值税税率；如果该纳税人没有分别核算上述两项应税行为的销售额，则销售不动产和提供经纪代理服务均从高适用11%的增值税税率。

兼营业务，需要在合同签订、发票开具、财税处理等环节体现分别核算，以免出现多缴税款的税务风险。另外，还要注意和混合销售的区别。

七、混合销售

一项销售行为如果既涉及服务又涉及货物,为混合销售。从事货物的生产、批发或者零售的单位和个体工商户的混合销售行为,按照销售货物缴纳增值税;其他单位和个体工商户的混合销售行为,按照销售服务缴纳增值税。

这里所称从事货物的生产、批发或者零售的单位和个体工商户,包括以从事货物的生产、批发或者零售为主,并兼营销售服务的单位和个体工商户在内。

> **温馨提醒**
>
> 根据上述规定,混合销售行为成立的行为标准有两点,一是其销售行为必须是一项;二是该项行为必须既涉及服务又涉及货物,其"货物"是指增值税税法中规定的有形动产,包括电力、热力和气体;服务是指属于改征范围的交通运输服务、建筑服务、金融保险服务、邮政服务、电信服务、现代服务、生活服务等。
>
> 因此,在确定混合销售是否成立时,其行为标准中的上述两点必须同时存在,如果一项销售行为只涉及销售服务,不涉及货物,这种行为就不是混合销售行为;反之,如果涉及销售服务和涉及货物的行为,不是存在同一项销售行为之中,这种行为也不是混合销售行为。
>
> 混合销售,销售服务、销售货物是一项整体销售行为。
>
> 兼营业务,销售服务、销售货物两项经营活动间并无直接的联系和从属关系。

【例1-18】生产货物的单位,在销售货物的同时附带运输,其销售货物及提供运输的行为属于混合销售行为,所收取的货物款项及运输费用应一律按销售货物计算缴纳增值税。

【例1-19】以餐饮服务为主的纳税人,在销售餐饮服务的同时销售烟酒,属于混合销售行为，烟酒和菜品加上厨师和服务人员的劳动，共同形成了餐饮服务，按餐饮服务缴纳增值税。

八、不征收增值税项目

1. 根据国家指令无偿提供的铁路运输服务、航空运输服务，属于《营业税改征增值税试点实施办法》第十四条规定的用于公益事业的服务。
2. 存款利息。

> **温馨提醒**
> 这里所称的仅限存储在国家规定的吸储机构所取得的存款利息。

3. 被保险人获得的保险赔付。
4. 房地产主管部门或者其指定机构、公积金管理中心、开发企业以及物业管理单位代收的住宅专项维修资金。
5. 在资产重组过程中，通过合并、分立、出售、置换等方式，将全部或者部分实物资产以及与其相关联的债权、负债和劳动力一并转让给其他单位和个人，其中涉及的不动产、土地使用权转让行为。

九、增值税纳税义务发生时间

增值税纳税义务、扣缴义务发生时间为：
（1）纳税人发生应税行为并收讫销售款项或者取得索取销售款项凭据的当天；先开具发票的，为开具发票的当天。
收讫销售款项，是指纳税人销售服务、无形资产、不动产过程中或者完成后收到款项。

> **温馨提醒**
>
> 收讫销售款项以应税行为开始发生为前提，除了提供建筑服务、租赁服务采取预收款方式外，在发生应税行为之前收到的款项不属于收讫销售款项，不需要确认纳税义务发生，但是先开具发票的，纳税义务发生时间为开具发票的当天。

取得索取销售款项凭据的当天，是指书面合同确定的付款日期；未签订书面合同或者书面合同未确定付款日期的，为服务、无形资产转让完成的当天或者不动产权属变更的当天。

（2）纳税人提供建筑服务、租赁服务采取预收款方式的，其纳税义务发生时间为收到预收款的当天。

（3）纳税人从事金融商品转让的，为金融商品所有权转移的当天。

（4）纳税人发生《营业税改征增值税试点实施办法》第十四条规定情形的，其纳税义务发生时间为服务、无形资产转让完成的当天或者不动产权属变更的当天。

（5）增值税扣缴义务发生时间为纳税人增值税纳税义务发生的当天。

纳税义务发生时间的确定非常重要，确定不准确会给企业造成提前纳税、延迟纳税甚至重复纳税的风险，还有可能会被处以加收滞纳金、罚款的风险。纳税人可以进行合理的规划，通过合同条款的约定来合法地推迟纳税义务发生时间，递延纳税，带来资金的时间价值。

【例1-20】甲公司与客户乙公司于2月签订了一份咨询服务合同，合同约定，2月20日甲公司向乙公司提供50万元的咨询服务，乙公司应于3月10日之前支付全部款项。3月初乙公司由于突发事件，资金紧张，暂时无力支付。3月份公司已实现增值税10万元，若再申报缴纳该笔业务税款，由于未能收回货款，将造成公司资金周转困难，于是财务人员决定暂不申报缴纳该笔业务的税款，待实际收到款项时再进行申报纳税。7月份收到款项后，财务人员开具专用发票，申报缴纳了税款。财务人员认为自己只是延迟缴纳税款，并未少缴税款。7月份稽查局对甲公司上半年的增值税纳税情况进行专项检查，发现了这笔业务。稽查局认为该公司未按规定期限申报纳税，属于逃避缴纳税款行为，决定给予公司所未按期缴纳税款的0.5倍的罚款并加收滞纳金的处理。稽查局的处理决定正确吗？

稽查局的处理决定正确。因为，根据税法规定，纳税义务发生时间为书面合同确定的付款日期。因此,不论在3月10日甲公司是否收回货款,均应申报缴纳税款。

【例1-21】甲公司与客户丙公司于2月签订了一份咨询服务合同,合同约定,2月28日甲公司向丙公司提供100万元的咨询服务,丙公司应于3月10日之前支付全部款项。2月28日甲公司已就此项业务开具发票。甲公司纳税义务发生时间为哪一天?

根据税法规定,增值税纳税义务发生时间为纳税人发生应税行为并收讫销售款项或者取得索取销售款项凭据的当天;先开具发票的,为开具发票的当天。因此,该业务纳税义务发生时间应为2月28日,而不是3月10日。

【例1-22】甲公司7月份出租一辆货车,租金6 000元/月,8月1日一次性预收了对方半年的租金共36 000元。甲公司纳税义务发生时间为哪一天?

根据税法规定,纳税人提供有形动产租赁服务采取预收款方式的,其纳税义务发生时间为收到预收款的当天。因此,该业务纳税义务发生时间应为收到36 000元租金的当天8月1日,8月份应确认收入36 000元。

【例1-23】甲公司9月27日与乙公司签订运输服务合同,合同金额为30万元,书面合同未确定付款日期,甲公司9月28日开始运输,10月1日抵达目的地。期间于9月28日收到运费5万元,9月30日收到运费10万元,11月2日收到剩余运费15万元。甲公司纳税义务发生时间为哪一天?

根据税法规定,增值税纳税义务发生时间为纳税人发生应税行为并收讫销售款项或者取得索取销售款项凭据的当天,该业务纳税义务发生时间应为9月28日、9月30日收到运费的当天,而不是等到运输劳务提供完成的10月1日,9月份此业务销售额确认15万元。

根据税法规定,取得索取销售款项凭据的当天,是指书面合同确定的付款日期;未签订书面合同或者书面合同未确定付款日期的,为服务、无形资产转让完成的当天或者不动产权属变更的当天。尽管余款15万元于11月2日才收到,但是运输劳务提供完成日期为10月1日,因此该业务纳税义务发生时间应为10月1日,10月份此业务销售额确认15万元,并开具发票。

【例1-24】甲建筑公司承接一项建筑工程,2月20日开工,12月份完工,合同约定,1月20日预付工程款100万元,6月20日支付工程款600万元,工程完工后12月31日支付余款700万元。实际情况是,1月20日预收工程款100万元,

8月20日收到工程款600万元，工程完工尚未收到工程余款。甲公司纳税义务发生时间为哪一天？

根据上述规定，建筑服务纳税义务发生时间应为：

（1）建筑企业与业主签署合同，预收工程款的，其纳税义务发生时间为收到预收款的当天。在预收款的当天开具增值税专用发票。

（2）在提供建筑服务期间，按照合同确定的付款日期、收到款项日期和开具发票日期三者孰早的原则确定纳税义务发生时间。

（3）提供建筑服务期间，未收到款项且合同未确定付款日期，则以服务完成的当天为纳税义务发生时间。

因此该业务纳税义务发生时间应为1月20日，6月20日，12月31日，分别确认销售额100万元、600万元、700万元，并分别开具发票。

温馨提醒

对于建筑企业而言，在工程开始阶段，可能会预收到部分工程款，与建筑材料进项发票的取得可能存在时间差，从而出现提前多缴纳增值税的情况，建议建筑企业统筹安排建筑材料的采购时间，平稳增值税税负。

十、原增值税纳税人有关政策

原增值税纳税人［指按照《中华人民共和国增值税暂行条例》（以下简称《增值税暂行条例》）缴纳增值税的纳税人］有关政策如下。

（一）进项税额

1. 原增值税一般纳税人购进服务、无形资产或者不动产，取得的增值税专用发票上注明的增值税额为进项税额，准予从销项税额中抵扣。

2016年5月1日后取得并在会计制度上按固定资产核算的不动产或者2016年5月1日后取得的不动产在建工程，其进项税额应自取得之日起分2年从销项税额中抵扣，第一年抵扣比例为60%，第二年抵扣比例为40%。

融资租入的不动产以及在施工现场修建的临时建筑物、构筑物，其进项税额不适用上述分2年抵扣的规定。

2. 原增值税一般纳税人自用的应征消费税的摩托车、汽车、游艇，其进项税额准予从销项税额中抵扣。

3. 原增值税一般纳税人从境外单位或者个人购进服务、无形资产或者不动产，按照规定应当扣缴增值税的，准予从销项税额中抵扣的进项税额为自税务机关或者扣缴义务人取得的解缴税款的完税凭证上注明的增值税额。

纳税人凭完税凭证抵扣进项税额的，应当具备书面合同、付款证明和境外单位的对账单或者发票。资料不全的，其进项税额不得从销项税额中抵扣。

4. 原增值税一般纳税人购进货物或者接受加工修理修配劳务，用于《销售服务、无形资产或者不动产注释》所列项目的，不属于《增值税暂行条例》第十条所称的用于非增值税应税项目，其进项税额准予从销项税额中抵扣。

5. 原增值税一般纳税人购进服务、无形资产或者不动产，下列项目的进项税额不得从销项税额中抵扣：

（1）用于简易计税方法计税项目、免征增值税项目、集体福利或者个人消费。其中涉及的无形资产、不动产，仅指专用于上述项目的无形资产（不包括其他权益性无形资产）、不动产。

纳税人的交际应酬消费属于个人消费。

（2）非正常损失的购进货物，以及相关的加工修理修配劳务和交通运输服务。

（3）非正常损失的在产品、产成品所耗用的购进货物（不包括固定资产）、加工修理修配劳务和交通运输服务。

（4）非正常损失的不动产，以及该不动产所耗用的购进货物、设计服务和建筑服务。

（5）非正常损失的不动产在建工程所耗用的购进货物、设计服务和建筑服务。

纳税人新建、改建、扩建、修缮、装饰不动产，均属于不动产在建工程。

（6）购进的旅客运输服务、贷款服务、餐饮服务、居民日常服务和娱乐服务。

（7）财政部和国家税务总局规定的其他情形。

上述第（4）项、第（5）项所称货物，是指构成不动产实体的材料和设备，包括建筑装饰材料和给排水、采暖、卫生、通风、照明、通讯、煤气、消防、中央空调、电梯、电气、智能化楼宇设备及配套设施。

纳税人接受贷款服务向贷款方支付的与该笔贷款直接相关的投融资顾问费、手续费、咨询费等费用，其进项税额不得从销项税额中抵扣。

6. 已抵扣进项税额的购进服务，发生上述第 5 项规定情形（简易计税方法计税项目、免征增值税项目除外）的，应当将该进项税额从当期进项税额中扣减；无法确定该进项税额的，按照当期实际成本计算应扣减的进项税额。

7. 已抵扣进项税额的无形资产或者不动产，发生上述第 5 项规定情形的，按照下列公式计算不得抵扣的进项税额：

$$不得抵扣的进项税额＝无形资产或者不动产净值\times 适用税率$$

8. 按照《增值税暂行条例》第十条和上述第 5 项不得抵扣且未抵扣进项税额的固定资产、无形资产、不动产，发生用途改变，用于允许抵扣进项税额的应税项目，可在用途改变的次月按照下列公式，依据合法有效的增值税扣税凭证，计算可以抵扣的进项税额：

$$可以抵扣的进项税额＝\frac{固定资产、无形资产、不动产净值}{1＋适用税率}\times 适用税率$$

上述可以抵扣的进项税额应取得合法有效的增值税扣税凭证。

（二）增值税期末留抵税额

原增值税一般纳税人兼有销售服务、无形资产或者不动产的，截止到纳入营改增试点之日前的增值税期末留抵税额，不得从销售服务、无形资产或者不动产的销项税额中抵扣。

（三）混合销售

一项销售行为如果既涉及货物又涉及服务，为混合销售。从事货物的生产、批发或者零售的单位和个体工商户的混合销售行为，按照销售货物缴纳增值税；其他单位和个体工商户的混合销售行为，按照销售服务缴纳增值税。

上述从事货物的生产、批发或者零售的单位和个体工商户，包括以从事货物的生产、批发或者零售为主，并兼营销售服务的单位和个体工商户在内。

十一、试点前发生的业务

1. 试点纳税人发生应税行为，按照国家有关营业税政策规定差额征收营业税的，因取得的全部价款和价外费用不足以抵减允许扣除项目金额，截至纳入营改增试点之日前尚未扣除的部分，不得在计算试点纳税人增值税应税销售额时抵减，应当向原主管地税机关申请退还营业税。

2. 试点纳税人发生应税行为，在纳入营改增试点之日前已缴纳营业税，营改增试点后因发生退款减除营业额的，应当向原主管地税机关申请退还已缴纳的营业税。

举例说明：

【例1-25】试点之前纳税人已经开具商品房销售发票，试点之后退房了，应当向原主管地税机关申请退还已缴纳的营业税。

【例1-26】工程还没结算，试点之前纳税人就提前开了营业税发票，试点之后结算金额小于发票开具金额，发现发票金额开多了，应当向原主管地税机关申请退还已缴纳的营业税。

3. 试点纳税人纳入营改增试点之日前发生的应税行为，因税收检查等原因需要补缴税款的，应按照营业税政策规定补缴营业税。

十二、增值税的起征点

1. 增值税起征点幅度如下：
（1）按期纳税的，为月销售额5 000～20 000元（含本数）。
（2）按次纳税的，为每次（日）销售额300～500元（含本数）。

起征点的调整由财政部和国家税务总局规定。省、自治区、直辖市财政厅

（局）和国家税务局应当在规定的幅度内，根据实际情况确定本地区适用的起征点，并报财政部和国家税务总局备案。

对增值税小规模纳税人中月销售额未达到 2 万元的企业或非企业性单位，免征增值税。2017 年 12 月 31 日前，对月销售额 2 万（含本数）～3 万元的增值税小规模纳税人，免征增值税。

2. 个人发生应税行为的销售额未达到增值税起征点的，免征增值税；达到起征点的，全额计算缴纳增值税。

3. 增值税起征点不适用于登记为一般纳税人的个体工商户。

> **温馨提醒**
>
> 起征点与免征额的区别：
>
> 起征点又称"征税起点"或"起税点"，是指税法规定对征税对象开始征税的起点数额。起征点不同于免征额，纳税人销售额未达到国务院财政、税务主管部门规定的起征点的，免征增值税；达到起征点的，全额计算缴纳增值税。

十三、增值税纳税地点与纳税期限

增值税纳税地点为：

（1）固定业户应当向其机构所在地或者居住地主管税务机关申报纳税。总机构和分支机构不在同一县（市）的，应当分别向各自所在地的主管税务机关申报纳税；经财政部和国家税务总局或者其授权的财政和税务机关批准，可以由总机构汇总向总机构所在地的主管税务机关申报纳税。

属于固定业户的试点纳税人，总分支机构不在同一县（市），但在同一省（自治区、直辖市、计划单列市）范围内的，经省（自治区、直辖市、计划单列市）财政厅（局）和国家税务局批准，可以由总机构汇总向总机构所在地的主管税务机关申报缴纳增值税。

原以地市一级机构汇总缴纳营业税的金融机构，营改增后继续以地市一级机构汇总缴纳增值税。

同一省（自治区、直辖市、计划单列市）范围内的金融机构，经省（自治区、直辖市、计划单列市）国家税务局和财政厅（局）批准，可以由总机构汇总向总机构所在地的主管国税机关申报缴纳增值税。

（2）非固定业户应当向应税行为发生地主管税务机关申报纳税；未申报纳税的，由其机构所在地或者居住地主管税务机关补征税款。

（3）其他个人提供建筑服务，销售或者租赁不动产，转让自然资源使用权，应向建筑服务发生地、不动产所在地、自然资源所在地主管税务机关申报纳税。

（4）扣缴义务人应当向其机构所在地或者居住地主管税务机关申报缴纳扣缴的税款。

增值税的纳税期限分别为 1 日、3 日、5 日、10 日、15 日、1 个月或者 1 个季度。纳税人的具体纳税期限，由主管税务机关根据纳税人应纳税额的大小分别核定。以 1 个季度为纳税期限的规定适用于小规模纳税人、银行、财务公司、信托投资公司、信用社，以及财政部和国家税务总局规定的其他纳税人。不能按照固定期限纳税的，可以按次纳税。

纳税人以 1 个月或者 1 个季度为 1 个纳税期的，自期满之日起 15 日内申报纳税；以 1 日、3 日、5 日、10 日或者 15 日为 1 个纳税期的，自期满之日起 5 日内预缴税款，于次月 1 日起 15 日内申报纳税并结清上月应纳税款。

扣缴义务人解缴税款的期限，按照上述规定执行。

十四、征收管理

1. 营业税改征的增值税，由国家税务局负责征收。纳税人销售取得的不动产和其他个人出租不动产的增值税，国家税务局暂委托地方税务局代为征收。

2. 纳税人发生适用零税率的应税行为，应当按期向主管税务机关申报办理退（免）税，具体办法由财政部和国家税务总局制定。

3. 纳税人增值税的征收管理，按照《营业税改征增值税试点实施办法》和《税收征收管理法》及现行增值税征收管理有关规定执行。

十五、其他规定

1. 试点纳税人销售电信服务时，附带赠送用户识别卡、电信终端等货物或者电信服务的，应将其取得的全部价款和价外费用进行分别核算，按各自适用的税率计算缴纳增值税。

2. 油气田企业发生应税行为，适用《营业税改征增值税试点实施办法》规定的增值税税率，不再适用《财政部 国家税务总局关于印发〈油气田企业增值税管理办法〉的通知》（财税〔2009〕8号）规定的增值税税率。

3. 营业税改征增值税后契税、房产税、土地增值税、个人所得税计税依据有关问题。

（1）计征契税的成交价格不含增值税。

（2）房产出租的，计征房产税的租金收入不含增值税。

（3）土地增值税纳税人转让房地产取得的收入为不含增值税收入。

《中华人民共和国土地增值税暂行条例》等规定的土地增值税扣除项目涉及的增值税进项税额，允许在销项税额中计算抵扣的，不计入扣除项目，不允许在销项税额中计算抵扣的，可以计入扣除项目。

（4）个人转让房屋的个人所得税应税收入不含增值税，其取得房屋时所支付价款中包含的增值税计入财产原值，计算转让所得时可扣除的税费不包括本次转让缴纳的增值税。

个人出租房屋的个人所得税应税收入不含增值税，计算房屋出租所得可扣除的税费不包括本次出租缴纳的增值税。个人转租房屋的，其向房屋出租方支付的租金及增值税额，在计算转租所得时予以扣除。

（5）免征增值税的，确定计税依据时，成交价格、租金收入、转让房地产取得的收入不扣减增值税额。

（6）在计征上述税种时，税务机关核定的计税价格或收入不含增值税。

附 录

附录 1-1　销售服务、无形资产、不动产注释

详见表 A1-1。

表 A1-1

行业名称		税率	注释
交通运输服务（交通运输服务，是指利用运输工具将货物或者旅客送达目的地，使其空间位置得到转移的业务活动。）	陆路运输服务	11%	陆路运输服务，是指通过陆路（地上或者地下）运送货物或者旅客的运输业务活动，包括铁路运输服务和其他陆路运输服务。 (1) 铁路运输服务，是指通过铁路运送货物或者旅客的运输业务活动。 (2) 其他陆路运输服务，是指铁路运输以外的陆路运输业务活动。包括公路运输、缆车运输、索道运输、地铁运输、城市轻轨运输等。 出租车公司向使用本公司自有出租车的出租车司机收取的管理费用，按照陆路运输服务缴纳增值税。
	水路运输服务	11%	水路运输服务，是指通过江、河、湖、川等天然、人工水道或者海洋航道运送货物或者旅客的运输业务活动。 水路运输的程租、期租业务，属于水路运输服务。 程租业务，是指运输企业为租船人完成某一特定航次的运输任务并收取租赁费的业务。 期租业务，是指运输企业将配备有操作人员的船舶承租给他人使用一定期限，承租期内听候承租方调遣，不论是否经营，均按天向承租方收取租赁费，发生的固定费用均由船东负担的业务。
	航空运输服务	11%	航空运输服务，是指通过空中航线运送货物或者旅客的运输业务活动。 航空运输的湿租业务，属于航空运输服务。 湿租业务，是指航空运输企业将配备有机组人员的飞机承租给他人使用一定期限，承租期内听候承租方调遣，不论是否经营，均按一定标准向承租方收取租赁费，发生的固定费用均由承租方承担的业务。 航天运输服务，按照航空运输服务缴纳增值税。 航天运输服务，是指利用火箭等载体将卫星、空间探测器等空间飞行器发射到空间轨道的业务活动。

续表

行业名称		税率	注释
交通运输服务（交通运输服务，是指利用运输工具将货物或者旅客送达目的地，使其空间位置得到转移的业务活动。）	管道运输服务	11%	管道运输服务，是指通过管道设施输送气体、液体、固体物质的运输业务活动。 无运输工具承运业务，按照交通运输服务缴纳增值税。 无运输工具承运业务，是指经营者以承运人身份与托运人签订运输服务合同，收取运费并承担承运人责任，然后委托实际承运人完成运输服务的经营活动。
邮政服务（邮政服务，是指中国邮政集团公司及其所属邮政企业提供邮件寄递、邮政汇兑和机要通信等邮政基本服务的业务活动。）	邮政普遍服务	11%	邮政普遍服务，是指函件、包裹等邮件寄递，以及邮票发行、报刊发行和邮政汇兑等业务活动。 函件，是指信函、印刷品、邮资封片卡、无名址函件和邮政小包等。 包裹，是指按照封装上的名址递送给特定个人或者单位的独立封装的物品，其重量不超过 50 千克，任何一边的尺寸不超过 150 厘米，长、宽、高合计不超过 300 厘米。
	邮政特殊服务	11%	邮政特殊服务，是指义务兵平常信函、机要通信、盲人读物和革命烈士遗物的寄递等业务活动。
	其他邮政服务	11%	其他邮政服务，是指邮册等邮品销售、邮政代理等业务活动。
电信服务（电信服务，是指利用有线、无线的电磁系统或者光电系统等各种通信网络资源，提供语音通话服务，传送、发射、接收或者应用图像、短信等电子数据和信息的业务活动。）	基础电信服务	11%	基础电信服务，是指利用固网、移动网、卫星、互联网，提供语音通话服务的业务活动，以及出租或者出售带宽、波长等网络元素的业务活动。
	增值电信服务	6%	增值电信服务，是指利用固网、移动网、卫星、互联网、有线电视网络，提供短信和彩信服务、电子数据和信息的传输及应用服务、互联网接入服务等业务活动。 卫星电视信号落地转接服务，按照增值电信服务缴纳增值税。
建筑服务（建筑服务，是指各类建筑物、构筑物及其附属设施的建造、修缮、装饰，线路、管道、设备、设施等的安装以及其他工程作业的业务活动。）	工程服务	11%	工程服务，是指新建、改建各种建筑物、构筑物的工程作业，包括与建筑物相连的各种设备或者支柱、操作平台的安装或者装设工程作业，以及各种窑炉和金属结构工程作业。
	安装服务	11%	安装服务，是指生产设备、动力设备、起重设备、运输设备、传动设备、医疗实验设备以及其他各种设备、设施的装配、安置工程作业，包括与被安装设备相连的工作台、梯子、栏杆的装设工程作业，以及被安装设备的绝缘、防腐、保温、油漆等工程作业。 固定电话、有线电视、宽带、水、电、燃气、暖气等经营者向用户收取的安装费、初装费、开户费、扩容费以及类似收费，按照安装服务缴纳增值税。
	修缮服务	11%	修缮服务，是指对建筑物、构筑物进行修补、加固、养护、改善，使之恢复原来的使用价值或者延长其使用期限的工程作业。

续表

行业名称		税率	注释
建筑服务（建筑服务，是指各类建筑物、构筑物及其附属设施的建造、修缮、装饰、线路、管道、设备、设施等的安装以及其他工程作业的业务活动。）	装饰服务	11%	装饰服务，是指对建筑物、构筑物进行修饰装修，使之美观或者具有特定用途的工程作业。
	其他建筑服务	11%	其他建筑服务，是指上列工程作业之外的各种工程作业服务，如钻井（打井）、拆除建筑物或者构筑物、平整土地、园林绿化、疏浚（不包括航道疏浚）、建筑物平移、搭脚手架、爆破、矿山穿孔、表面附着物（包括岩层、土层、沙层等）剥离和清理等工程作业。
金融服务（金融服务，是指经营金融保险的业务活动。）	贷款服务	6%	贷款，是指将资金贷与他人使用而取得利息收入的业务活动。 各种占用、拆借资金取得的收入，包括金融商品持有期间（含到期）利息（保本收益、报酬、资金占用费、补偿金等）收入、信用卡透支利息收入、买入返售金融商品利息收入、融资融券收取的利息收入，以及融资性售后回租、押汇、罚息、票据贴现、转贷等业务取得的利息及利息性质的收入，按照贷款服务缴纳增值税。 融资性售后回租，是指承租方以融资为目的，将资产出售给从事融资性售后回租业务的企业后，从事融资性售后回租业务的企业将该资产出租给承租方的业务活动。 以货币资金投资收取的固定利润或者保底利润，按照贷款服务缴纳增值税。
	直接收费金融服务	6%	直接收费金融服务，是指为货币资金融通及其他金融业务提供相关服务并且收取费用的业务活动。包括提供货币兑换、账户管理、电子银行、信用卡、信用证、财务担保、资产管理、信托管理、基金管理、金融交易场所（平台）管理、资金结算、资金清算、金融支付等服务。
	保险服务	6%	保险服务，是指投保人根据合同约定，向保险人支付保险费，保险人对于合同约定的可能发生的事故因其发生所造成的财产损失承担赔偿保险金责任，或者当被保险人死亡、伤残、疾病或者达到合同约定的年龄、期限等条件时承担给付保险金责任的商业保险行为。包括人身保险服务和财产保险服务。 人身保险服务，是指以人的寿命和身体为保险标的的保险业务活动。 财产保险服务，是指以财产及其有关利益为保险标的的保险业务活动。
	金融商品转让	6%	金融商品转让，是指转让外汇、有价证券、非货物期货和其他金融商品所有权的业务活动。 其他金融商品转让包括基金、信托、理财产品等各类资产管理产品和各种金融衍生品的转让。

续表

行业名称		税率	注释
现代服务（现代服务，是指围绕制造业、文化产业、现代物流产业等提供技术性、知识性服务的业务活动。）	研发和技术服务	6%	研发和技术服务，包括研发服务、合同能源管理服务、工程勘察勘探服务、专业技术服务。 (1) 研发服务，也称技术开发服务，是指就新技术、新产品、新工艺或者新材料及其系统进行研究与试验开发的业务活动。 (2) 合同能源管理服务，是指节能服务公司与用能单位以契约形式约定节能目标，节能服务公司提供必要的服务，用能单位以节能效果支付节能服务公司投入及其合理报酬的业务活动。 (3) 工程勘察勘探服务，是指在采矿、工程施工前后，对地形、地质构造、地下资源蕴藏情况进行实地调查的业务活动。 (4) 专业技术服务，是指气象服务、地震服务、海洋服务、测绘服务、城市规划、环境与生态监测服务等专项技术服务。
	信息技术服务	6%	信息技术服务，是指利用计算机、通信网络等技术对信息进行生产、收集、处理、加工、存储、运输、检索和利用，并提供信息服务的业务活动。包括软件服务、电路设计及测试服务、信息系统服务、业务流程管理服务和信息系统增值服务。 (1) 软件服务，是指提供软件开发服务、软件维护服务、软件测试服务的业务活动。 (2) 电路设计及测试服务，是指提供集成电路和电子电路产品设计、测试及相关技术支持服务的业务活动。 (3) 信息系统服务，是指提供信息系统集成、网络管理、网站内容维护、桌面管理与维护、信息系统应用、基础信息技术管理平台整合、信息技术基础设施管理、数据中心、托管中心、信息安全服务、在线杀毒、虚拟主机等业务活动。包括网站对非自有的网络游戏提供的网络运营服务。 (4) 业务流程管理服务，是指依托信息技术提供的人力资源管理、财务经济管理、审计管理、税务管理、物流信息管理、经营信息管理和呼叫中心等服务的活动。 (5) 信息系统增值服务，是指利用信息系统资源为用户附加提供的信息技术服务。包括数据处理、分析和整合、数据库管理、数据备份、数据存储、容灾服务、电子商务平台等。
	文化创意服务	6%	文化创意服务，包括设计服务、知识产权服务、广告服务和会议展览服务。 (1) 设计服务，是指把计划、规划、设想通过文字、语言、图画、声音、视觉等形式传递出来的业务活动。包括工业设计、内部管理设计、业务运作设计、供应链设计、造型设计、服装设计、环境设计、平面设计、包装设计、动漫设计、网游设计、展示设计、网站设计、机械设计、工程设计、广告设计、创意策划、文印晒图等。 (2) 知识产权服务，是指处理知识产权事务的业务活动。包括对专利、商标、著作权、软件、集成电路布图设计的登记、鉴定、评估、认证、检索服务。

续表

行业名称		税率	注释
现代服务（现代服务，是指围绕制造业、文化产业、现代物流产业等提供技术性、知识性服务的业务活动。）	文化创意服务	6%	（3）广告服务，是指利用图书、报纸、杂志、广播、电视、电影、幻灯、路牌、招贴、橱窗、霓虹灯、灯箱、互联网等各种形式为客户的商品、经营服务项目、文体节目或者通告、声明等委托事项进行宣传和提供相关服务的业务活动。包括广告代理和广告的发布、播映、宣传、展示等。 （4）会议展览服务，是指为商品流通、促销、展示、经贸洽谈、民间交流、企业沟通、国际往来等举办或者组织安排的各类展览和会议的业务活动。
	物流辅助服务	6%	物流辅助服务，包括航空服务、港口码头服务、货运客运场站服务、打捞救助服务、装卸搬运服务、仓储服务和收派服务。 （1）航空服务，包括航空地面服务和通用航空服务。 航空地面服务，是指航空公司、飞机场、民航管理局、航站等向在境内航行或者在境内机场停留的境内外飞机或者其他飞行器提供的导航等劳务性地面服务的业务活动。包括旅客安全检查服务、停机坪管理服务、机场候机厅管理服务、飞机清洗消毒服务、空中飞行管理服务、飞机起降服务、飞行通讯服务、地面信号服务、飞机安全服务、飞机跑道管理服务、空中交通管理服务等。 通用航空服务，是指为专业工作提供飞行服务的业务活动，包括航空摄影、航空培训、航空测量、航空勘探、航空护林、航空吊挂播洒、航空降雨、航空气象探测、航空海洋监测、航空科学实验等。 （2）港口码头服务，是指港务船舶调度服务、船舶通讯服务、航道管理服务、航道疏浚服务、灯塔管理服务、航标管理服务、船舶引航服务、理货服务、系解缆服务、停泊和移泊服务、海上船舶溢油清除服务、水上交通管理服务、船只专业清洗消毒检测服务和防止船只漏油服务等为船只提供服务的业务活动。 港口设施经营人收取的港口设施保安费按照港口码头服务缴纳增值税。 （3）货运客运场站服务，是指指货运客运场站提供货物配载服务、运输组织服务、中转换乘服务、车辆调度服务、票务服务、货物打包整理、铁路线路使用服务、加挂铁路客车服务、铁路行包专列发送服务、铁路到达和中转服务、铁路车辆编解服务、车辆挂运服务、铁路接触网服务、铁路机车牵引服务等业务活动。 （4）打捞救助服务，是指提供船舶人员救助、船舶财产救助、水上救助和沉船沉物打捞服务的业务活动。 （5）装卸搬运服务，是指使用装卸搬运工具或者人力、畜力将货物在运输工具之间、装卸现场之间或者运输工具与装卸现场之间进行装卸和搬运的业务活动。 （6）仓储服务，是指利用仓库、货场或者其他场所代客贮放、保管货物的业务活动。 （7）收派服务，是指接受寄件人委托，在承诺的时限内完成函件和包裹的收件、分拣、派送服务的业务活动。 收件服务，是指从寄件人收取函件和包裹，并运送到服务提供方同城的集散中心的业务活动。

续表

行业名称		税率	注释
现代服务（现代服务，是指围绕制造业、文化产业、现代物流产业等提供技术性、知识性服务的业务活动。）	物流辅助服务	6%	分拣服务，是指服务提供方在其集散中心对函件和包裹进行归类、分发的业务活动。 派送服务，是指服务提供方从其集散中心将函件和包裹送达同城的收件人的业务活动。
	租赁服务	不动产租赁服务，税率为11%，有形动产租赁服务，税率为17%	租赁服务，包括融资租赁服务和经营租赁服务。 (1) 融资租赁服务，是指具有融资性质和所有权转移特点的租赁活动。即出租人根据承租人所要求的规格、型号、性能等条件购入有形动产或者不动产租赁给承租人，合同期内租赁物所有权属于出租人，承租人只拥有使用权，合同期满付清租金后，承租人有权按照残值购入租赁物，以拥有其所有权。不论出租人是否将租赁物销售给承租人，均属于融资租赁。 按照标的物的不同，融资租赁服务可分为有形动产融资租赁服务和不动产融资租赁服务。 融资性售后回租不按照本税目缴纳增值税。 (2) 经营租赁服务，是指在约定时间内将有形动产或者不动产转让他人使用且租赁物所有权不变更的业务活动。 按照标的物的不同，经营租赁服务可分为有形动产经营租赁服务和不动产经营租赁服务。 将建筑物、构筑物等不动产或者飞机、车辆等有形动产的广告位出租给其他单位或者个人用于发布广告，按照经营租赁服务缴纳增值税。 车辆停放服务、道路通行服务（包括过路费、过桥费、过闸费等）等按照不动产经营租赁服务缴纳增值税。 水路运输的光租业务、航空运输的干租业务，属于经营租赁。 光租业务，是指运输企业将船舶在约定的时间内出租给他人使用，不配备操作人员，不承担运输过程中发生的各项费用，只收取固定租赁费的业务活动。 干租业务，是指航空运输企业将飞机在约定的时间内出租给他人使用，不配备机组人员，不承担运输过程中发生的各项费用，只收取固定租赁费的业务活动。
	鉴证咨询服务	6%	鉴证咨询服务，包括认证服务、鉴证服务和咨询服务。 (1) 认证服务，是指具有专业资质的单位利用检测、检验、计量等技术，证明产品、服务、管理体系符合相关技术规范、相关技术规范的强制性要求或者标准的业务活动。 (2) 鉴证服务，是指具有专业资质的单位受托对相关事项进行鉴证，发表具有证明力的意见的业务活动。包括会计鉴证、税务鉴证、法律鉴证、职业技能鉴定、工程造价鉴证、工程监理、资产评估、环境评估、房地产土地评估、建筑图纸审核、医疗事故鉴定等。 (3) 咨询服务，是指提供信息、建议、策划、顾问等服务的活动。包括金融、软件、技术、财务、税收、法律、内部管理、业务运作、流程管理、健康等方面的咨询。 翻译服务和市场调查服务按照咨询服务缴纳增值税。

续表

行业名称		税率	注释
现代服务（现代服务，是指围绕制造业、文化产业、现代物流产业等提供技术性、知识性服务的业务活动。）	广播影视服务	6%	广播影视服务，包括广播影视节目（作品）的制作服务、发行服务和播映（含放映，下同）服务。 (1) 广播影视节目（作品）制作服务，是指进行专题（特别节目）、专栏、综艺、体育、动画片、广播剧、电视剧、电影等广播影视节目和作品制作的服务。具体包括与广播影视节目和作品相关的策划、采编、拍摄、录音、音视频文字图片素材制作、场景布置、后期的剪辑、翻译（编译）、字幕制作、片头、片尾、片花制作、特效制作、影片修复、编目和确权等业务活动。 (2) 广播影视节目（作品）发行服务，是指以分账、买断、委托等方式，向影院、电台、电视台、网站等单位和个人发行广播影视节目（作品）以及转让体育赛事等活动的报道及播映权的业务活动。 (3) 广播影视节目（作品）播映服务，是指在影院、剧院、录像厅及其他场所播映广播影视节目（作品），以及通过电台、电视台、卫星通信、互联网、有线电视等无线或者有线装置播映广播影视节目（作品）的业务活动。
	商务辅助服务	6%	商务辅助服务，包括企业管理服务、经纪代理服务、人力资源服务、安全保护服务。 (1) 企业管理服务，是指提供总部管理、投资与资产管理、市场管理、物业管理、日常综合管理等服务的业务活动。 (2) 经纪代理服务，是指各类经纪、中介、代理服务。包括金融代理、知识产权代理、货物运输代理、代理报关、法律代理、房地产中介、职业中介、婚姻中介、代理记账、拍卖等。 货物运输代理服务，是指接受货物收货人、发货人、船舶所有人、船舶承租人或者船舶经营人的委托，以委托人的名义，为委托人办理货物运输、装卸、仓储和船舶进出港口、引航、靠泊等相关手续的业务活动。 代理报关服务，是指接受进出口货物的收、发货人委托，代为办理报关手续的业务活动。 (3) 人力资源服务，是指提供公共就业、劳务派遣、人才委托招聘、劳动力外包等服务的业务活动。 (4) 安全保护服务，是指提供保护人身安全和财产安全，维护社会治安等的业务活动。包括场所住宅保安、特种保安、安全系统监控以及其他安保服务。
	其他现代服务	6%	其他现代服务，是指除研发和技术服务、信息技术服务、文化创意服务、物流辅助服务、租赁服务、鉴证咨询服务、广播影视服务和商务辅助服务以外的现代服务。

续表

行业名称		税率	注释
生活服务（生活服务，是指为满足城乡居民日常生活需求提供的各类服务活动。）	文化体育服务	6%	文化体育服务，包括文化服务和体育服务。 (1) 文化服务，是指为满足社会公众文化生活需求提供的各种服务。包括：文艺创作、文艺表演、文化比赛，图书馆的图书和资料借阅，档案馆的档案管理，文物及非物质遗产保护，组织举办宗教活动、科技活动、文化活动，提供游览场所。 (2) 体育服务，是指组织举办体育比赛、体育表演、体育活动，以及提供体育训练、体育指导、体育管理的业务活动。
	教育医疗服务	6%	教育医疗服务，包括教育服务和医疗服务。 (1) 教育服务，是指提供学历教育服务、非学历教育服务、教育辅助服务的业务活动。 学历教育服务，是指根据教育行政管理部门确定或者认可的招生和教学计划组织教学，并颁发相应学历证书的业务活动。包括初等教育、初级中等教育、高级中等教育、高等教育等。 非学历教育服务，包括学前教育、各类培训、演讲、讲座、报告会等。 教育辅助服务，包括教育测评、考试、招生等服务。 (2) 医疗服务，是指提供医学检查、诊断、治疗、康复、预防、保健、接生、计划生育、防疫服务等方面的服务，以及与这些服务有关的提供药品、医用材料器具、救护车、病房住宿和伙食的业务。
	旅游娱乐服务	6%	旅游娱乐服务，包括旅游服务和娱乐服务。 (1) 旅游服务，是指根据旅游者的要求，组织安排交通、游览、住宿、餐饮、购物、文娱、商务等服务的业务活动。 (2) 娱乐服务，是指为娱乐活动同时提供场所和服务的业务。 具体包括：歌厅、舞厅、夜总会、酒吧、台球、高尔夫球、保龄球、游艺（包括射击、狩猎、跑马、游戏机、蹦极、卡丁车、热气球、动力伞、射箭、飞镖）。
	餐饮住宿服务	6%	餐饮住宿服务，包括餐饮服务和住宿服务。 (1) 餐饮服务，是指通过同时提供饮食和饮食场所的方式为消费者提供饮食消费服务的业务活动。 (2) 住宿服务，是指提供住宿场所及配套服务等的活动。包括宾馆、旅馆、旅社、度假村和其他经营性住宿场所提供的住宿服务。
	居民日常服务	6%	居民日常服务，是指主要为满足居民个人及其家庭日常生活需求提供的服务，包括市容市政管理、家政、婚庆、养老、殡葬、照料和护理、救助救济、美容美发、按摩、桑拿、氧吧、足疗、沐浴、洗染、摄影扩印等服务。
	其他生活服务	6%	其他生活服务，是指除文化体育服务、教育医疗服务、旅游娱乐服务、餐饮住宿服务和居民日常服务之外的生活服务。

续表

行业名称	税率	注释
销售无形资产	转让土地使用权，税率为11%，其他税率为6%	销售无形资产，是指转让无形资产所有权或者使用权的业务活动。无形资产，是指不具实物形态，但能带来经济利益的资产，包括技术、商标、著作权、商誉、自然资源使用权和其他权益性无形资产。 技术，包括专利技术和非专利技术。 自然资源使用权，包括土地使用权、海域使用权、探矿权、采矿权、取水权和其他自然资源使用权。 其他权益性无形资产，包括基础设施资产经营权、公共事业特许权、配额、经营权（包括特许经营权、连锁经营权、其他经营权）、经销权、分销权、代理权、会员权、席位权、网络游戏虚拟道具、域名、名称权、肖像权、冠名权、转会费等。
销售不动产	11%	销售不动产，是指转让不动产所有权的业务活动。不动产，是指不能移动或者移动后会引起性质、形状改变的财产，包括建筑物、构筑物等。 建筑物，包括住宅、商业营业用房、办公楼等可供居住、工作或者进行其他活动的建造物。 构筑物，包括道路、桥梁、隧道、水坝等建造物。 转让建筑物有限产权或者永久使用权的，转让在建的建筑物或者构筑物所有权的，以及在转让建筑物或者构筑物时一并转让其所占土地的使用权的，按照销售不动产缴纳增值税。

附录1-2 增值税销售额一般规定及特殊规定一览表

详见表A1-2。

表A1-2

应税行为	关于销售额的规定
一般情况	销售额，是指纳税人发生应税行为取得的全部价款和价外费用，财政部和国家税务总局另有规定的除外。 价外费用，是指价外收取的各种性质的收费，但不包括以下项目： （一）代为收取并符合《营业税改征增值税试点实施办法》第十条规定的政府性基金或者行政事业性收费。 （二）以委托方名义开具发票代委托方收取的款项。
纳税人发生应税行为价格明显偏低或者偏高且不具有合理商业目的的，或者发生视同销售服务、无形资产或者不动产而无销售额的	纳税人发生应税行为价格明显偏低或者偏高且不具有合理商业目的的，或者发生视同销售服务、无形资产或者不动产无销售额的，主管税务机关有权按照下列顺序确定销售额： （一）按照纳税人最近时期销售同类服务、无形资产或者不动产的平均价格确定。

续表

应税行为	关于销售额的规定
纳税人发生应税行为价格明显偏低或者偏高且不具有合理商业目的的，或者发生视同销售服务、无形资产或者不动产而无销售额的	（二）按照其他纳税人最近时期销售同类服务、无形资产或者不动产的平均价格确定。 （三）按照组成计税价格确定。组成计税价格的公式为： 组成计税价格＝成本×(1＋成本利润率) 成本利润率由国家税务总局确定。 不具有合理商业目的，是指以谋取税收利益为主要目的，通过人为安排，减少、免除、推迟缴纳增值税税款，或者增加退还增值税税款。 销售额以人民币计算。 纳税人按照人民币以外的货币结算销售额的，应当折合成人民币计算，折合率可以选择销售额发生的当天或者当月1日的人民币汇率中间价。纳税人应当在事先确定采用何种折合率，确定后12个月内不得变更。
贷款服务	提供贷款服务取得的全部利息及利息性质的收入。
直接收费金融服务	提供直接收费金融服务收取的手续费、佣金、酬金、管理费、服务费、经手费、开户费、过户费、结算费、转托管费等各类费用。
金融商品转让	卖出价扣除买入价后的余额。
经纪代理服务	取得的全部价款和价外费用，扣除向委托方收取并代为支付的政府性基金或者行政事业性收费后的余额。
融资租赁服务	取得的全部价款和价外费用，扣除支付的借款利息（包括外汇借款和人民币借款利息）、发行债券利息和车辆购置税后的余额。
融资性售后回租服务	取得的全部价款和价外费用（不含本金），扣除对外支付的借款利息（包括外汇借款和人民币借款利息）、发行债券利息后的余额。
航空运输	不包括代收的机场建设费和代售其他航空运输企业客票而代收转付的价款。
客运场站服务	取得的全部价款和价外费用，扣除支付给承运方运费后的余额。
旅游服务	取得的全部价款和价外费用，扣除向旅游服务购买方收取并支付给其他单位或者个人的住宿费、餐饮费、交通费、签证费、门票费和支付给其他接团旅游企业的旅游费用后的余额。
劳务派遣服务	以取得的全部价款和价外费用为销售额，按照一般计税方法计算缴纳增值税；也可以选择差额纳税，以取得的全部价款和价外费用，扣除代用工单位支付给劳务派遣员工的工资、福利和为其办理社会保险及住房公积金后的余额为销售额，按照简易计税方法依5%的征收率计算缴纳增值税。

续表

应税行为	关于销售额的规定
人力资源外包服务	纳税人提供人力资源外包服务，按照经纪代理服务缴纳增值税，其销售额不包括受客户单位委托代为向客户单位员工发放的工资和代理缴纳的社会保险、住房公积金。向委托方收取并代为发放的工资和代理缴纳的社会保险、住房公积金，不得开具增值税专用发票，可以开具普通发票。
建筑服务	建筑服务适用简易计税方法的，取得的全部价款和价外费用扣除支付的分包款后的余额。
房地产项目	房地产开发企业中的一般纳税人销售其开发的房地产项目（选择简易计税方法的房地产老项目除外），以取得的全部价款和价外费用，扣除受让土地时向政府部门支付的土地价款后的余额为销售额。
转让土地使用权	纳税人转让2016年4月30日前取得的土地使用权，以取得的全部价款和价外费用减去取得该土地使用权的原价后的余额为销售额。
通过手机短信公益特服号为公益性机构接受捐款	中国移动通信集团公司、中国联合网络通信集团有限公司、中国电信集团公司及其成员单位通过手机短信公益特服号为公益性机构（名单略）接受捐款，以其取得的全部价款和价外费用，扣除支付给公益性机构捐款后的余额为销售额。其接受的捐款，不得开具增值税专用发票。

附录1-3 增值税简易计税方法、发票类型及计税公式汇总表

详见表A1-3。

表A1-3

类别	应税行为	发票类型	计税公式
小规模纳税人			
按3%的征收率简易征收	小规模纳税人发生应税行为，增值税征收率为3%，财政部和国家税务总局另有规定的除外。	可以代开增值税专用发票	增值税 = $\dfrac{含税销售额}{1+3\%} \times 3\%$
^	试点纳税人中的小规模纳税人跨县（市）提供建筑服务，应以取得的全部价款和价外费用扣除支付的分包款后的余额为销售额，按照3%的征收率计算应纳税额。纳税人应按照上述计税方法在建筑服务发生地预缴税款后，向机构所在地主管税务机关进行纳税申报。	^	^

续表

类别	应税行为	发票类型	计税公式
按5%的征收率简易征收	1. 小规模纳税人销售其取得（不含自建）的不动产（不含个体工商户销售购买的住房和其他个人销售不动产），应以取得的全部价款和价外费用减去该项不动产购置原价或者取得不动产时的作价后的余额为销售额，按照5%的征收率计算应纳税额。纳税人应按照上述计税方法在不动产所在地预缴税款后，向机构所在地主管税务机关进行纳税申报。 2. 小规模纳税人销售其自建的不动产，应以取得的全部价款和价外费用为销售额，按照5%的征收率计算应纳税额。纳税人应按照上述计税方法在不动产所在地预缴税款后，向机构所在地主管税务机关进行纳税申报。 3. 房地产开发企业中的小规模纳税人，销售自行开发的房地产项目，按照5%的征收率计税。 4. 小规模纳税人出租其取得的不动产（不含个人出租住房），应按照5%的征收率计算应纳税额。纳税人出租与机构所在地不在同一县（市）的不动产，应按照上述计税方法在不动产所在地预缴税款后，向机构所在地主管税务机关进行纳税申报。	可以代开增值税专用发票	增值税 = $\dfrac{含税销售额}{1+5\%} \times 5\%$
按5%的征收率简易征收	小规模纳税人提供劳务派遣服务，可以选择差额纳税，以取得的全部价款和价外费用，扣除代用工单位支付给劳务派遣员工的工资、福利和为其办理社会保险及住房公积金后的余额为销售额，按照简易计税方法依5%的征收率计算缴纳增值税。	选择差额纳税的纳税人，向用工单位收取用于支付给劳务派遣员工工资、福利和为其办理社会保险及住房公积金的费用，不得开具增值税专用发票，可以开具普通发票。	增值税 =（全部价款和价外费用 － 代用工单位支付给劳务派遣员工的工资、福利和为其办理社会保险及住房公积金的费用）÷(1+5\%)×5\%
按3%的征收率简易征收	小规模纳税人（除其他个人外）销售自己使用过的除固定资产以外的物品。	可以代开增值税专用发票	增值税 = $\dfrac{含税销售额}{1+3\%} \times 3\%$

续表

类别	应税行为	发票类型	计税公式
按 2% 的征收率简易征收	小规模纳税人（除其他个人外）销售自己使用过的固定资产（不区分购进年限）和旧货。	只能开具普通发票，不得代开增值税专用发票	增值税 $= \dfrac{\text{含税销售额}}{1+3\%} \times 2\%$
放弃减税，按 3% 的征收率简易征收	小规模纳税人销售自己使用过的固定资产，适用简易办法依照 3% 征收率减按 2% 征收增值税政策的，可以放弃减税，按照简易办法依照 3% 的征收率缴纳增值税。	可以代开增值税专用发票	增值税 $= \dfrac{\text{含税销售额}}{1+3\%} \times 3\%$
可按 5% 的征收率简易征收	纳税人转让 2016 年 4 月 30 日前取得的土地使用权，可以选择适用简易计税方法，以取得的全部价款和价外费用减去取得该土地使用权的原价后的余额为销售额，按照 5% 的征收率计算缴纳增值税。	可以代开增值税专用发票	增值税 $= \dfrac{\text{含税销售额}}{1+5\%} \times 5\%$
一般纳税人				
暂按 3% 的征收率简易征收	一般纳税人销售货物属于下列情形之一的，暂按简易办法依照 3% 的征收率计算缴纳增值税： 1. 寄售商店代销寄售物品（包括居民个人寄售的物品在内）。 2. 典当业销售死当物品。 3. 经国务院或国务院授权机关批准的免税商店零售的免税品。	可以开具增值税专用发票	增值税 $= \dfrac{\text{含税销售额}}{1+3\%} \times 3\%$
可按 3% 的征收率简易征收	属于增值税一般纳税人的单采血浆站销售非临床用人体血液，可以按照简易办法依照 3% 的征收率计算应纳税额。	不得开具增值税专用发票	增值税 $= \dfrac{\text{含税销售额}}{1+3\%} \times 3\%$
可按 3% 的征收率简易征收	一般纳税人销售自产的下列货物，可选择按照简易办法依照 3% 的征收率计算缴纳增值税： 1. 县及县以下小型水力发电单位生产的电力。小型水力发电单位，是指各类投资主体建设的装机容量为 5 万千瓦以下（含 5 万千瓦）的小型水力发电单位。 2. 建筑用和生产建筑材料所用的砂、土、石料。 3. 以自己采掘的砂、土、石料或其他矿物连续生产的砖、瓦、石灰（不含粘土实心砖、瓦）。 4. 用微生物、微生物代谢产物、动物毒素、人或动物的血液或组织制成的生物制品。 5. 自来水。 6. 商品混凝土（仅限于以水泥为原料生产的水泥混凝土）。	可以开具增值税专用发票	增值税 $= \dfrac{\text{含税销售额}}{1+3\%} \times 3\%$

续表

类别	应税行为	发票类型	计税公式
可按3%的征收率简易征收	两类企业批发零售生物制品，可选择简易办法计算缴纳增值税：一是取得（食品）药品监督管理部门颁发的《药品经营许可证》的药品经营企业，二是取得兽医行政管理部门颁发的《兽药经营许可证》的兽用药品经营企业。	可以开具增值税专用发票	$增值税=\dfrac{含税销售额}{1+3\%}\times 3\%$
	一般纳税人发生下列应税行为可以选择适用简易计税方法计税： 1. 公共交通运输服务。 公共交通运输服务，包括轮客渡、公交客运、地铁、城市轻轨、出租车、长途客运、班车。 班车，是指按固定线路、固定时间运营并在固定站点停靠的运送旅客的陆路运输服务。 2. 经认定的动漫企业为开发动漫产品提供的动漫脚本编撰、形象设计、背景设计、动画设计、分镜、动画制作、摄制、描线、上色、画面合成、配音、配乐、音效合成、剪辑、字幕制作、压缩转码（面向网络动漫、手机动漫格式适配）服务，以及在境内转让动漫版权（包括动漫品牌、形象或者内容的授权及再授权）。 动漫企业和自主开发、生产动漫产品的认定标准和认定程序，按照《文化部 财政部 国家税务总局关于印发〈动漫企业认定管理办法（试行）〉的通知》（文市发〔2008〕51号）的规定执行。 3. 电影放映服务、仓储服务、装卸搬运服务、收派服务和文化体育服务。 4. 以纳入营改增试点之日前取得的有形动产为标的物提供的经营租赁服务。 5. 在纳入营改增试点之日前签订的尚未执行完毕的有形动产租赁合同。	可以开具增值税专用发票	$增值税=\dfrac{售价}{1+3\%}\times 3\%$

续表

类别	应税行为	发票类型	计税公式
可按3%的征收率简易征收	1. 一般纳税人以清包工方式提供的建筑服务，可以选择适用简易计税方法计税。 以清包工方式提供建筑服务，是指施工方不采购建筑工程所需的材料或只采购辅助材料，并收取人工费、管理费或者其他费用的建筑服务。 2. 一般纳税人为甲供工程提供的建筑服务，可以选择适用简易计税方法计税。 甲供工程，是指全部或部分设备、材料、动力由工程发包方自行采购的建筑工程。 3. 一般纳税人为建筑工程老项目提供的建筑服务，可以选择适用简易计税方法计税。 建筑工程老项目，是指： （1）《建筑工程施工许可证》注明的合同开工日期在2016年4月30日前的建筑工程项目； （2）未取得《建筑工程施工许可证》的，建筑工程承包合同注明的开工日期在2016年4月30日前的建筑工程项目。 4. 一般纳税人跨县（市）提供建筑服务，选择适用简易计税方法计税的，应以取得的全部价款和价外费用扣除支付的分包款后的余额为销售额，按照3%的征收率计算应纳税额。纳税人应按照上述计税方法在建筑服务发生地预缴税款后，向机构所在地主管税务机关进行纳税申报。	可以开具增值税专用发票	增值税$=\dfrac{\text{含税销售额}}{1+3\%}\times 3\%$
可按5%的征收率简易征收	1. 一般纳税人销售其2016年4月30日前取得（不含自建）的不动产，可以选择适用简易计税方法，以取得的全部价款和价外费用减去该项不动产购置原价或者取得不动产时的作价后的余额为销售额，按照5%的征收率计算应纳税额。纳税人应按照上述计税方法在不动产所在地预缴税款后，向机构所在地主管税务机关进行纳税申报。	可以开具增值税专用发票	增值税$=\dfrac{\text{含税销售额}}{1+5\%}\times 5\%$

续表

类别	应税行为	发票类型	计税公式
可按5%的征收率简易征收	2. 一般纳税人销售其2016年4月30日前自建的不动产,可以选择适用简易计税方法,以取得的全部价款和价外费用为销售额,按照5%的征收率计算应纳税额。纳税人应按照上述计税方法在不动产所在地预缴税款后,向机构所在地主管税务机关进行纳税申报。		增值税 $=\dfrac{\text{含税销售额}}{1+5\%}\times 5\%$
	房地产开发企业中的一般纳税人,销售自行开发的房地产老项目,可以选择适用简易计税方法按照5%的征收率计税。	可以开具增值税专用发票	增值税 $=\dfrac{\text{含税销售额}}{1+5\%}\times 5\%$
可按5%的征收率简易征收	一般纳税人出租其2016年4月30日前取得的不动产,可以选择适用简易计税方法,按照5%的征收率计算应纳税额。纳税人出租其2016年4月30日前取得的与机构所在地不在同一县(市)的不动产,应按照上述计税方法在不动产所在地预缴税款后,向机构所在地主管税务机关进行纳税申报。	可以开具增值税专用发票	增值税 $=\dfrac{\text{含税销售额}}{1+5\%}\times 5\%$
可减按3%的征收率简易征收	公路经营企业中的一般纳税人收取试点前开工的高速公路的车辆通行费,可以选择适用简易计税方法,减按3%的征收率计算应纳税额。试点前开工的高速公路,是指相关施工许可证明上注明的合同开工日期在2016年4月30日前的高速公路。	可以开具增值税专用发票	增值税 $=\dfrac{\text{含税销售额}}{1+5\%}\times 3\%$
可按5%的征收率简易征收	可以选择差额纳税,以取得的全部价款和价外费用,扣除代用工单位支付给劳务派遣员工的工资、福利和为其办理社会保险及住房公积金后的余额为销售额,按照简易计税方法依5%的征收率计算缴纳增值税。	选择差额纳税的纳税人,向用工单位收取用于支付给劳务派遣员工工资、福利和为其办理社会保险及住房公积金的费用,不得开具增值税专用发票,可以开具普通发票。	增值税 $=$(全部价款和价外费用－代用工单位支付给劳务派遣员工的工资、福利和为其办理社会保险及住房公积金的费用)$\div(1+5\%)\times 5\%$
	纳税人提供人力资源外包服务,按照经纪代理服务缴纳增值税,其销售额不包括受客户单位委托代为向客户单位员工发放的工资和代理缴纳的社会保险、住房公积金。	向委托方收取并代为发放的工资和代理缴纳的社会保险、住房公积金,不得开具增值税专用发票,可以开具普通发票。	增值税 $=$(全部价款和价外费用－括受客户单位委托代为向客户单位员工发放的工资和代理缴纳的社会保险、住房公积金)$\div(1+5\%)\times 5\%$

续表

类别	应税行为	发票类型	计税公式
按照3%的征收率减按2%简易征收	1. 纳税人购进或者自制固定资产时为小规模纳税人，登记为一般纳税人后销售该固定资产。 2. 增值税一般纳税人发生按简易办法征收增值税应税行为，销售其按照规定不得抵扣且未抵扣进项税额的固定资产。 3. 2009年1月1日前购进或者自制的固定资产。	只能开具增值税普通发票（税率一栏按3%），不得自行开具或由税务机关代开增值税专用发票	增值税 $= \dfrac{\text{含税销售额}}{1+3\%} \times 2\%$
	销售旧货。	只能开具增值税普通发票（税率一栏按3%），不得自行开具或由税务机关代开增值税专用发票	增值税 $= \dfrac{\text{含税销售额}}{1+3\%} \times 2\%$
放弃减税，按3%的征收率简易征收	纳税人销售自己使用过的固定资产，适用简易办法依照3%的征收率减按2%征收增值税政策的，可以放弃减税，按照简易办法依照3%的征收率缴纳增值税	可以开具增值税专用发票	增值税 $= \dfrac{\text{含税销售额}}{1+3\%} \times 3\%$
可按5%的征收率简易征收	一般纳税人2016年4月30日前签订的不动产融资租赁合同，或以2016年4月30日前取得的不动产提供的融资租赁服务，可以选择适用简易计税方法，按照5%的征收率计算缴纳增值税。	可以开具增值税专用发票	增值税 $= \dfrac{\text{含税销售额}}{1+5\%} \times 5\%$
	纳税人转让2016年4月30日前取得的土地使用权，可以选择适用简易计税方法，以取得的全部价款和价外费用减去取得该土地使用权的原价后的余额为销售额，按照5%的征收率计算缴纳增值税。	可以开具增值税专用发票	增值税 $= \dfrac{\text{含税销售额}}{1+5\%} \times 5\%$
可按3%的征收率简易征收	农村信用社、村镇银行、农村资金互助社、由银行业机构全资发起设立的贷款公司、法人机构在县（县级市、区、旗）及县以下地区的农村合作银行和农村商业银行提供金融服务收入，可以选择适用简易计税方法按照3%的征收率计算缴纳增值税。	利息支出不得抵扣，利息收入一般开具增值税普通发票	增值税 $= \dfrac{\text{含税销售额}}{1+3\%} \times 3\%$

续表

类别	应税行为	发票类型	计税公式
可按 3% 的征收率简易征收	对中国农业银行纳入"三农金融事业部"改革试点的各省、自治区、直辖市、计划单列市分行下辖的县域支行和新疆生产建设兵团分行下辖的县域支行（也称县事业部），提供农户贷款、农村企业和农村各类组织贷款（具体贷款业务清单之内的）取得的利息收入，可以选择适用简易计税方法按照3%的征收率计算缴纳增值税。	利息支出不得抵扣，利息收入一般开具增值税普通发票	$增值税 = \dfrac{含税销售额}{1+3\%} \times 3\%$
	中国农业发展银行总行及其各分支机构提供涉农贷款（具体涉农贷款业务清单之内的）取得的利息收入，可以选择适用简易计税方法按照3%的征收率计算缴纳增值税。		
其他个人			
按 5% 的征收率简易征收	1. 其他个人销售其取得（不含自建）的不动产（不含其购买的住房），应以取得的全部价款和价外费用减去该项不动产购置原价或者取得不动产时的作价后的余额为销售额，按照5%的征收率计算应纳税额。	可以代开增值税专用发票	$增值税 = \dfrac{含税销售额}{1+5\%} \times 5\%$
	2. 其他个人出租其取得的不动产（不含住房），应按照5%的征收率计算应纳税额。	可以代开增值税专用发票	
按照5%的征收率减按1.5%简易征收	个人出租住房，应按照5%的征收率减按1.5%计算应纳税额。	可以代开增值税专用发票	$增值税 = \dfrac{含税销售额}{1+5\%} \times 1.5\%$

续表

其他说明
2009年1月1日后购进或者自制的固定资产（国家税务总局公告2012年1号规定的情形除外），销售自己使用过的除固定资产以外的其他物品，按照适用税率征收增值税，可以开具增值税专用发票（税率一栏按适用税率）。固定资产，是指使用期限超过12个月的机器、机械、运输工具以及其他与生产经营有关的设备、工具、器具等有形动产，不包括不动产（不能移动或者移动后会引起性质、形状改变的财产，包括建筑物、构筑物等）。 使用过的固定资产，是指纳税人根据财务会计制度已经计提折旧的固定资产。 北京、上海、广州、深圳四城市，个人销售购进不足2年的住房按照5%征收率全额缴税；个人销售购进2年以上（含2年）的非普通住房以销售收入减去购房价款后的差额按照5%征收率缴税；个人销售购进2年以上（含2年）的普通住房免税。北京、上海、广州、深圳四城市以外的其他地区，个人销售购进不足2年的住房按照5%的征收率全额缴税；个人销售购进2年以上（含2年）的住房免税。
旧货，是指进入二次流通的具有部分使用价值的货物（含旧机动车、旧摩托车和旧游艇），但不包括使用过的物品。

政策依据
《中华人民共和国增值税暂行条例》、《中华人民共和国增值税暂行条例实施细则》、《国家税务总局关于增值税简易征收政策有关管理问题的通知》（国税函〔2009〕90号）、《财政部 国家税务总局关于部分货物适用增值税低税率和简易办法征收增值税政策的通知》（财税〔2009〕9号）、《国家税务总局关于供应非临床用血增值税政策问题的批复》（国税函〔2009〕456号）、《国家税务总局关于药品经营企业销售生物制品有关增值税问题的公告》（国家税务总局公告2012年第20号）、《财政部 国家税务总局关于简并增值税征收率政策的通知》（财税〔2014〕57号）、《国家税务总局关于简并增值税征收率有关问题的公告》（国家税务总局公告2014年第36号）、《国家税务总局关于兽用药品经营企业销售兽用生物制品有关增值税问题的公告》（国家税务总局公告2016年第8号）、《财政部 国家税务总局关于全面推开营业税改征增值税试点的通知》（财税〔2016〕36号）、《关于进一步明确全面推开营改增试点有关劳务派遣服务、收费公路通行费抵扣等政策的通知》（财税〔2016〕47号）、《财政部 国家税务总局关于营业税改征增值税试点若干政策的通知》（财税〔2016〕39号）、《关于进一步明确全面推开营改增试点金融业有关政策的通知》（财税〔2016〕46号）。

附录1-4 建筑服务、销售不动产、不动产经营租赁营改增政策一览表

详见表A1-4。

表 A1-4

应税行为	项目	计税方法	关于销售额的规定	税率(征收率)	跨县(市、区)预缴、申报方法	跨县(市、区)预缴税款
建筑服务(一般纳税人)	清包工	可以选择适用简易计税方法	取得的全部价款和价外费用扣除支付的分包款后的余额	3%	应以取得的全部价款和价外费用扣除支付的分包款后的余额为销售额。纳税人发生建筑服务按照上述计税方法在建筑服务发生地主管税务机关进行预缴税款后,向机构所在地主管税务机关进行纳税申报。	应预缴税款=(全部价款和价外费用－支付的分包款)÷(1+3%)×3%
	甲供工程	可以选择适用简易计税方法	取得的全部价款和价外费用扣除支付的分包款后的余额	3%		
	建筑工程老项目	可以选择适用简易计税方法	取得的全部价款和价外费用扣除支付的分包款后的余额	3%		
	清包工、甲供工程、建筑工程老项目	可以选择适用一般计税方法	取得的全部价款和价外费用	11%	应以取得的全部价款和价外费用,按照2%的预征率在建筑服务发生地预缴税款后,向机构所在地主管税务机关进行纳税申报。	应预缴税款=(全部价款和价外费用－支付的分包款)÷(1+11%)×2%
	建筑工程新项目	一般计税方法	取得的全部价款和价外费用	11%		
建筑服务(小规模纳税人)	建筑服务	简易计税方法	取得的全部价款和价外费用扣除支付的分包款后的余额	3%		应预缴税款=(全部价款和价外费用－支付的分包款)÷(1+3%)×3%

续表

应税行为	项目	计税方法	关于销售额的规定	税率（征收率）	跨县（市、区）预缴、申报方法	跨县（市、区）预缴税款
销售不动产（一般纳税人）	2016年4月30日前取得的不动产（不含自建）	可以选择适用简易计税方法	取得的全部价款和价外费用减去该项不动产购置原价或者取得不动产时的作价后的余额	5%	纳税人应按照上述计税方法向不动产所在地主管地税机关预缴税款，向机构所在地主管国税机关申报纳税。	应预缴税款=（全部价款和价外费用－不动产购置原价或者取得不动产时的作价）÷（1+5%）×5%
		可以选择适用一般计税方法	取得的全部价款和价外费用	11%	纳税人应以取得的全部价款和价外费用扣除不动产购置原价或者取得不动产时的作价后的余额，按照5%的预征率向不动产所在地主管地税机关预缴税款，向机构所在地主管国税机关申报纳税。	应预缴税款=（全部价款和价外费用－不动产购置原价或者取得不动产时的作价）÷（1+5%）×5%
	2016年4月30日前自建的不动产	可以选择适用简易计税方法	取得的全部价款和价外费用	5%	纳税人应按照上述计税方法向不动产所在地主管地税机关预缴税款，向机构所在地主管国税机关申报纳税。	应预缴税款=全部价款和价外费用÷（1+5%）×5%
		可以选择适用一般计税方法	取得的全部价款和价外费用	11%	纳税人应以取得的全部价款和价外费用，按照5%的预征率向不动产所在地主管地税机关预缴税款，向机构所在地主管国税机关申报纳税。	应预缴税款=全部价款和价外费用÷（1+5%）×5%
	2016年5月1日后取得（不含自建）的不动产	一般计税方法	取得的全部价款和价外费用	11%	纳税人应以取得的全部价款和价外费用扣除不动产购置原价或者取得不动产时的作价后的余额，按照5%的预征率向不动产所在地主管地税机关预缴税款，向机构所在地主管国税机关申报纳税。	应预缴税款=（全部价款和价外费用－不动产购置原价或者取得不动产时的作价）÷（1+5%）×5%

续表

应税行为	项目	计税方法	关于销售额的规定	税率（征收率）	跨县（市、区）预缴、申报方法	跨县（市、区）预缴税款
销售不动产（一般纳税人）	2016年5月1日后自建的不动产	一般计税方法	取得的全部价款和价外费用	11%	纳税人应以取得的全部价款和价外费用，按照5%的预征率向不动产所在地主管国税机关预缴税款，向机构所在地主管国税机关申报纳税。	应预缴税款＝全部价款和价外费用÷（1＋5%）×5%
销售不动产（小规模纳税人）	取得的不动产（不含自建）（不含个体工商户销售购买的住房和其他个人销售不动产）	简易计税方法	取得的全部价款和价外费用减去该项不动产购置原价或者取得不动产时的作价后的余额	5%	除其他个人之外的小规模纳税人，应按照本条规定的计税方法向不动产所在地主管国税机关预缴税款，向机构所在地主管国税机关申报纳税；其他个人按照本条规定的计税方法向不动产所在地主管地税机关申报纳税。	应预缴税款＝（全部价款和价外费用－不动产购置原价或者取得不动产时的作价）÷（1＋5%）×5%
	销售其自建的不动产	简易计税方法	取得的全部价款和价外费用	5%		应预缴税款＝全部价款和价外费用÷（1＋5%）×5%
房地产开发企业（一般纳税人）	销售自行开发的房地产老项目	可以选择适用简易计税方法	取得的全部价款和价外费用	5%	暂无明确规定	
	销售自行开发的房地产老项目	可以选择适用一般计税方法	取得的全部价款和价外费用，扣除受让土地时向政府部门支付的土地价款后的余额	11%	应以取得的全部价款和价外费用，按照3%的预征率向不动产所在地主管国税机关预缴税款后，向机构所在地主管税务机关进行纳税申报。	
	销售自行开发的房地产新项目	一般计税方法			暂无明确规定	
房地产开发企业（小规模纳税人）	销售自行开发的房地产项目	简易计税方法	取得的全部价款和价外费用	5%	暂无明确规定	

续表

应税行为	项目	计税方法	关于销售额的规定	税率（征收率）	跨县（市、区）预缴、申报方法	跨县（市、区）预缴税款
个人转让其购买的住房	个人将购买不足2年的住房对外销售的	简易计税方法	取得的全部价款和价外费用	5%	个体工商户应按照这里规定的计税方法向住房所在地主管地税机关预缴税款，向机构所在地主管国税机关申报纳税；其他个人应按照这里规定的计税方法向住房所在地主管地税机关申报纳税。	应预缴税款＝全部价款和价外费用÷（1＋5%）×5%
	个人将购买2年以上（含2年）的非普通住房对外销售的，适用于北京市、上海市、广州市和深圳市	简易计税方法	取得的全部价款和价外费用扣除购买住房价款后的余额			应预缴税款＝（全部价款和价外费用－不动产购置原价或者取得不动产时的作价）÷（1＋5%）×5%
不动产经营租赁服务（一般纳税人）	出租其2016年4月30日前取得的不动产	可以选择适用简易计税方法	取得的全部价款和价外费用	5%	不动产所在地与机构所在地不在同一县（市、区）的，纳税人应按照上述计税方法向不动产所在地主管国税机关预缴税款，向机构所在地主管国税机关申报纳税。不动产所在地与机构所在地在同一县（市、区）的，纳税人向机构所在地主管国税机关申报纳税。纳税人出租的不动产所在地与机构所在地在同一直辖市、计划单列市但不在同一县（市、区）的，由直辖市、计划单列市国家税务局决定是否在不动产所在地预缴税款。	应预缴税款＝含税销售额÷（1＋5%）×5%

续表

应税行为	项目	计税方法	关于销售额的规定	税率（征收率）	跨县（市、区）预缴、申报方法	跨县（市、区）预缴税款
不动产经营租赁服务（一般纳税人）	出租其2016年4月30日前取得的不动产	可以选择一般计税方法	取得的全部价款和价外费用	11%	不动产所在地与机构所在地不在同一县（市、区）的，纳税人应按照3%的预征率向不动产所在地主管国税机关预缴税款，向机构所在地主管国税机关申报纳税。	应预缴税款＝含税销售额÷(1＋11%)×3%
	出租其2016年5月1日后取得的不动产	一般计税方法	取得的全部价款和价外费用	11%	不动产所在地与机构所在地不在同一县（市、区）的，纳税人应向机构所在地主管国税机关申报纳税。	应预缴税款＝含税销售额÷(1＋11%)×3%
	一般纳税人收取试点前开工的一级公路、二级公路、桥、闸通行费，试点前开工，是指相关施工许可证注明的合同开工日期在2016年4月30日前。	可以选择适用简易计税方法	取得的全部价款和价外费用	5%	按财税〔2016〕47号文的规定执行	
	公路经营企业收取试点前开工的高速公路的车辆通行费	可以选择适用简易计税方法	取得的全部价款和价外费用	减按3%		

续表

应税行为	项目	计税方法	关于销售额的规定	税率(征收率)	跨县(市、区)预缴、申报方法	跨县(市、区)预缴税款
不动产经营租赁服务(小规模纳税人)	单位和个体工商户出租不动产(不含个体工商户出租住房)	简易计税方法	取得的全部价款和价外费用	5%	不动产所在地与机构所在地不在同一县(市、区)的,纳税人应向不动产所在地主管国税机关预缴税款,向机构所在地主管国税机关申报纳税。	应预缴税款=含税销售额÷(1+5%)×5%
	个体工商户出租住房	简易计税方法	取得的全部价款和价外费用	5%的征收率减按1.5%	不动产所在地与机构所在地不在同一县(市、区)的,纳税人应向不动产所在地主管国税机关申报纳税。	应预缴税款=含税销售额÷(1+5%)×1.5%
	其他个人出租不动产(不含住房)	简易计税方法	取得的全部价款和价外费用	5%	纳税人出租的不动产所在地在同一直辖市计划单列市(市、区)的,由省辖市国家税务局决定是否在不动产所在地预缴税款。向不动产所在地主管地税机关申报纳税	应预缴税款=含税销售额÷(1+5%)×5%
	其他个人出租住房	简易计税方法	取得的全部价款和价外费用	5%的征收率减按1.5%	向不动产所在地主管地税机关申报纳税	应预缴税款=含税销售额÷(1+5%)×1.5%
转让土地使用权	纳税人转让2016年4月30日前取得的土地使用权	可以选择适用简易计税方法	取得的全部价款和价外费用减去取得该土地使用权的原价后的余额	5%	按财税〔2016〕47号文的规定执行	

续表

项目	其他说明	来源
建筑工程老项目	建筑工程老项目，是指： (1)《建筑工程施工许可证》注明的合同开工日期在2016年4月30日前的建筑工程项目； (2) 未取得《建筑工程施工许可证》的，建筑工程承包合同注明的开工日期在2016年4月30日前的建筑工程项目。 纳税人跨县（市、区）提供建筑服务，按照以下公式计算应预缴税款： (一) 适用一般计税方法计税的，应预缴税款=（全部价款和价外费用－支付的分包款）÷(1+11%)×2%； (二) 适用简易计税方法计税的，应预缴税款=（全部价款和价外费用－支付的分包款）÷(1+3%)×3% 纳税人取得的全部价款和价外费用扣除支付的分包款后的余额为负数的，可结转下次预缴税款时继续扣除。 第六条 纳税人按照上述规定从取得的全部价款和价外费用中扣除支付的分包款，应当取得符合法律、行政法规和国家税务总局规定的合法有效凭证，否则不得扣除。 上述凭证是指： (一) 从分包方取得的2016年4月30日前开具的建筑业营业税发票。 上述建筑业营业税发票在2016年6月30日前可作为预缴税款的扣除凭证。 (二) 从分包方取得的2016年5月1日后开具的，备注栏注明建筑服务发生地所在县（市、区）、项目名称的增值税发票。 (三) 国家税务总局规定的其他凭证。	财税〔2016〕36号
跨县（市、区）提供建筑服务	纳税人跨县（市、区）提供建筑服务，在向建筑服务发生地主管国税机关预缴税款时，需提交以下资料： (一)《增值税预缴税款表》； (二) 与发包方签订的建筑合同原件及复印件； (三) 与分包方签订的分包合同原件及复印件； (四) 从分包方取得的发票原件及复印件。 ● 纳税人跨县（市、区）提供建筑服务，向建筑服务发生地主管国税机关预缴的增值税税款，可以在当期增值税应纳税额中抵减，抵减不完的，结转下期继续抵减。 纳税人以预缴税款抵减应纳税额，应以完税凭证作为合法有效凭证。 ● 小规模纳税人跨县（市、区）提供建筑服务，不能自行开具增值税发票的，可向建筑服务发生地主管国税机关按照其取得的全部价款和价外费用申请代开增值税发票。	国家税务总局公告2016年第17号

续表

项目	其他说明	来源
跨县(市、区)提供建筑服务	• 对跨县(市、区)提供的建筑服务,纳税人应自行建立预缴税款台账,区分不同县(市、区)和项目逐笔登记全部收入、支付的分包款、已扣除的分包款,扣除分包款的发票号码,已完税凭证号码等相关内容,留存备查。 • 纳税人跨县(市、区)提供建筑服务预缴税款时间,按照财税〔2016〕36号文规定的纳税义务发生时间和纳税期限执行。 • 纳税人跨县(市、区)提供建筑服务,按照本办法向建筑服务发生地主管国税机关预缴税款而自未按规定进行处理没有预缴税款的,由机构所在地主管国税机关按照《中华人民共和国税收征收管理法》及相关规定进行处理。 • 纳税人跨县(市、区)提供建筑服务,未按照《房地产开发企业销售自行开发的房地产项目增值税征收管理暂行办法》及相关规定进行处理的,由机构所在地主管国税机关按照《中华人民共和国税收征收管理法》及相关规定进行处理。	国家税务总局公告2016年第17号
房地产老项目	房地产老项目,是指: (一)《建筑工程施工许可证》注明的合同开工日期在2016年4月30日前的房地产项目; (二)《建筑工程施工许可证》未注明合同开工日期或者未取得《建筑工程施工许可证》但建筑工程承包合同注明的开工日期在2016年4月30日前的建筑工程项目。	国家税务总局公告2016年第18号
房地产企业销售额	• 房地产开发企业中的一般纳税人(以下简称一般纳税人)销售自行开发的房地产项目,适用一般计税方法计税,按照取得的全部价款和价外费用,扣除当期销售房地产项目对应的土地价款后的余额计算销售额。销售额的计算公式如下: 销售额=(全部价款和价外费用-当期允许扣除的土地价款)÷(1+11%) 当期允许扣除的土地价款按以下公式计算: 当期允许扣除的土地价款=(当期销售房地产项目建筑面积÷房地产项目可供销售建筑面积)×支付的土地价款 当期销售房地产项目建筑面积,是指当期进行纳税申报并适用一般计税方法计税的房地产项目销售的建筑面积。 房地产项目可供销售建筑面积,是指房地产项目可以出售的总建筑面积,不包括销售房地产项目时未单独作价结算的配套公共设施的建筑面积。 支付的土地价款,是指向政府、土地管理部门或受政府委托收取土地款的单位直接支付的土地价款。 在计算销售额时从全部价款和价外费用中扣除土地价款,应当取得省级以上(含省级)财政部门监(印)制的财政票据。 一般纳税人应建立台账登记土地价款的扣除情况,扣除的土地价款不得超过纳税人实际支付的土地价款。	国家税务总局公告2016年第18号

续表

项目	其他说明	来源
房地产企业预缴增值税、进项税额、纳税申报、发票开具（一般纳税人）	房地产开发企业一般纳税人采取预收款方式销售自行开发的房地产项目，应在收到预收款时按照3%的预征率预缴增值税。应预缴税款＝预收款÷(1＋适用税率或征收率)×3% 适用一般计税方法计税的，按照11%的适用税率计算；适用简易计税方法计税的，按照5%的征收率计算。 一般纳税人应在取得预收款的次月纳税申报期向主管国税机关申报预缴税款。	国家税务总局公告2016年第18号
	一般纳税人销售自行开发的房地产项目，兼有一般计税方法计税、简易计税方法计税、免征增值税的房地产项目而无法划分不得抵扣的进项税额的，应以《建筑工程施工许可证》注明的"建设规模"为依据进行划分。 不得抵扣的进项税额＝当期无法划分的全部进项税额×(简易计税方法计税、免税房地产项目建设规模÷房地产项目总建设规模)	国家税务总局公告2016年第18号
	● 一般纳税人销售自行开发的房地产项目适用一般计税方法计税的，应按照《营业税改征增值税试点实施办法》第四十五条规定的纳税义务发生时间，以当期销售额和11%的适用税率计算当期应纳税额，抵减已预缴税款后，向主管国税机关申报纳税。未抵减完的预缴税款可以结转下期继续抵减。 ● 一般纳税人销售自行开发的房地产项目适用简易计税方法计税的，应按照《营业税改征增值税试点实施办法》第四十五条规定的纳税义务发生时间，以当期销售额和5%的征收率计算当期应纳税额，抵减已预缴税款后，向主管国税机关申报纳税。未抵减完的预缴税款可以结转下期继续抵减。	国家税务总局公告2016年第18号
	● 一般纳税人销售自行开发的房地产项目，自行开具增值税发票。 ● 一般纳税人销售自行开发的房地产项目，其2016年4月30日前收取并已向主管地税机关申报缴纳营业税的预收款，未开具营业发票的，可以开具增值税普通发票，不得开具增值税专用发票。 ● 一般纳税人向其他个人销售自行开发的房地产项目，不得开具增值税专用发票。	国家税务总局公告2016年第18号
房地产企业预缴增值税、进项税额、纳税申报、发票开具（小规模纳税人）	● 房地产开发企业中的小规模纳税人采取预收款方式销售自行开发的房地产项目，应在收到预收款时按照3%的预征率预缴增值税。 ● 应预缴税款按照以下公式计算： 应预缴税款＝预收款÷(1＋5%)×3% ● 小规模纳税人应在取得预收款的次月纳税申报期或主管国税机关核定的纳税期限向主管国税机关预缴税款。	国家税务总局公告2016年第18号

续表

项目	其他说明	来源
房地产企业预缴增值税、进项税额、纳税申报、发票开具（小规模纳税人）	● 小规模纳税人销售自行开发的房地产项目，应按照《营业税改征增值税试点实施办法》第四十五条规定的纳税义务发生时间，以当期销售额和5%的征收率计算应纳税额，抵减已预缴税款后，向主管国税机关申报纳税。未抵减完的预缴税款可以结转下期继续抵减。	国家税务总局公告2016年第18号
	● 小规模纳税人销售自行开发的房地产项目，自行开具增值税普通发票。购买方需要增值税专用发票的，小规模纳税人向主管国税机关申请代开。 ● 小规模纳税人销售自行开发的房地产项目，其2016年4月30日前收取并已向主管地税机关申报缴纳营业税的预收款，未开具营业税发票的，可以开具增值税普通发票，不得申请代开增值税专用发票。 ● 小规模纳税人销售自行开发的房地产项目，不得向其他个人销售自行开发的房地产项目，不得申请代开增值税专用发票。	国家税务总局公告2016年第18号
	● 房地产开发企业销售自行开发的房地产项目，按照本办法规定预缴税款时，应填报《增值税预缴税款表》。 ● 房地产开发企业销售自行开发的房地产项目，预缴税款凭证作为合法有效凭证。 ● 房地产开发企业销售自行开发的房地产项目，未按《房地产开发经营管理暂行办法》及《中华人民共和国税收征收管理法》相关规定进行处理的，由主管国税机关按规定处理。	国家税务总局公告2016年第18号
试点前开工的高速公路	试点前开工的高速公路，是指相关施工许可证明上注明的合同开工日期在2016年4月30日前的高速公路。	财税〔2016〕36号
合法有效凭证	纳税人按规定从取得的合法有效凭证上注明的全部价款和价外费用中扣除不动产购置原价或者取得不动产时的作价的，应当取得符合法律、行政法规和国家税务总局规定的合法有效凭证。否则，不得扣除。上述凭证是指：（一）税务部门监制的发票。（二）法院判决书、裁定书、调解书，以及仲裁裁决书、公证债权文书。（三）国家税务总局规定的其他凭证。	财税〔2016〕36号
预缴税款抵减应纳税额	纳税人转让其取得的不动产，向不动产所在地主管地税机关预缴的增值税税款，可以在当期增值税应纳税额中抵减，抵减不完的，结转下期继续抵减。纳税人以预缴税款抵减应纳税额，应以完税凭证作为合法有效凭证。	财税〔2016〕36号
小规模纳税人发票	小规模纳税人转让其取得的不动产，不能自行开具增值税发票的，可向不动产所在地主管地税机关申请代开。纳税人向其他个人转让其取得的不动产，不得开具或申请代开增值税专用发票。	财税〔2016〕36号

续表

项目	其他说明	来源
出租不动产预缴税款、发票规定	● 单位和个体工商户出租不动产，按照本办法规定向不动产所在地主管国税机关预缴税款的，在向不动产所在地主管国税机关预缴税款时，应填写《增值税预缴税款表》。 ● 单位和个体工商户出租不动产，向不动产所在地主管国税机关预缴的增值税款，可以在当期增值税应纳税额中抵减，抵减不完的，结转下期继续抵减。 ● 小规模纳税人以预缴税款抵减应纳税额，应以完税凭证作为合法有效凭证。 ● 其他个人出租不动产，可向不动产所在地主管地税机关申请代开增值税发票。 ● 纳税人向其他个人出租不动产，不得开具或申请代开增值税专用发票。 ● 由纳税人出租不动产所在地主管国税机关自行开具或向不动产所在地主管国税机关申请代开的房地产项目增值税预收款而自应当预缴纳税款之月起超过6个月没有预缴税款的，由主管税务机关按照《中华人民共和国税收征收管理法》及相关规定进行处理。	国家税务总局公告2016年第16号
个人转让其购买的住房	个人将购买不足2年的住房对外销售的，按照5%的征收率全额缴纳增值税；个人将购买2年以上（含2年）的住房对外销售的，免征增值税。上述政策适用于北京市、上海市、广州市和深圳市之外的地区。 个人将购买不足2年的住房对外销售的，按照5%的征收率全额缴纳增值税；个人将购买2年以上（含2年）的非普通住房对外销售的，按照5%的征收率全额缴纳增值税；个人将购买2年以上（含2年）的普通住房对外销售的，免征增值税。上述政策仅适用于北京市、上海市、广州市和深圳市。	财税〔2016〕36号
暂停预缴增值税	一般纳税人跨省（自治区、直辖市或者计划单列市）提供建筑服务或者销售、出租取得的与机构所在地不同一省（自治区、直辖市或者计划单列市）的不动产，在机构所在地申报纳税时，计算的应纳税额小于已预缴税额，且差额较大的，由国家税务总局通知建筑服务发生地或者不动产所在地省级税务机关，在一定时期内暂停预缴增值税。	财税〔2016〕36号

续表

项目	其他说明	来源
增值税纳税义务、扣缴义务发生时间	增值税纳税义务、扣缴义务发生时间为： (一) 纳税人发生应税行为并收讫销售款项或者取得索取销售款项凭据的当天；先开具发票的，为开具发票的当天。 收讫销售款项，是指纳税人销售服务、无形资产、不动产过程中或者完成后收到款项。 取得索取销售款项凭据的当天，是指书面合同确定的付款日期；未签订书面合同或者书面合同未确定付款日期的，为服务、无形资产转让完成的当天或者不动产权属变更的当天。 (二) 纳税人提供建筑服务、租赁服务采取预收款方式的，其纳税义务发生时间为收到预收款的当天。 (三) 纳税人从事金融商品转让的，为金融商品所有权转移的当天。 (四) 纳税人发生《营业税改征增值税试点实施办法》第十四条规定情形的，其纳税义务发生时间为服务、无形资产转让完成的当天或者不动产权属变更的当天。 (五) 增值税扣缴义务发生时间为纳税人增值税纳税义务发生的当天。	财税〔2016〕36号
政策依据	《财政部 国家税务总局关于全面推开营业税改征增值税试点的通知》（财税〔2016〕36号），《纳税人跨县（市、区）提供建筑服务增值税征收管理暂行办法》《纳税人转让不动产增值税征收管理暂行办法》（国家税务总局公告2016年第14号），《纳税人提供不动产经营租赁服务增值税征收管理暂行办法》（国家税务总局公告2016年第16号），《房地产开发企业销售自行开发的房地产项目增值税征收管理暂行办法》（国家税务总局公告2016年第17号），（国家税务总局公告2016年第18号）。	

第二章 营业税改征增值税试点过渡政策

营业税改征增值税后,为实现试点纳税人原享受的营业税优惠政策平稳过渡,财政部、国家税务总局制定了相关税收优惠政策。现将试点期间试点纳税人有关增值税优惠政策整理如下。

一、直接免税的营改增政策

下列项目免征增值税:
1. 托儿所、幼儿园提供的保育和教育服务。

托儿所、幼儿园,是指经县级以上教育部门审批成立、取得办园许可证的实施0~6岁学前教育的机构,包括公办和民办的托儿所、幼儿园、学前班、幼儿班、保育院、幼儿院。

公办托儿所、幼儿园免征增值税的收入是指,在省级财政部门和价格主管部门审核报省级人民政府批准的收费标准以内收取的教育费、保育费。

民办托儿所、幼儿园免征增值税的收入是指，在报经当地有关部门备案并公示的收费标准范围内收取的教育费、保育费。

超过规定收费标准的收费，以开办实验班、特色班和兴趣班等为由另外收取的费用以及与幼儿入园挂钩的赞助费、支教费等超过规定范围的收入，不属于免征增值税的收入。

2. 养老机构提供的养老服务。

养老机构，是指依照民政部发布的《养老机构设立许可办法》设立并依法办理登记的为老年人提供集中居住和照料服务的各类养老机构；养老服务，是指上述养老机构按照民政部发布的《养老机构管理办法》的规定，为收住的老年人提供的生活照料、康复护理、精神慰藉、文化娱乐等服务。

3. 残疾人福利机构提供的育养服务。

4. 婚姻介绍服务。

5. 殡葬服务。

殡葬服务，是指收费标准由各地价格主管部门会同有关部门核定，或者实行政府指导价管理的遗体接运（含抬尸、消毒）、遗体整容、遗体防腐、存放（含冷藏）、火化、骨灰寄存、吊唁设施设备租赁、墓穴租赁及管理等服务。

6. 残疾人员本人为社会提供的服务。

7. 医疗机构提供的医疗服务。

医疗机构，是指依据国务院发布的《医疗机构管理条例》及原卫生部发布的《医疗机构管理条例实施细则》的规定，经登记取得《医疗机构执业许可证》的机构，以及军队、武警部队的各级各类医疗机构。具体包括：各级各类医院、门诊部（所）、社区卫生服务中心（站）、急救中心（站）、城乡卫生院、护理院（所）、疗养院、临床检验中心，各级政府及有关部门建立的卫生防疫站（疾病控制中心）、各种专科疾病防治站（所），各级政府建立的妇幼保健所（站）、母婴保健机构、儿童保健机构，各级政府建立的血站（血液中心）等医疗机构。

这里所称医疗服务，是指医疗机构按照不高于地（市）级以上价格主管部门会同同级卫生主管部门及其他相关部门制定的医疗服务指导价格（包括政府指导价和按照规定由供需双方协商确定的价格等）为就医者提供《全国医疗服务价格项目规范》所列的各项服务，以及医疗机构向社会提供卫生防疫、卫生检疫的服务。

8. 从事学历教育的学校提供的教育服务。

(1) 学历教育，是指受教育者经过国家教育考试或者国家规定的其他入学方式，进入国家有关部门批准的学校或者其他教育机构学习，获得国家承认的学历证书的教育形式。具体包括：

①初等教育：普通小学、成人小学。

②初级中等教育：普通初中、职业初中、成人初中。

③高级中等教育：普通高中、成人高中和中等职业学校（包括普通中专、成人中专、职业高中、技工学校）。

④高等教育：普通本专科、成人本专科、网络本专科、研究生（博士、硕士）、高等教育自学考试、高等教育学历文凭考试。

(2) 从事学历教育的学校，是指：

①普通学校。

②经地（市）级以上人民政府或者同级政府的教育行政部门批准成立、国家承认其学员学历的各类学校。

③经省级及以上人力资源社会保障行政部门批准成立的技工学校、高级技工学校。

④经省级人民政府批准成立的技师学院。

上述学校均包括符合规定的从事学历教育的民办学校，但不包括职业培训机构等国家不承认学历的教育机构。

(3) 提供教育服务免征增值税的收入，是指对列入规定招生计划的在籍学生提供学历教育服务取得的收入，具体包括：经有关部门审核批准并按规定标准收取的学费、住宿费、课本费、作业本费、考试报名费收入，以及学校食堂提供餐饮服务取得的伙食费收入。除此之外的收入，包括学校以各种名义收取的赞助费、择校费等，不属于免征增值税的范围。

学校食堂是指依照教育部发布的《学校食堂与学生集体用餐卫生管理规定》管理的学校食堂。

9. 学生勤工俭学提供的服务。

10. 农业机耕、排灌、病虫害防治、植物保护、农牧保险以及相关技术培训业务，家禽、牲畜、水生动物的配种和疾病防治服务。

农业机耕，是指在农业、林业、牧业中使用农业机械进行耕作（包括耕耘、种植、收割、脱粒、植物保护等）的业务；排灌，是指对农田进行灌溉或者排涝的业务；病虫害防治，是指从事农业、林业、牧业、渔业的病虫害测报和防治的业务；农牧保险，是指为种植业、养殖业、牧业种植和饲养的动植物提供保险的业务；相关技术培训，是指与农业机耕、排灌、病虫害防治、植物保护业务相关以及为使农民获得农牧保险知识的技术培训业务；家禽、牲畜、水生动物的配种和疾病防治业务的免税范围，包括与该项服务有关的提供药品和医疗用具的业务。

11. 纪念馆、博物馆、文化馆、文物保护单位管理机构、美术馆、展览馆、书画院、图书馆在自己的场所提供文化体育服务取得的第一道门票收入。

12. 寺院、宫观、清真寺和教堂举办文化、宗教活动取得的门票收入。

13. 行政单位之外的其他单位收取的符合《营业税改征增值税试点实施办法》第十条规定条件的政府性基金和行政事业性收费。

14. 个人转让著作权。

15. 个人销售自建自用住房。

16. 2018年12月31日前，公共租赁住房经营管理单位出租公共租赁住房。

公共租赁住房，是指纳入省、自治区、直辖市、计划单列市人民政府及新疆生产建设兵团批准的公共租赁住房发展规划和年度计划，并按照《关于加快发展公共租赁住房的指导意见》（建保〔2010〕87号）和市、县人民政府制定的具体管理办法进行管理的公共租赁住房。

17. 台湾航运公司、航空公司从事海峡两岸海上直航、空中直航业务在大陆取得的运输收入。

台湾航运公司，是指取得交通运输部颁发的"台湾海峡两岸间水路运输许可证"且该许可证上注明的公司登记地址在台湾的航运公司。

台湾航空公司，是指取得中国民用航空局颁发的"经营许可"或者依据《海峡两岸空运协议》和《海峡两岸空运补充协议》规定，批准经营两岸旅客、货物和邮件不定期（包机）运输业务，且公司登记地址在台湾的航空公司。

18. 纳税人提供的直接或者间接国际货物运输代理服务。

（1）纳税人提供直接或者间接国际货物运输代理服务，向委托方收取的全部国际货物运输代理服务收入，以及向国际运输承运人支付的国际运输费用，必须通过金融机构进行结算。

（2）纳税人为大陆与香港、澳门、台湾地区之间的货物运输提供的货物运输代理服务参照国际货物运输代理服务的有关规定执行。

（3）委托方索取发票的，纳税人应当就国际货物运输代理服务收入向委托方全额开具增值税普通发票。

19. 以下利息收入。

（1）2016年12月31日前，金融机构农户小额贷款。

小额贷款，是指单笔且该农户贷款余额总额在10万元（含本数）以下的贷款。

这里所称农户，是指长期（一年以上）居住在乡镇（不包括城关镇）行政管理区域内的住户，还包括长期居住在城关镇所辖行政村范围内的住户和户口不在本地而在本地居住一年以上的住户，国有农场的职工和农村个体工商户。位于乡镇（不包括城关镇）行政管理区域内和在城关镇所辖行政村范围内的国有经济的机关、团体、学校、企事业单位的集体户；有本地户口，但举家外出谋生一年以上的住户，无论是否保留承包耕地均不属于农户。农户以户为统计单位，既可以从事农业生产经营，也可以从事非农业生产经营。农户贷款的判定应以贷款发放时的承贷主体是否属于农户为准。

（2）国家助学贷款。

（3）国债、地方政府债。

（4）中国人民银行对金融机构的贷款。

（5）住房公积金管理中心用住房公积金在指定的委托银行发放的个人住房贷款。

（6）外汇管理部门在从事国家外汇储备经营过程中，委托金融机构发放的外汇贷款。

（7）统借统还业务中，企业集团或企业集团中的核心企业以及集团所属财务公司按不高于支付给金融机构的借款利率水平或者支付的债券票面利率水平，向企业集团或者集团内下属单位收取的利息。

统借方向资金使用单位收取的利息，高于支付给金融机构借款利率水平或者支付的债券票面利率水平的，应全额缴纳增值税。

统借统还业务，是指：

①企业集团或者企业集团中的核心企业向金融机构借款或对外发行债券取得资金后，将所借资金分拨给下属单位（包括独立核算单位和非独立核算单位，下

同），并向下属单位收取用于归还金融机构或债券购买方本息的业务。

②企业集团向金融机构借款或对外发行债券取得资金后，由集团所属财务公司与企业集团或者集团内下属单位签订统借统还贷款合同并分拨资金，并向企业集团或者集团内下属单位收取本息，再转付企业集团，由企业集团统一归还金融机构或债券购买方的业务。

20. 被撤销金融机构以货物、不动产、无形资产、有价证券、票据等财产清偿债务。

被撤销金融机构，是指经中国人民银行、银监会依法决定撤销的金融机构及其分设于各地的分支机构，包括被依法撤销的商业银行、信托投资公司、财务公司、金融租赁公司、城市信用社和农村信用社。除另有规定外，被撤销金融机构所属、附属企业，不享受被撤销金融机构增值税免税政策。

21. 保险公司开办的一年期以上人身保险产品取得的保费收入。

一年期以上人身保险，是指保险期间为一年期及以上返还本利的人寿保险、养老年金保险，以及保险期间为一年期及以上的健康保险。

人寿保险，是指以人的寿命为保险标的的人身保险。

养老年金保险，是指以养老保障为目的，以被保险人生存为给付保险金条件，并按约定的时间间隔分期给付生存保险金的人身保险。养老年金保险应当同时符合下列条件：

（1）保险合同约定给付被保险人生存保险金的年龄不得小于国家规定的退休年龄。

（2）相邻两次给付的时间间隔不得超过一年。

健康保险，是指以因健康原因导致损失为给付保险金条件的人身保险。

享受免征增值税的一年期及以上返还本利的人身保险包括其他年金保险，其他年金保险是指养老年金以外的年金保险。

上述免税政策实行备案管理，具体备案管理办法按照《国家税务总局关于一年期以上返还性人身保险产品免征营业税审批事项取消后有关管理问题的公告》（国家税务总局公告 2015 年第 65 号）的规定执行。

22. 下列金融商品转让业务取得的收入。

（1）合格境外投资者（QFII）委托境内公司在我国从事证券买卖业务。

（2）香港市场投资者（包括单位和个人）通过沪港通买卖上海证券交易所上

市 A 股。

（3）香港市场投资者（包括单位和个人）通过基金互认买卖内地基金份额。

（4）证券投资基金（封闭式证券投资基金，开放式证券投资基金）管理人运用基金买卖股票、债券。

（5）个人从事金融商品转让业务。

23. 金融同业往来取得的利息收入。

（1）金融机构与中国人民银行所发生的资金往来业务。包括中国人民银行对一般金融机构贷款，以及中国人民银行对商业银行的再贴现等。

（2）银行联行往来业务。是指同一银行系统内部不同行、处之间所发生的资金账务往来业务。

（3）金融机构间的资金往来业务。是指经中国人民银行批准，进入全国银行间同业拆借市场的金融机构之间通过全国统一的同业拆借网络进行的短期（一年以下，含一年）无担保资金融通行为。

（4）金融机构之间开展的转贴现业务。

金融机构是指：

①银行：包括中国人民银行、商业银行、政策性银行。

②信用合作社。

③证券公司。

④金融租赁公司、证券基金管理公司、财务公司、信托投资公司、证券投资基金。

⑤保险公司。

⑥其他经中国人民银行、银监会、证监会、保监会批准成立且经营金融保险业务的机构等。

（5）根据《关于进一步明确全面推开营改增试点金融业有关政策的通知》（财税〔2016〕46 号）金融机构开展下列业务取得的利息收入，属于《营业税改征增值税试点过渡政策的规定》第一条第（二十三）项所称的金融同业往来利息收入：

①质押式买入返售金融商品。质押式买入返售金融商品，是指交易双方进行的以债券等金融商品为权利质押的一种短期资金融通业务。

②持有政策性金融债券。政策性金融债券，是指开发性、政策性金融机构发行的债券。

24. 同时符合下列条件的担保机构从事中小企业信用担保或者再担保业务取得的收入（不含信用评级、咨询、培训等收入）3年内免征增值税：

（1）已取得监管部门颁发的融资性担保机构经营许可证，依法登记注册为企（事）业法人，实收资本超过2 000万元。

（2）平均年担保费率不超过银行同期贷款基准利率的50%。平均年担保费率＝本期担保费收入/（期初担保余额＋本期增加担保金额）×100%。

（3）连续合规经营2年以上，资金主要用于担保业务，具备健全的内部管理制度和为中小企业提供担保的能力，经营业绩突出，对受保项目具有完善的事前评估、事中监控、事后追偿与处置机制。

（4）为中小企业提供的累计担保贷款额占其两年累计担保业务总额的80%以上，单笔800万元以下的累计担保贷款额占其累计担保业务总额的50%以上。

（5）对单个受保企业提供的担保余额不超过担保机构实收资本总额的10%，且平均单笔担保责任金额最多不超过3 000万元人民币。

（6）担保责任余额不低于其净资产的3倍，且代偿率不超过2%。

担保机构免征增值税政策采取备案管理方式。符合条件的担保机构应到所在地县（市）主管税务机关和同级中小企业管理部门履行规定的备案手续，自完成备案手续之日起，享受3年免征增值税政策。3年免税期满后，符合条件的担保机构可按规定程序办理备案手续后继续享受该项政策。

具体备案管理办法按照《国家税务总局关于中小企业信用担保机构免征营业税审批事项取消后有关管理问题的公告》（国家税务总局公告2015年第69号）规定执行，其中税务机关的备案管理部门统一调整为县（市）级国家税务局。

25. 国家商品储备管理单位及其直属企业承担商品储备任务，从中央或者地方财政取得的利息补贴收入和价差补贴收入。

国家商品储备管理单位及其直属企业，是指接受中央、省、市、县四级政府有关部门（或者政府指定管理单位）委托，承担粮（含大豆）、食用油、棉、糖、肉、盐（限于中央储备）等六种商品储备任务，并按有关政策收储、销售上述六种储备商品，取得财政储备经费或者补贴的商品储备企业。利息补贴收入，是指国家商品储备管理单位及其直属企业因承担上述商品储备任务从金融机构贷款，并从中央或者地方财政取得的用于偿还贷款利息的贴息收入。价差补贴收入包括销售价差补贴收入和轮换价差补贴收入。销售价差补贴收入，是指按照中央或者地方政府指令销售上述储备商品时，由于销售收入小于库存成本而从中央或者地方财政获得的全额价差补贴收入。轮换价差补贴收入，是指根据要求定期组织政策性储备商品轮换而从中央或者地方财政取得的商品新陈品质价差补贴收入。

26. 纳税人提供技术转让、技术开发和与之相关的技术咨询、技术服务。

（1）技术转让、技术开发，是指《销售服务、无形资产或者不动产注释》中"转让技术"、"研发服务"范围内的业务活动。技术咨询，是指就特定技术项目提供可行性论证、技术预测、专题技术调查、分析评价报告等业务活动。

与技术转让、技术开发相关的技术咨询、技术服务，是指转让方（或者受托方）根据技术转让或者开发合同的规定，为帮助受让方（或者委托方）掌握所转让（或者委托开发）的技术，而提供的技术咨询、技术服务业务，且这部分技术咨询、技术服务的价款与技术转让或者技术开发的价款应当在同一张发票上开具。

（2）备案程序。试点纳税人申请免征增值税时，须持技术转让、开发的书面合同，到纳税人所在地省级科技主管部门进行认定，并持有关的书面合同和科技主管部门审核意见证明文件报主管税务机关备查。

27. 同时符合下列条件的合同能源管理服务：

（1）节能服务公司实施合同能源管理项目相关技术，应当符合国家质量监督检验检疫总局和国家标准化管理委员会发布的《合同能源管理技术通则》（GB/T24915-2010）规定的技术要求。

（2）节能服务公司与用能企业签订节能效益分享型合同，其合同格式和内容，符合《中华人民共和国合同法》和《合同能源管理技术通则》（GB/T24915-2010）等规定。

28. 2017年12月31日前，科普单位取得的门票收入，以及县级及以上党政部门和科协开展科普活动取得的门票收入。

科普单位，是指科技馆、自然博物馆，对公众开放的天文馆（站、台）、气象台（站）、地震台（站），以及高等院校、科研机构对公众开放的科普基地。

科普活动，是指利用各种传媒以浅显的、让公众易于理解、接受和参与的方式，向普通大众介绍自然科学和社会科学知识，推广科学技术的应用，倡导科学方法，传播科学思想，弘扬科学精神的活动。

29. 政府举办的从事学历教育的高等、中等和初等学校（不含下属单位），举办进修班、培训班取得的全部归该学校所有的收入。

全部归该学校所有，是指举办进修班、培训班取得的全部收入进入该学校统一账户，并纳入预算全额上缴财政专户管理，同时由该学校对有关票据进行统一管理和开具。

举办进修班、培训班取得的收入进入该学校下属部门自行开设账户的，不予免征增值税。

30. 政府举办的职业学校设立的主要为在校学生提供实习场所、并由学校出资自办、由学校负责经营管理、经营收入归学校所有的企业，从事《销售服务、无形资产或者不动产注释》中"现代服务"（不含融资租赁服务、广告服务和其他现代服务）、"生活服务"（不含文化体育服务、其他生活服务和桑拿、氧吧）业务活动取得的收入。

31. 家政服务企业由员工制家政服务员提供家政服务取得的收入。

家政服务企业，是指在企业营业执照的规定经营范围中包括家政服务内容的企业。

员工制家政服务员，是指同时符合以下三个条件的家政服务员：

（1）依法与家政服务企业签订半年及半年以上的劳动合同或者服务协议，且在该企业实际上岗工作。

（2）家政服务企业为其按月足额缴纳了企业所在地人民政府根据国家政策规定的基本养老保险、基本医疗保险、工伤保险、失业保险等社会保险。对已享受新型农村养老保险和新型农村合作医疗等社会保险或者下岗职工原单位继续为其缴纳社会保险的家政服务员，如果本人书面提出不再缴纳企业所在地人民政府根据国家政策规定的相应的社会保险，并出具其所在乡镇或者原单位开具的已缴纳相关保险的证明，可视同家政服务企业已为其按月足额缴纳了相应的社会保险。

（3）家政服务企业通过金融机构向其实际支付不低于企业所在地适用的经省级人民政府批准的最低工资标准的工资。

32. 福利彩票、体育彩票的发行收入。

> **温馨提醒**
>
> 福利、体育彩票取得的发行销售收入免征增值税,但代销单位代销福利、体育彩票取得的手续费收入应按规定征收增值税。

33. 军队出租空余房产取得的租赁收入。

34. 为了配合国家住房制度改革,企业、行政事业单位按房改成本价、标准价出售住房取得的收入。

35. 将土地使用权转让给农业生产者用于农业生产。

36. 涉及家庭财产分割的个人无偿转让不动产、土地使用权。

家庭财产分割包括下列情形:离婚财产分割;无偿赠与配偶、父母、子女、祖父母、外祖父母、孙子女、外孙子女、兄弟姐妹;无偿赠与对其承担直接抚养或者赡养义务的抚养人或者赡养人;房屋产权所有人死亡,法定继承人、遗嘱继承人或者受遗赠人依法取得房屋产权。

37. 土地所有者出让土地使用权和土地使用者将土地使用权归还给土地所有者。

38. 县级以上地方人民政府或自然资源行政主管部门出让、转让或收回自然资源使用权(不含土地使用权)。

39. 随军家属就业。

(1) 为安置随军家属就业而新开办的企业,自领取税务登记证之日起,其提供的应税服务3年内免征增值税。

享受税收优惠政策的企业,随军家属必须占企业总人数的60%(含)以上,并有军(含)以上政治和后勤机关出具的证明。

(2) 从事个体经营的随军家属,自办理税务登记事项之日起,其提供的应税服务3年内免征增值税。

随军家属必须有师以上政治机关出具的可以表明其身份的证明。

按照上述规定,每一名随军家属可以享受一次免税政策。

40. 军队转业干部就业。

(1) 从事个体经营的军队转业干部,自领取税务登记证之日起,其提供的应税服务3年内免征增值税。

（2）为安置自主择业的军队转业干部就业而新开办的企业，凡安置自主择业的军队转业干部占企业总人数60%（含）以上的，自领取税务登记证之日起，其提供的应税服务3年内免征增值税。

享受上述优惠政策的自主择业的军队转业干部必须持有师以上部队颁发的转业证件。

二、增值税即征即退的营改增政策

下列项目实行增值税即征即退：

（1）一般纳税人提供管道运输服务，对其增值税实际税负超过3%的部分实行增值税即征即退政策。

（2）经中国人民银行、银监会或者商务部批准从事融资租赁业务的试点纳税人中的一般纳税人，提供有形动产融资租赁服务和有形动产融资性售后回租服务，对其增值税实际税负超过3%的部分实行增值税即征即退政策。商务部授权的省级商务主管部门和国家经济技术开发区批准的从事融资租赁业务和融资性售后回租业务的试点纳税人中的一般纳税人，2016年5月1日后实收资本达到1.7亿元的，从达到标准的当月起按照上述规定执行；2016年5月1日后实收资本未达到1.7亿元但注册资本达到1.7亿元的，在2016年7月31日前仍可按照上述规定执行，2016年8月1日后开展的有形动产融资租赁业务和有形动产融资性售后回租业务不得按照上述规定执行。

（3）这里所称增值税实际税负，是指纳税人当期提供应税服务实际缴纳的增值税额占纳税人当期提供应税服务取得的全部价款和价外费用的比例。

（4）一般纳税人提供管道运输服务和有形动产融资租赁服务，按照《营业税改征增值税试点过渡政策的规定》第二条有关规定适用的增值税实际税负超过3%部分即征即退政策，在2016年1月1日至4月30日期间继续执行。

三、扣减增值税的营改增政策

(一) 退役士兵创业就业

1. 对自主就业退役士兵从事个体经营的,在 3 年内按每户每年 8 000 元为限额依次扣减其当年实际应缴纳的增值税、城市维护建设税、教育费附加、地方教育附加和个人所得税。限额标准最高可上浮 20%,各省、自治区、直辖市人民政府可根据本地区实际情况在此幅度内确定具体限额标准,并报财政部和国家税务总局备案。

纳税人年度应缴纳税款小于上述扣减限额的,以其实际缴纳的税款为限;大于上述扣减限额的,应以上述扣减限额为限。纳税人的实际经营期不足一年的,应当以实际月份换算其减免税限额。换算公式为:减免税限额＝年度减免税限额÷12×实际经营月数。

纳税人在享受税收优惠政策的当月,持《中国人民解放军义务兵退出现役证》或《中国人民解放军士官退出现役证》以及税务机关要求的相关材料向主管税务机关备案。

2. 对商贸企业、服务型企业、劳动就业服务企业中的加工型企业和街道社区具有加工性质的小型企业实体,在新增加的岗位中,当年新招用自主就业退役士兵,与其签订 1 年以上期限劳动合同并依法缴纳社会保险费的,在 3 年内按实际招用人数予以定额依次扣减增值税、城市维护建设税、教育费附加、地方教育附加和企业所得税优惠。定额标准为每人每年 4 000 元,最高可上浮 50%,各省、自治区、直辖市人民政府可根据本地区实际情况在此幅度内确定具体定额标准,并报财政部和国家税务总局备案。

这里所称服务型企业是指从事《销售服务、无形资产或者不动产注释》中"不动产租赁服务"、"商务辅助服务"(不含货物运输代理和代理报关服务)、"生活服务"(不含文化体育服务)范围内业务活动的企业以及按照《民办非企业单位登记管理暂行条例》登记成立的民办非企业单位。

纳税人按企业招用人数和签订的劳动合同时间核定企业减免税总额，在核定减免税总额内每月依次扣减增值税、城市维护建设税、教育费附加和地方教育附加。纳税人实际应缴纳的增值税、城市维护建设税、教育费附加和地方教育附加小于核定减免税总额的，以实际应缴纳的增值税、城市维护建设税、教育费附加和地方教育附加为限；实际应缴纳的增值税、城市维护建设税、教育费附加和地方教育附加大于核定减免税总额的，以核定减免税总额为限。

纳税年度终了，如果企业实际减免的增值税、城市维护建设税、教育费附加和地方教育附加小于核定的减免税总额，企业在企业所得税汇算清缴时扣减企业所得税。当年扣减不足的，不再结转以后年度扣减。

计算公式为：企业减免税总额＝Σ每名自主就业退役士兵本年度在本企业工作月份÷12×定额标准。

企业自招用自主就业退役士兵的次月起享受税收优惠政策，并于享受税收优惠政策的当月，持下列材料向主管税务机关备案：

（1）新招用自主就业退役士兵的《中国人民解放军义务兵退出现役证》或《中国人民解放军士官退出现役证》。

（2）企业与新招用自主就业退役士兵签订的劳动合同（副本），企业为职工缴纳的社会保险费记录。

（3）自主就业退役士兵本年度在企业工作时间表。

（4）主管税务机关要求的其他相关材料。

3. 上述所称自主就业退役士兵是指依照《退役士兵安置条例》的规定退出现役并按自主就业方式安置的退役士兵。

4. 上述税收优惠政策的执行期限为 2016 年 5 月 1 日至 2016 年 12 月 31 日，纳税人在 2016 年 12 月 31 日未享受满 3 年的，可继续享受至 3 年期满为止。

按照《财政部 国家税务总局 民政部关于调整完善扶持自主就业退役士兵创业就业有关税收政策的通知》（财税〔2014〕42 号）规定享受营业税优惠政策的纳税人，自 2016 年 5 月 1 日起按照上述规定享受增值税优惠政策，在 2016 年 12 月 31 日未享受满 3 年的，可继续享受至 3 年期满为止。

《财政部 国家税务总局关于将铁路运输和邮政业纳入营业税改征增值税试点的通知》（财税〔2013〕106 号）附件 3 第一条第（十二）项城镇退役士兵就业免征增值税政策，自 2014 年 7 月 1 日起停止执行。在 2014 年 6 月 30 日未享受满 3

年的,可继续享受至 3 年期满为止。

(二) 重点群体创业就业

1. 对持《就业创业证》(注明"自主创业税收政策"或"毕业年度内自主创业税收政策")或 2015 年 1 月 27 日前取得的《就业失业登记证》(注明"自主创业税收政策"或附有《高校毕业生自主创业证》)的人员从事个体经营的,在 3 年内按每户每年 8 000 元为限额依次扣减其当年实际应缴纳的增值税、城市维护建设税、教育费附加、地方教育附加和个人所得税。限额标准最高可上浮 20%,各省、自治区、直辖市人民政府可根据本地区实际情况在此幅度内确定具体限额标准,并报财政部和国家税务总局备案。

纳税人年度应缴纳税款小于上述扣减限额的,以其实际缴纳的税款为限;大于上述扣减限额的,应以上述扣减限额为限。

上述人员是指:

(1) 在人力资源社会保障部门公共就业服务机构登记失业半年以上的人员。

(2) 零就业家庭、享受城市居民最低生活保障家庭劳动年龄内的登记失业人员。

(3) 毕业年度内高校毕业生。高校毕业生是指实施高等学历教育的普通高等学校、成人高等学校毕业的学生;毕业年度是指毕业所在自然年,即 1 月 1 日至 12 月 31 日。

2. 对商贸企业、服务型企业、劳动就业服务企业中的加工型企业和街道社区具有加工性质的小型企业实体,在新增加的岗位中,当年新招用在人力资源社会保障部门公共就业服务机构登记失业半年以上且持《就业创业证》或 2015 年 1 月 27 日前取得的《就业失业登记证》(注明"企业吸纳税收政策")人员,与其签订 1 年以上期限劳动合同并依法缴纳社会保险费的,在 3 年内按实际招用人数予以定额依次扣减增值税、城市维护建设税、教育费附加、地方教育附加和企业所得税优惠。定额标准为每人每年 4 000 元,最高可上浮 30%,各省、自治区、直辖市人民政府可根据本地区实际情况在此幅度内确定具体定额标准,并报财政部和国家税务总局备案。

按上述标准计算的税收扣减额应在企业当年实际应缴纳的增值税、城市维护建设税、教育费附加、地方教育附加和企业所得税税额中扣减,当年扣减不足的,不得结转下年使用。

这里所称服务型企业是指从事《销售服务、无形资产或者不动产注释》中"不动产租赁服务"、"商务辅助服务"(不含货物运输代理和代理报关服务)、"生活服务"(不含文化体育服务)范围内业务活动的企业以及按照《民办非企业单位登记管理暂行条例》登记成立的民办非企业单位。

3. 享受上述优惠政策的人员按以下规定申领《就业创业证》:

(1) 按照《就业服务与就业管理规定》第六十三条的规定,在法定劳动年龄内,有劳动能力,有就业要求,处于无业状态的城镇常住人员,在公共就业服务机构进行失业登记,申领《就业创业证》。其中,农村进城务工人员和其他非本地户籍人员在常住地稳定就业满6个月的,失业后可以在常住地登记。

(2) 零就业家庭凭社区出具的证明,城镇低保家庭凭低保证明,在公共就业服务机构登记失业,申领《就业创业证》。

(3) 毕业年度内高校毕业生在校期间凭学生证向公共就业服务机构按规定申领《就业创业证》,或委托所在高校就业指导中心向公共就业服务机构按规定代为其申领《就业创业证》;毕业年度内高校毕业生离校后直接向公共就业服务机构按规定申领《就业创业证》。

(4) 上述人员申领相关凭证后,由就业和创业地人力资源社会保障部门对人员范围、就业失业状态、已享受政策情况进行核实,在《就业创业证》上注明"自主创业税收政策"、"毕业年度内自主创业税收政策"或"企业吸纳税收政策"字样,同时符合自主创业和企业吸纳税收政策条件的,可同时加注;主管税务机关在《就业创业证》上加盖戳记,注明减免税所属时间。

4. 上述税收优惠政策的执行期限为2016年5月1日至2016年12月31日,纳税人在2016年12月31日未享受满3年的,可继续享受至3年期满为止。

按照《财政部 国家税务总局 人力资源社会保障部关于继续实施支持和促进重点群体创业就业有关税收政策的通知》(财税〔2014〕39号)规定享受营业税优惠政策的纳税人,自2016年5月1日起按照上述规定享受增值税优惠政策,在2016年12月31日未享受满3年的,可继续享受至3年期满为止。

《财政部 国家税务总局关于将铁路运输和邮政业纳入营业税改征增值税试点的通知》(财税〔2013〕106号)附件3第一条第(十三)项失业人员就业增值税

优惠政策，自 2014 年 1 月 1 日起停止执行。在 2013 年 12 月 31 日未享受满 3 年的，可继续享受至 3 年期满为止。

四、金融企业表外利息的营改增政策

金融企业发放贷款后，自结息日起 90 天内发生的应收未收利息按现行规定缴纳增值税，自结息日起 90 天后发生的应收未收利息暂不缴纳增值税，待实际收到利息时按规定缴纳增值税。

上述所称金融企业，是指银行（包括国有、集体、股份制、合资、外资银行以及其他所有制形式的银行）、城市信用社、农村信用社、信托投资公司、财务公司。

五、个人出售二手房的营改增政策

个人将购买不足 2 年的住房对外销售的，按照 5% 的征收率全额缴纳增值税；个人将购买 2 年以上（含 2 年）的住房对外销售的，免征增值税。上述政策适用于北京市、上海市、广州市和深圳市之外的地区。

个人将购买不足 2 年的住房对外销售的，按照 5% 的征收率全额缴纳增值税；个人将购买 2 年以上（含 2 年）的非普通住房对外销售的，以销售收入减去购买住房价款后的差额按照 5% 的征收率缴纳增值税；个人将购买 2 年以上（含 2 年）的普通住房对外销售的，免征增值税。上述政策仅适用于北京市、上海市、广州市和深圳市。

办理免税的具体程序、购买房屋的时间、开具发票、非购买形式取得住房行为及其他相关税收管理规定，按照《国务院办公厅转发建设部等部门关于做好稳定住房价格工作意见的通知》（国办发〔2005〕26 号）、《国家税务总局 财政部 建设部关于加强房地产税收管理的通知》（国税发〔2005〕89 号）和《国家税务总局关于房地产税收政策执行中几个具体问题的通知》(国税发〔2005〕172号)的有关规定执行。

六、增值税优惠政策说明

上述增值税优惠政策除已规定期限的项目和第五条个人出售二手房的营改增政策外,其他均在营改增试点期间执行。如果试点纳税人在纳入营改增试点之日前已经按照有关政策规定享受了营业税税收优惠,在剩余税收优惠政策期限内,按照本规定享受有关增值税优惠。

七、小微企业免征增值税优惠政策

(1)增值税小规模纳税人应分别核算销售货物,提供加工、修理修配劳务的销售额,和销售服务、无形资产的销售额。增值税小规模纳税人销售货物,提供加工、修理修配劳务月销售额不超过3万元(按季纳税9万元),销售服务、无形资产月销售额不超过3万元(按季纳税9万元)的,自2016年5月1日起至2017年12月31日,可分别享受小微企业暂免征收增值税优惠政策。

(2)按季纳税申报的增值税小规模纳税人,实际经营期不足一个季度的,以实际经营月份计算当期可享受小微企业免征增值税政策的销售额度。

按季纳税的试点增值税小规模纳税人,2016年7月纳税申报时,申报的2016年5月、6月增值税应税销售额中,销售货物,提供加工、修理修配劳务的销售额不超过6万元,销售服务、无形资产的销售额不超过6万元的,可分别享受小微企业暂免征收增值税优惠政策。

(3)按照现行规定,适用增值税差额征收政策的增值税小规模纳税人,以差额前的销售额确定是否可以享受3万元(按季纳税9万元)以下免征增值税政策。

(4)其他个人采取预收款形式出租不动产,取得的预收租金收入,可在预收款对应的租赁期内平均分摊，分摊后的月租金收入不超过 3 万元的，可享受小微企业免征增值税优惠政策。

八、享受增值税税收优惠政策的注意事项

纳税人要享受增值税税收优惠政策，必须注意以下事项：

1. 减免税分为核准类减免税和备案类减免税。核准类减免税是指法律、法规规定应由税务机关核准的减免税项目；备案类减免税是指不需要税务机关核准的减免税项目。

2. 纳税人享受核准类减免税，应当提交核准材料，提出申请，经依法具有批准权限的税务机关按《营业税改征增值税试点实施办法》规定核准确认后执行。未按规定申请或虽申请但未经有批准权限的税务机关核准确认的，纳税人不得享受减免税。

3. 纳税人享受备案类减免税，应当具备相应的减免税资质，并履行规定的备案手续。

4. 纳税人依法可以享受减免税待遇，但是未享受而多缴税款的，纳税人可以在税收征管法规定的期限内申请减免税，要求退还多缴的税款。

5. 纳税人实际经营情况不符合减免税规定条件的或者采用欺骗手段获取减免税的、享受减免税条件发生变化未及时向税务机关报告的，以及未按照《营业税改征增值税试点实施办法》规定履行相关程序自行减免税的，税务机关依照税收征管法有关规定予以处理。

6. 纳税人申请核准类减免税的，应当在政策规定的减免税期限内，向税务机关提出书面申请，并按要求报送相应的材料。纳税人对报送材料的真实性和合法性承担责任。

税务机关受理或者不予受理减免税申请，应当出具加盖本机关专用印章和注明日期的书面凭证。

减免税的审核是对纳税人提供材料与减免税法定条件的相关性进行审核，不改变纳税人的真实申报责任。

纳税人在减免税书面核准决定未下达之前应按规定进行纳税申报。纳税人在减免税书面核准决定下达之后，所享受的减免税应当进行申报。纳税人享受减免税的情形发生变化时，应当及时向税务机关报告，税务机关对纳税人的减免税资质进行重新审核。

7. 备案类减免税的实施可以按照减轻纳税人负担、方便税收征管的原则，要求纳税人在首次享受减免税的申报阶段在纳税申报表中附列或附送材料进行备案，也可以要求纳税人在申报征期后的其他规定期限内提交报备资料进行备案。

纳税人随纳税申报表提交附送材料或报备材料进行备案的，应当在税务机关规定的减免税期限内，报送以下资料：

（1）列明减免税的项目、依据、范围、期限等；

（2）减免税依据的相关法律、法规规定要求报送的材料。

纳税人对报送材料的真实性和合法性承担责任。

备案类减免税的审核是对纳税人提供资料完整性的审核，不改变纳税人的真实申报责任。

税务机关对备案材料进行收集、录入，纳税人在符合减免税资质条件期间，备案材料一次性报备，在政策存续期可一直享受。

纳税人享受备案类减免税的，应当按规定进行纳税申报。纳税人享受减免税到期的，应当停止享受减免税，按照规定进行纳税申报。纳税人享受减免税的情形发生变化时，应当及时向税务机关报告。

8. 税务机关减免税的监督管理。

税务机关应当结合税收风险管理，将享受减免税的纳税人履行纳税义务情况纳入风险管理，加强监督检查，主要内容包括：

（1）纳税人是否符合减免税的资格条件，是否以隐瞒有关情况或者提供虚假材料等手段骗取减免税。

（2）纳税人享受核准类减免税的条件发生变化时，是否根据变化情况经税务机关重新审查后办理减免税。

（3）纳税人是否存在编造虚假计税依据骗取减免税的行为。

（4）减免税税款有规定用途的，纳税人是否按照规定用途使用减免税款。

（5）减免税有规定减免期限的，是否到期停止享受税收减免。

（6）是否存在纳税人应经而未经税务机关批准自行享受减免税的情况。

(7) 已享受减免税是否按时申报。

9. 纳税人享受核准类或备案类减免税的，对符合政策规定条件的材料有留存备查的义务。纳税人在税务机关后续管理中不能提供相关印证材料的，不得继续享受税收减免，追缴已享受的减免税款，并依照税收征管法的有关规定处理。

税务机关在纳税人首次减免税备案或者变更减免税备案后，应及时开展后续管理工作，对纳税人减免税政策适用的准确性进行审核。对政策适用错误的告知纳税人变更备案，对不应当享受减免税的，追缴已享受的减免税款，并依照税收征管法的有关规定处理。

10. 纳税人兼营免税、减税项目的，应当分别核算免税、减税项目的销售额；未分别核算销售额的，不得免税、减税。

11. 纳税人依法可以享受减免税待遇，但未享受而多缴税款的，凡属于无明确规定需经税务机关审批或没有规定申请期限的，纳税人可以在《税收征收管理法》规定的期限内申请减免税，要求退还多缴的税款，但不加算银行同期存款利息。

12. 减免税税款有规定用途的，纳税人应当按规定用途使用减免税款。

13. 纳税人已享受减免税的，应当纳入正常申报，进行减免税申报。在减免税期间无论当期是否有应交税费发生，都要对减免税情况予以申报。

14. 纳税人享受减免税到期的，应当申报缴纳税款。

15. 纳税人销售免税货物，一律不得开具增值税专用发票（国有粮食购销企业销售免税粮食除外）。

16. 纳税人发生应税行为适用免税、减税规定的，可以放弃免税、减税，依照《营业税改征增值税试点实施办法》的规定缴纳增值税。放弃免税、减税后，36个月内不得再申请免税、减税。

纳税人发生应税行为同时适用免税和零税率规定的，纳税人可以选择适用免税或者零税率。

Chapter 03

第三章
跨境应税行为适用增值税零税率和免税政策

一、增值税零税率的情形

中华人民共和国境内（以下称境内）的单位和个人销售的下列服务和无形资产，适用增值税零税率：

1. 国际运输服务。

国际运输服务，是指：

（1）在境内载运旅客或者货物出境。

（2）在境外载运旅客或者货物入境。

（3）在境外载运旅客或者货物。

2. 航天运输服务。

3. 向境外单位提供的完全在境外消费的下列服务：

（1）研发服务。

(2) 合同能源管理服务。

(3) 设计服务。

(4) 广播影视节目（作品）的制作和发行服务。

(5) 软件服务。

(6) 电路设计及测试服务。

(7) 信息系统服务。

(8) 业务流程管理服务。

(9) 离岸服务外包业务。

离岸服务外包业务，包括信息技术外包服务（ITO）、技术性业务流程外包服务（BPO）、技术性知识流程外包服务（KPO），其所涉及的具体业务活动，按照《销售服务、无形资产或者不动产注释》相对应的业务活动执行。

(10) 转让技术。

4. 财政部和国家税务总局规定的其他服务。

二、免征增值税的情形

境内的单位和个人销售的下列跨境应税行为免征增值税，但财政部和国家税务总局规定适用增值税零税率的除外：

1. 工程项目在境外的建筑服务。

工程总承包方和工程分包方为施工地点在境外的工程项目提供的建筑服务，均属于工程项目在境外的建筑服务。

2. 工程项目在境外的工程监理服务。

3. 工程、矿产资源在境外的工程勘察勘探服务。

4. 会议展览地点在境外的会议展览服务。

为客户参加在境外举办的会议、展览而提供的组织安排服务，属于会议展览地点在境外的会议展览服务。

5. 存储地点在境外的仓储服务。

6. 标的物在境外使用的有形动产租赁服务。

7. 在境外提供的广播影视节目（作品）的播映服务。

在境外提供的广播影视节目（作品）播映服务，是指在境外的影院、剧院、录像厅及其他场所播映 广播影视节目（作品）。

通过境内的电台、电视台、卫星通信、互联网、有线电视等无线或者有线装置向境外播映广播影视节目（作品），不属于在境外提供的广播影视节目（作品）播映服务。

8. 在境外提供的文化体育服务、教育医疗服务、旅游服务。

在境外提供的文化体育服务和教育医疗服务，是指纳税人在境外现场提供的文化体育服务和教育医疗服务。

为参加在境外举办的科技活动、文化活动、文化演出、文化比赛、体育比赛、体育表演、体育活动而提供的组织安排服务，属于在境外提供的文化体育服务。

通过境内的电台、电视台、卫星通信、互联网、有线电视等媒体向境外单位或个人提供的文化体育服务或教育医疗服务，不属于在境外提供的文化体育服务、教育医疗服务。

9. 为出口货物提供的邮政服务、收派服务、保险服务。

（1）为出口货物提供的邮政服务，是指：

①寄递函件、包裹等邮件出境。

②向境外发行邮票。

③出口邮册等邮品。

（2）为出口货物提供的收派服务，是指为出境的函件、包裹提供的收件、分拣、派送服务。

纳税人为出口货物提供收派服务，免税销售额为其向寄件人收取的全部价款和价外费用。

（3）为出口货物提供的保险服务，包括出口货物保险和出口信用保险。

10. 向境外单位销售的完全在境外消费的电信服务。

纳税人向境外单位或者个人提供的电信服务，通过境外电信单位结算费用的，服务接受方为境外电信单位，属于完全在境外消费的电信服务。

11. 向境外单位销售的完全在境外消费的知识产权服务。

服务实际接受方为境内单位或者个人的知识产权服务，不属于完全在境外消费的知识产权服务。

12. 向境外单位销售的完全在境外消费的物流辅助服务（仓储服务、收派服务除外）。

境外单位从事国际运输和港澳台运输业务经停我国机场、码头、车站、领空、内河、海域时，纳税人向其提供的航空地面服务、港口码头服务、货运客运站场服务、打捞救助服务、装卸搬运服务，属于完全在境外消费的物流辅助服务。

13. 向境外单位销售的完全在境外消费的鉴证咨询服务。

下列情形不属于完全在境外消费的鉴证咨询服务：

(1) 服务的实际接受方为境内单位或者个人。

(2) 对境内的货物或不动产进行的认证服务、鉴证服务和咨询服务。

14. 向境外单位销售的完全在境外消费的专业技术服务。

下列情形不属于完全在境外消费的专业技术服务：

(1) 服务的实际接受方为境内单位或者个人。

(2) 对境内的天气情况、地震情况、海洋情况、环境和生态情况进行的气象服务、地震服务、海洋服务、环境和生态监测服务。

(3) 为境内的地形地貌、地质构造、水文、矿藏等进行的测绘服务。

(4) 为境内的城、乡、镇提供的城市规划服务。

15. 向境外单位销售的完全在境外消费的商务辅助服务。

(1) 纳税人向境外单位提供的代理报关服务和货物运输代理服务，属于完全在境外消费的代理报关服务和货物运输代理服务。

(2) 纳税人向境外单位提供的外派海员服务，属于完全在境外消费的人力资源服务。外派海员服务，是指境内单位派出属于本单位员工的海员，为境外单位在境外提供的船舶驾驶和船舶管理等服务。

(3) 纳税人以对外劳务合作方式，向境外单位提供的完全在境外发生的人力资源服务，属于完全在境外消费的人力资源服务。对外劳务合作，是指境内单位与境外单位签订劳务合作合同，按照合同约定组织和协助中国公民赴境外工作的活动。

(4) 下列情形不属于完全在境外消费的商务辅助服务：

①服务的实际接受方为境内单位或者个人。

②对境内不动产的投资与资产管理服务、物业管理服务、房地产中介服务。

③拍卖境内货物或不动产过程中提供的经纪代理服务。

④为境内货物或不动产的物权纠纷提供的法律代理服务。

⑤为境内货物或不动产提供的安全保护服务。

16. 向境外单位销售的广告投放地在境外的广告服务。

广告投放地在境外的广告服务，是指为在境外发布的广告提供的广告服务。

17. 向境外单位销售的完全在境外消费的无形资产（技术除外）。

下列情形不属于向境外单位销售的完全在境外消费的无形资产：

（1）无形资产未完全在境外使用。

（2）所转让的自然资源使用权与境内自然资源相关。

（3）所转让的基础设施资产经营权、公共事业特许权与境内货物或不动产相关。

（4）向境外单位转让在境内销售货物、应税劳务、服务、无形资产或不动产的配额、经营权、经销权、分销权、代理权。

18. 为境外单位之间的货币资金融通及其他金融业务提供的直接收费金融服务，且该服务与境内的货物、无形资产和不动产无关。

为境外单位之间、境外单位和个人之间的外币、人民币资金往来提供的资金清算、资金结算、金融支付、账户管理服务，属于为境外单位之间的货币资金融通及其他金融业务提供的直接收费金融服务。

19. 属于以下情形的国际运输服务：

（1）以无运输工具承运方式提供的国际运输服务。

（2）以水路运输方式提供国际运输服务但未取得《国际船舶运输经营许可证》的。

（3）以公路运输方式提供国际运输服务但未取得《道路运输经营许可证》或者《国际汽车运输行车许可证》，或者《道路运输经营许可证》的经营范围未包括"国际运输"的。

（4）以航空运输方式提供国际运输服务但未取得《公共航空运输企业经营许可证》，或者其经营范围未包括"国际航空客货邮运输业务"的。

（5）以航空运输方式提供国际运输服务但未持有《通用航空经营许可证》，或者其经营范围未包括"公务飞行"的。

20. 符合零税率政策但适用简易计税方法或声明放弃适用零税率选择免税的下列应税行为：

(1) 国际运输服务。

(2) 航天运输服务。

(3) 向境外单位提供的完全在境外消费的下列服务：

①研发服务；

②合同能源管理服务；

③设计服务；

④广播影视节目（作品）的制作和发行服务；

⑤软件服务；

⑥电路设计及测试服务；

⑦信息系统服务；

⑧业务流程管理服务；

⑨离岸服务外包业务。

(4) 向境外单位转让完全在境外消费的技术。

> **温馨提醒**
>
> 1. 纳税人向国内海关特殊监管区域内的单位或者个人销售服务、无形资产，不属于跨境应税行为，应照章征收增值税。
>
> 2. 纳税人发生上述跨境应税行为，除第9项、第20项外，必须签订跨境销售服务或无形资产书面合同。否则，不予免征增值税。
>
> 纳税人向外国航空运输企业提供空中飞行管理服务，以中国民用航空局下发的航班计划或者中国民用航空局清算中心临时来华飞行记录，为跨境销售服务书面合同。
>
> 纳税人向外国航空运输企业提供物流辅助服务（除空中飞行管理服务外），与经中国民用航空局批准设立的外国航空运输企业常驻代表机构签订的书面合同，属于与服务接受方签订跨境销售服务书面合同。外国航空运输企业临时来华飞行，未签订跨境服务书面合同的，以中国民用航空局清算中心临时来华飞行记录为跨境销售服务书面合同。
>
> 施工地点在境外的工程项目，工程分包方应提供工程项目在境外的证明、与发包方签订的建筑合同原件及复印件等资料，作为跨境销售服务书面合同。

3. 纳税人向境外单位销售服务或无形资产,按《营业税改征增值税跨境应税行为增值税免税管理办法》(国家税务总局公告2016年第29号,以下简称本办法)规定免征增值税的,该项销售服务或无形资产的全部收入应从境外取得,否则,不予免征增值税。

下列情形视同从境外取得收入:

(1) 纳税人向外国航空运输企业提供物流辅助服务,从中国民用航空局清算中心、中国航空结算有限责任公司或者经中国民用航空局批准设立的外国航空运输企业常驻代表机构取得的收入。

(2) 纳税人与境外关联单位发生跨境应税行为,从境内第三方结算公司取得的收入。上述所称第三方结算公司,是指承担跨国企业集团内部成员单位资金集中运营管理职能的资金结算公司,包括财务公司、资金池、资金结算中心等。

(3) 纳税人向外国船舶运输企业提供物流辅助服务,通过外国船舶运输企业指定的境内代理公司结算取得的收入。

(4) 国家税务总局规定的其他情形。

4. 纳税人发生跨境应税行为免征增值税的,应单独核算跨境应税行为的销售额,准确计算不得抵扣的进项税额,其免税收入不得开具增值税专用发票。

纳税人为出口货物提供收派服务,按照下列公式计算不得抵扣的进项税额:

不得抵扣的进项税额 = 当期无法划分的全部进项税额 ×

$$\left(\begin{array}{c} \text{当期简易计税方法} \\ \text{计税项目销售额} \end{array} + \begin{array}{c} \text{免征增值税} \\ \text{项目销售额} \end{array} - \begin{array}{c} \text{为出口货物提供收派服务} \\ \text{支付给境外合作方的费用} \end{array} \right) \div \begin{array}{c} \text{当期全部} \\ \text{销售额} \end{array}$$

5. 纳税人发生免征增值税跨境应税行为,除提供第二条第(二十)项所列服务外,应在首次享受免税的纳税申报期内或在各省、自治区、直辖市和计划单列市国家税务局规定的申报征期后的其他期限内,到主管税务机关办理跨境应税行为免税备案手续,同时提交以下备案材料:

(1)《跨境应税行为免税备案表》;

(2) 本办法第五条规定的跨境销售服务或无形资产的合同原件及复印件;

(3) 提供本办法第二条第(一)项至第(八)项和第(十六)项服务,应提交服务地点在境外的证明材料原件及复印件;

(4) 提供本办法第二条规定的国际运输服务,应提交实际发生相关业务的证明材料；

（5）向境外单位销售服务或无形资产，应提交服务或无形资产购买方的机构所在地在境外的证明材料；

（6）国家税务总局规定的其他资料。

6. 纳税人发生第二条第（二十）项所列应税行为的，应在首次享受免税的纳税申报期内或在各省、自治区、直辖市和计划单列市国家税务局规定的申报征期后的其他期限内，到主管税务机关办理跨境应税行为免税备案手续，同时提交以下备案材料：

（1）已向办理增值税免抵退税或免退税的主管税务机关备案的《放弃适用增值税零税率声明》（附件2）；

（2）该项应税行为享受零税率到主管税务机关办理增值税免抵退税或免退税申报时需报送的材料和原始凭证。

7. 按照本办法第八条规定提交备案的跨境销售服务或无形资产合同原件为外文的，应提供中文翻译件并由法定代表人（负责人）签字或者单位盖章。

纳税人无法提供本办法第八条规定的境外资料原件的，可只提供复印件，注明"复印件与原件一致"字样，并由法定代表人（负责人）签字或者单位盖章；境外资料原件为外文的，应提供中文翻译件并由法定代表人（负责人）签字或者单位盖章。

主管税务机关对提交的境外证明材料有明显疑义的，可以要求纳税人提供境外公证部门出具的证明材料。

8. 纳税人办理跨境应税行为免税备案手续时，主管税务机关应当根据以下情况分别做出处理：

（1）备案材料存在错误的，应当告知并允许纳税人更正。

（2）备案材料不齐全或者不符合规定形式的，应当场一次性告知纳税人补正。

（3）备案材料齐全、符合规定形式的，或者纳税人按照税务机关的要求提交全部补正备案材料的，应当受理纳税人的备案，并将有关资料原件退还纳税人。

（4）按照税务机关的要求补正后的备案材料仍不符合本办法第八、九、十条规定的，应当对纳税人的本次跨境应税行为免税备案不予受理，并将所有报送材料退还纳税人。

9. 主管税务机关受理或者不予受理纳税人跨境应税行为免税备案，应当出具加盖本机关专用印章和注明日期的书面凭证。

10. 原签订的跨境销售服务或无形资产合同发生变更，或者跨境销售服务或无形资产的有关情况发生变化，变化后仍属于本办法第二条规定的免税范围的，纳税人应向主管税务机关重新办理跨境应税行为免税备案手续。

11. 纳税人应当完整保存本办法第八、九、十条要求的各项材料。纳税人在税务机关后续管理中不能提供上述材料的，不得享受本办法规定的免税政策，对已享受的减免税款应予补缴，并依照《税收征收管理法》的有关规定处理。

12. 纳税人发生跨境应税行为享受免税的，应当按规定进行纳税申报。纳税人享受免税到期或实际经营情况不再符合本办法规定的免税条件的，应当停止享受免税，并按照规定申报纳税。

13. 纳税人发生实际经营情况不符合本办法规定的免税条件、采用欺骗手段获取免税、或者享受减免税条件发生变化未及时向税务机关报告，以及未按照本办法规定履行相关程序自行减免税的，税务机关依照《税收征收管理法》有关规定予以处理。

14. 税务机关应高度重视跨境应税行为增值税免税管理工作，针对纳税人的备案材料，采取案头分析、日常检查、重点稽查等方式，加强对纳税人业务真实性的核实，发现问题的，按照现行有关规定处理。

15. 纳税人发生的与香港、澳门、台湾有关的应税行为，参照本办法执行。

16. 本办法自2016年5月1日起施行。此前，纳税人发生符合本办法第四条规定的免税跨境应税行为，已办理免税备案手续的，不再重新办理免税备案手续。纳税人发生符合本办法第二条和第四条规定的免税跨境应税行为，未办理免税备案手续但已进行免税申报的，按照本办法规定补办备案手续；未进行免税申报的，按照本办法规定办理跨境服务备案手续后，可以申请退还已缴税款或者抵减以后的应纳税额；已开具增值税专用发票的，应将全部联次追回后方可办理跨境应税行为免税备案手续。

三、其他说明

1. 按照国家有关规定应取得相关资质的国际运输服务项目，纳税人取得相关资质的，适用增值税零税率政策，未取得的，适用增值税免税政策。

境内的单位或个人提供程租服务，如果租赁的交通工具用于国际运输服务和港澳台运输服务，由出租方按规定申请适用增值税零税率。

境内的单位和个人向境内单位或个人提供期租、湿租服务，如果承租方利用租赁的交通工具向其他单位或个人提供国际运输服务和港澳台运输服务，由承租方适用增值税零税率。境内的单位或个人向境外单位或个人提供期租、湿租服务，由出租方适用增值税零税率。

境内单位和个人以无运输工具承运方式提供的国际运输服务，由境内实际承运人适用增值税零税率；无运输工具承运业务的经营者适用增值税免税政策。

2. 境内的单位和个人提供适用增值税零税率的服务或者无形资产，如果属于适用简易计税方法，实行免征增值税办法。如果属于适用增值税一般计税方法，生产企业实行免抵退税办法，外贸企业外购服务或者无形资产出口实行免退税办法，外贸企业直接将服务或自行研发的无形资产出口，视同生产企业连同其出口货物统一实行免抵退税办法。

服务和无形资产的退税率为其按照《营业税改征增值税试点实施办法》第十五条第（一）至第（三）项规定适用的增值税税率。实行退（免）税办法的服务和无形资产，如果主管税务机关认定出口价格偏高的，有权按照核定的出口价格计算退（免）税，核定的出口价格低于外贸企业购进价格的，低于部分对应的进项税额不予退税，转入成本。

3. 境内的单位和个人销售适用增值税零税率的服务或无形资产的，可以放弃适用增值税零税率，选择免税或按规定缴纳增值税。放弃适用增值税零税率后，36 个月内不得再申请适用增值税零税率。

4. 境内的单位和个人销售适用增值税零税率的服务或无形资产，按月向主管退税的税务机关申报办理增值税退（免）税手续。具体管理办法由国家税务总局商财政部另行制定。

5. 这里所称完全在境外消费，是指：

（1）服务的实际接受方在境外，且与境内的货物和不动产无关。

（2）无形资产完全在境外使用，且与境内的货物和不动产无关。

（3）财政部和国家税务总局规定的其他情形。

6. 境内单位和个人发生的与香港、澳门、台湾有关的应税行为，除另有规定外，参照上述规定执行。

7. 2016年4月30日前签订的合同，符合《财政部 国家税务总局关于将铁路运输和邮政业纳入营业税改征增值税试点的通知》（财税〔2013〕106号）附件4和《财政部 国家税务总局关于影视等出口服务适用增值税零税率政策的通知》（财税〔2015〕118号）规定的零税率或者免税政策条件的，在合同到期前可以继续享受零税率或者免税政策。

Chapter 04

第四章
营业税改征增值税试点纳税人实务操作

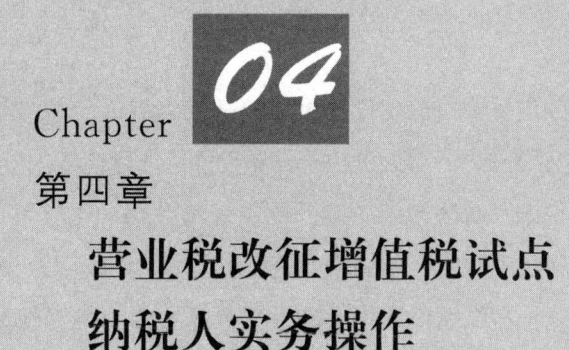

　　一般情况下，大部分营改增试点纳税人与增值税相关的财税处理方法基本上和现行的增值税规定一致，其中最基本的特征是按照当期应税销售额（不含税）和适用的增值税税率计算增值税销项税额，再扣除当期进项税额后，净额为应向税务机关申报和缴纳的当期增值税应纳税额。另外，对于那些达不到一般纳税人条件的小规模试点企业，其处理方法和现行增值税制度下对小规模纳税人的处理方法一致。

一、纳税人增值税会计科目的设置

（一）一般纳税人增值税会计科目的设置

　　我国增值税实行"价外计税"的办法，即以不含税的价格为计税依据。同时，增值税一般纳税人根据增值税专用发票上注明的税额实行税款抵扣制度计算应纳税额。因此，购进货物、接受加工修理修配劳务或者应税行为的价款、税款应分别核算。为准确反映和核算增值税的应交、抵扣、已交、退税及转出等情况，增值税一般纳税人应在"应交税费"科目下设置"应交增值税"和"未交增值税"两个明细科目。

在税务机关进行增值税纳税检查时，查处调增或调减增值税税额的，企业还应当设置"应交税费——增值税检查调整"科目进行核算。

辅导期纳税人（营改增纳税人一般没有辅导期）还应当在"应交税费"科目下增设"待抵扣进项税额"明细科目进行核算。

在"应交增值税"明细账中，应根据企业的实际需要设置"进项税额"、"销项税额"、"进项税额转出"、"出口退税"、"出口抵减内销产品应纳税额"、"已交税金"、"减免税款"、"转出未交增值税"、"转出多交增值税"、"营改增抵减的销项税额"等科目。

1. 进项税额。

"进项税额"科目主要核算企业购进货物或者接受加工修理修配劳务和应税行为而支付的、准予从销项税额中抵扣的增值税额。企业根据取得的增值税专用发票、海关进口增值税专用缴款书、农产品收购发票、农产品销售发票、和完税凭证等增值税扣税凭证确认进项税额，借记"应交税费——应交增值税（进项税额）"科目。

另外，纳税人可根据《本期抵扣进项税额结构明细表》（增值税纳税申报表附表五）自行设置下级明细科目。

2. 销项税额。

"销项税额"科目主要核算企业销售货物、提供应税劳务或者发生应税行为应收取的增值税额。企业销售货物、提供应税劳务或者发生应税行为，按当期实现的应税销售额和规定的增值税税率确认销项税额。企业将自产或委托加工的货物用于对外投资、集体福利或个人消费、赠送他人等，应视同销售货物计算应交增值税确认销项税额。企业向其他单位或者个人无偿提供服务、无偿转让无形资产或者不动产，除用于公益事业或者以社会公众为对象外，应视同销售服务、无形资产或者不动产，需要计算应交增值税确认销项税额。随同产品销售单独计价包装物及出租、出借逾期未收回而没收的押金应按规定确认销项税额。企业应按确认的增值税销项税额贷记"应交税费——应交增值税（销项税额）"科目。

3. 进项税额转出。

"进项税额转出"科目主要核算企业发生税法规定的进项税额不得从销项税额中抵扣的情形而按规定转出的进项税额。企业购进货物、在产品、产成品、不动产发生非正常损失，其相关的进项税额应当列为进项税额转出计入损失。购进货物改变用途，其进项税额不能用于抵扣时，应确认为进项税额转出计入有关成本费用。有进出口经营权的生产企业实行"免、抵、退"办法，按规定计算当期出口货物不予免征、抵扣和退税额应确认为进项税额转出并计入出口货物的成本。用于适用简易计税方法计税项目、免征增值税项目、集体福利或者个人消费的购进货物、接受加工修理修配劳务或者应税行为的进项税额不得抵扣，应作为进项税额转出。通俗地说，就是把不能抵扣的进项税额剔出来。企业应按确认的进项税额转出贷记"应交税费——应交增值税（进项税额转出）"科目。

4. 出口退税。

"出口退税"科目主要核算企业出口适用零税率的货物（服务），向海关办理报关出口手续后，凭出口报关单等有关凭证，向税务机关办理退税而收到退回的税款。有出口经营权的生产性企业实行"免、抵、退"办法，按规定计算的当期应予抵扣的增值税额，应作为出口退税予以确认。不论是出口抵减内销产品应纳税额，还是应抵扣的税额大于应纳税额而未全部抵扣应予退回的税额，均贷记"应交税费——应交增值税（出口退税）"科目。

5. 出口抵减内销产品应纳税额。

"出口抵减内销产品应纳税额"科目主要核算企业直接出口或委托外贸企业代理出口的货物，按国务院规定的退税率计算的出口货物的进项税额抵减内销产品的应纳税额。有进出口经营权的生产企业实行"免、抵、退"办法，按规定计算当期应予抵扣的增值税额应确认为出口抵减内销产品应纳税额，借记"应交税费——应交增值税（出口抵减内销产品应纳税额）"科目。

6. 已交税金。

"已交税金"科目主要核算企业当期已缴纳的增值税额。本月上缴本月应交增值税，确认为已交税金，借记"应交税费——应交增值税（已交税金）"科目。

7. 减免税款。

"减免税款"科目主要核算企业经主管税务机关批准，实际减免的增值税额。

8. 转出未交增值税、转出多交增值税。

"转出未交增值税"科目主要核算企业月终将当月发生的应交未交增值税的转出额。"转出多交增值税"专栏记录企业月终将当月多交的增值税的转出额。月度终了，对本月应交未交的增值税额应作为转出未交增值税予以确认，借记"应交税费——应交增值税（转出未交增值税）"科目；对本月多交的增值税应作为转出多交增值税予以确认，贷记"应交税费——应交增值税（转出多交增值税）"科目。结转后，"应交增值税"明细科目的借方余额表示企业期末尚未抵扣的增值税。

9. 未交增值税。

"未交增值税"科目主要核算企业本月应交未交的增值税额或多交的增值税额。月度终了，将本月应交未交的增值税自"应交税费——应交增值税"明细科目转入"应交税费——未交增值税"明细科目，借记"应交税费——应交增值税（转出未交增值税）"科目，贷记"应交税费——未交增值税"科目；若本月为多交增值税也应进行转账，则借记"应交税费——未交增值税"科目，贷记"应交税费——应交增值税（转出多交增值税）"科目。本月上缴上期应交未交增值税，借记"应交税费——未交增值税"科目，贷记"银行存款"科目。"未交增值税"明细科目的期末余额，反映企业累计应交未交增值税；若为借方余额，则表示企业累计多交增值税。

一般纳税人发生财政部和国家税务总局规定的特定应税行为，可以选择适用简易计税方法计税，简易计税方法计算的税额也通过此科目核算。

10. 增值税检查调整。

"增值税检查调整"科目主要核算税务机关查处的调增或调减增值税税额。凡检查后应调减账面进项税额或调增销项税额和进项税额转出的数额，借记有关科目，贷记"应交税费——增值税检查调整"科目；凡检查后应调增账面进项税额或调减销项税额和进项税额转出的数额，借记"应交税费——增值税检查调整"科目，贷记有关科目；全部调账事宜入账后，应结出本账户的余额，并对该项余额进行处理。

11. 待抵扣进项税额。

"待抵扣进项税额"科目主要核算辅导期纳税人尚未交叉稽核比对的专用发票抵扣联、海关进口增值税专用缴款书（以下简称增值税抵扣凭证）注明或者计算的进项税额。辅导期纳税人取得增值税抵扣凭证后，借记"应交税费——待抵扣进项税额"明细科目，贷记相关科目。交叉稽核比对无误后，借记"应交税费——应交增值税（进项税额）"科目，贷记"应交税费——待抵扣进项税额"科目。经核实不得抵扣的进项税额，红字借记"应交税费——待抵扣进项税额"科目，红字贷记有关科目。

12. 营改增抵减的销项税额。

"营改增抵减的销项税额"科目主要核算试点期间一般纳税人发生应税行为按照营业税改征增值税有关规定允许扣减销售额而减少的销项税额。

13. 增值税留抵税额。

"增值税留抵税额"科目主要核算开始试点当月月初一般纳税人按照规定不得从应税行为的销项税额中抵扣的增值税留抵税额。

（二）小规模纳税人增值税会计科目的设置

小规模纳税人核算较为简单，只需设置"应交税费——应交增值税"科目，无须设置三级科目。

二、纳税人具体增值税业务的财税处理（适用于所有行业）

增值税的基本原理决定了许多增值税业务的财税处理是全行业通用的，不管什么行业，只要发生这些增值税业务都采用同样的财税处理方法，大家一定要学会融会贯通。

（一）纳税人购入货物、固定资产、无形资产或接受应税行为的财税处理

对于购入货物、固定资产、无形资产或接受应税行为进行账务处理，首先要看取得的发票类型，然后分析购进货物、固定资产、无形资产或接受应税行为的用途，最后考虑是否可以抵扣，据此作出正确的账务处理。企业最常见的购进货物、固定资产、无形资产或接受应税行为业务有以下几种。

1. 企业购进货物、固定资产、无形资产或接受应税行为，取得的增值税扣税凭证，按税法规定符合抵扣条件可在本期申报抵扣的进项税额，借记"应交税费——应交增值税（进项税额）"科目，按照增值税扣税凭证上记载的应计入成本的金额，借记"材料采购"、"原材料"、"制造费用"、"管理费用"、"销售费用"、"应付职工薪酬"、"主营业务成本"、"其他业务成本"、"在建工程"、"固定资产"、"无形资产"等科目，按照应付或实际支付的金额，贷记"应付账款"、"应付票据"、"银行存款"等科目。购入货物发生的退货或接受服务中止，作相反的会计分录。

企业在采购货物过程中支付的运输费用，应作为采购费用计入采购成本。

【例4-1】甲物流公司系增值税一般纳税人（本书举例中除特别注明为小规模纳税人外，均为一般纳税人，下同），1月份提供交通运输收入100万元，按照适用税率开具增值税专用发票，款项已收。当月委托上海乙公司一项运输业务，取得乙公司开具的增值税专用发票，不含税价款10万元，注明的增值税额为1.1万元。

甲物流公司取得乙公司增值税专用发票后的账务处理为：

借：主营业务成本　　　　　　　　　　　　　　　　　100 000
　　应交税费——应交增值税（进项税额）　　　　　　 11 000
　　贷：应付账款　　　　　　　　　　　　　　　　　111 000

【例4-2】甲公司与乙物流公司于7月7日签订合同，乙物流公司为甲公司提供运输货物服务，甲公司于当日取得乙公司开具的增值税专用发票，价税合计11.1万元，款项未付。7月17日，双方因故中止履行合同。甲公司将尚未认证的发票退还给乙物流公司。

甲公司取得发票的账务处理为：

借：材料采购　　　　　　　　　　　　　　　　　　　100 000
　　应交税费——应交增值税（进项税额）　　　　　　 11 000
　　贷：应付账款　　　　　　　　　　　　　　　　　111 000

甲公司在服务中止时的账务处理为：

借：材料采购　　　　　　　　　　　　　　　　　　 −100 000
　　应交税费——应交增值税（进项税额）　　　　　 −11 000
　　贷：应付账款　　　　　　　　　　　　　　　　 −111 000

【例4-3】甲仓储服务公司，正在建造某项仓储设备工程，接受B国M公司技术指导，书面合同总价为10.6万元。B国M公司在境内无代理机构，甲公司办理扣缴增值税手续，取得代扣代缴增值税的税收缴款凭证及其清单，并将扣税后的价款支付给M公司，取得付款证明和M公司的对账单。

甲公司的账务处理为：

借：在建工程　　　　　　　　　　　　　　　　　　　　　100 000
　　应交税费——应交增值税（进项税额）　　　　　　　　　6 000
　　贷：银行存款　　　　　　　　　　　　　　　　　　　　106 000

【例4-4】甲设备租赁公司购入一台机器设备用于经营，增值税专用发票上注明机器设备价款为100万元，增值税17万元，以银行存款支付价款，另支付运费1.11万元，取得货运专用发票。

该机器设备的入账价值为 $1\,000\,000+11\,100\div(1+11\%)=1\,010\,000$（元），可抵扣的进项税额为 $170\,000+11\,100\div(1+11\%)\times11\%=171\,100$（元），则甲设备租赁公司的账务处理为：

借：固定资产　　　　　　　　　　　　　　　　　　　　　1 010 000
　　应交税费——应交增值税（进项税额）　　　　　　　　　171 100
　　贷：银行存款　　　　　　　　　　　　　　　　　　　　1 181 100

【例4-5】甲新材料技术研发公司4月进口一台技术研发用机器设备，该机器设备在国外的买价为60万元，另该批设备运抵我国海关前发生包装费、运输费、保险费等共5万元。设备报关后，该公司按规定缴纳了进口环节增值税并取得了海关开具的完税凭证。关税税率为20%。

甲公司的账务处理为：

　　完税价格 $=600\,000+50\,000=650\,000$（元）

　　关税 $=650\,000\times20\%=130\,000$（元）

　　组成计税价格 $=650\,000+130\,000=780\,000$（元）

　　进口环节应缴纳的增值税税额 $=780\,000\times17\%=132\,600$（元）

借：固定资产　　　　　　　　　　　　　　　　　　　　　780 000
　　应交税费——应交增值税（进项税额）　　　　　　　　　132 600
　　贷：银行存款　　　　　　　　　　　　　　　　　　　　912 600

【例4-6】甲建筑公司购入房屋用于办公，增值税专用发票上注明的房屋价款为 1 000 万元，增值税 110 万元，以银行存款支付价款。

进项税额中，60%的部分于取得扣税凭证的当期从销项税额中抵扣；40%的部分为待抵扣进项税额，于取得扣税凭证的当月起第 13 个月从销项税额中抵扣。

则甲建筑公司的账务处理为：

借：固定资产 10 000 000
  应交税费——应交增值税（进项税额） 660 000
  应交税费——待抵扣进项税额 440 000
 贷：银行存款 11 100 000

第 13 个月，

借：应交税费——应交增值税（进项税额） 440 000
 贷：应交税费——待抵扣进项税额 440 000

2. 企业购进货物、固定资产、无形资产或接受应税行为，未按照规定取得并保存增值税扣税凭证，或者增值税扣税凭证上未按照规定注明增值税额及其他有关事项的，其进项税额不得从销项税额中抵扣，其购进货物、固定资产、无形资产或接受应税行为所支付的增值税不能记入"应交税费——应交增值税（进项税额）"科目，而要记入购进货物、固定资产、无形资产或接受应税行为的成本，不得将增值税额分离出来进行抵扣处理。在编制会计分录时，应借记"材料采购"、"原材料"、"销售费用"、"管理费用"、"固定资产"、"无形资产"等科目；贷记"银行存款"、"应付票据"、"应付账款"等科目。

【例 4-7】甲软件服务公司于 7 月 2 日购入一批办公用品，取得普通发票，以银行存款支付价款 3 600 元，该批办公用品直接用于企业的经营管理活动。

甲公司只取得普通发票的，应按发票所列全部价款入账，则甲公司的账务处理为：

借：管理费用 3 600
 贷：银行存款 3 600

3. 企业购进免税农产品，按购入农业产品的买价和规定的扣除率 13%计算的进项税额，借记"应交税费——应交增值税（进项税额）"科目，按买价扣除按规定计算的进项税额后的差额，借记"材料采购"、"原材料"等科目，按应付或实际支付的价款，贷记"应付账款"、"银行存款"等科目。

【例 4-8】 甲餐饮公司 7 月向农业生产者收购农产品一批用于餐饮服务，支付的价款为 10 万元，开具农产品收购发票。甲公司的账务处理为：

按买价的 13% 的扣除率计算抵扣进项税款＝10×13%＝1.3（万元）

借：原材料　　　　　　　　　　　　　　　　　　　　　　　87 000
　　应交税费——应交增值税（进项税额）　　　　　　　　　 13 000
　　贷：银行存款　　　　　　　　　　　　　　　　　　　　100 000

（二）纳税人接受捐赠转入货物、固定资产、无形资产的财税处理

企业接受捐赠转入的货物、固定资产、无形资产，按照确认的捐赠货物的价值，借记"原材料"、"库存商品"、"固定资产"、"无形资产"等科目，按照专用发票上注明的增值税额，借记"应交税费——应交增值税（进项税额）"科目，按照合计数，贷记"营业外收入"科目。

【例 4-9】 甲新材料研发技术公司接受乙公司捐赠转入的一批研发用玻璃仪器，验收入库，取得的增值税专用发票上注明的不含税价款为 100 000 元，税额 17 000 元，价税合计 117 000 元。甲新材料研发技术公司编制的会计分录如下：

借：周转材料——低值易耗品　　　　　　　　　　　　　　100 000
　　应交税费——应交增值税（进项税额）　　　　　　　　　 17 000
　　贷：营业外收入　　　　　　　　　　　　　　　　　　　117 000

（三）纳税人接受投资转入货物、固定资产、无形资产的财税处理

企业接受投资转入的货物、固定资产、无形资产，按照确认的投资货物价值，借记"原材料"、"库存商品"、"固定资产"、"无形资产"等科目，按照专用发票上注明的增值税额，借记"应交税费——应交增值税（进项税额）"科目，按照增值税额与货物价值的合计数，贷记"实收资本"或"股本"等科目。

【例 4-10】 甲广告公司接受乙公司用作投资的一批路牌、霓虹灯、灯箱等制作广告用材料，验收入库，取得的增值税专用发票上注明的不含税价款为 854 700.85 元，税额 145 299.15 元，价税合计 1 000 000 元。甲广告公司编制的会

计分录如下：

借：原材料 854 700.85
　　应交税费——应交增值税（进项税额） 145 299.15
　贷：实收资本——乙公司 1 000 000

（四）纳税人利润分配转入货物、固定资产、无形资产的财税处理

企业接受利润分配转入的货物、固定资产、无形资产，按照确认的实际成本，借记"原材料"、"库存商品"、"固定资产"、"无形资产"等科目，按照专用发票上注明的增值税额，借记"应交税费——应交增值税（进项税额）"科目，按照增值税额与实际成本的合计数，贷记"投资收益"、"长期股权投资"等科目。与接受捐赠和接受投资转入货物，处理相似，不再举例。

（五）自行建造固定资产的账务处理

采购工程物资用于自制固定资产并取得增值税专用发票的业务，借记"工程物资"、"应交税费——应交增值税（进项税额）"科目，按照应付或实际支付的金额，贷记"应付账款"、"银行存款"等科目；工程领用物资、原材料，借记"在建工程"，贷记"工程物资"、"原材料"科目；工程交付使用时，借记"固定资产"科目，贷记"在建工程"科目。采购工程物资建造固定资产账务处理较为简单，不再举例。

（六）纳税人发生各类不得抵扣进项税额情形的财税处理

1. 用于简易计税方法计税项目、免征增值税项目、集体福利或者个人消费的购进货物、加工修理修配劳务、服务、无形资产和不动产的增值税账务处理。

用于简易计税方法计税项目、免征增值税项目、集体福利或者个人消费的购进货物、加工修理修配劳务、服务、无形资产和不动产，其专用发票上注明的增值税额，计入购进货物、加工修理修配劳务、服务、无形资产和不动产的成本。借记"原材料"、"在建工程"、"固定资产"、"无形资产"、"应

付职工薪酬——职工福利费"、"主营业务成本"等科目，贷记"银行存款"等科目。

【例 4-11】甲公司 12 月购入一批电暖气作为元旦福利发放给职工，并取得增值税专用发票，不含税价格为 50 000 元，进项税额 8 500 元，发生相应运费 1 110 元，取得增值税专用发票，不含税价格为 1 000 元，进项税额 110 元，全部款项以银行存款支付。

（1）该批电暖气用于职工福利，进项税额不得抵扣，进项发票可以不认证，则甲公司的账务处理为：

  借：管理费用等   59 610
    贷：应付职工薪酬——非货币性福利   59 610
  借：应付职工薪酬——非货币性福利   59 610
    贷：银行存款   59 610

（2）如果进项发票已认证，则甲公司的账务处理为：

  借：管理费用等   51 000
    应交税费——应交增值税（进项税额）   8 610
    贷：应付职工薪酬——非货币性福利   59 610
  借：应付职工薪酬——非货币性福利   59 610
    贷：银行存款   59 610
  借：管理费用等   8 610
    贷：应交税费——应交增值税（进项税额转出） 8 610

> **温馨提醒**
>
> 建议企业采取第二种办法，先认证发票，再作进项税额转出，这样可以验证发票真伪，防止收到假发票，也可以杜绝出现滞留票，减少被税务检查的麻烦。

2. 非正常损失的增值税账务处理。

下列非正常损失的进项税额不得抵扣：

（1）非正常损失的购进货物，以及相关的加工修理修配劳务和交通运输服务。

（2）非正常损失的在产品、产成品所耗用的购进货物（不包括固定资产）、加工修理修配劳务和交通运输服务。

（3）非正常损失的不动产，以及该不动产所耗用的购进货物、设计服务和建筑服务。

（4）非正常损失的不动产在建工程所耗用的购进货物、设计服务和建筑服务。

纳税人新建、改建、扩建、修缮、装饰不动产，均属于不动产在建工程。

企业购进的货物、在产品、库存商品、不动产、不动产在建工程发生非正常损失，其进项税额应相应转入有关科目，借记"待处理财产损溢"、"营业外支出"等科目，贷记"原材料"、"库存商品"、"在建工程"、"固定资产清理"、"无形资产"、"应交税费——应交增值税（进项税额转出）"等科目。查明原因经批准后将"待处理财产损溢"科目余额分别记入"营业外支出"、"管理费用"、"其他应收款"等科目。

【例4-12】甲公司由于保管不善，在产品发生非常损失，其实际成本为20 000元，其中所耗原材料成本为10 100元（包含运费100元）；产成品发生非正常损失，其实际成本为26 000元，其中所耗原材料成本为18 100元（包含运费100元）。这些原材料在购入时均取得增值税专用发票和货物运输业增值税专用发票进行了抵扣。

首先，计算进项税转出额：

在产品进项税转出：$10\,000 \times 17\% + 100 \times 11\% = 1\,711$（元）

产成品进项税转出：$18\,000 \times 17\% + 100 \times 11\% = 3\,071$（元）（有的会计计算为$26\,000 \times 17\% = 4\,420$（元），是多交了税的。）

然后，进行账务处理：

借：待处理财产损溢——待处理流动资产损溢　　　　21 711

　　贷：生产成本　　　　　　　　　　　　　　　　20 000

　　　　应交税费——应交增值税（进项税额转出）　 1 711

借：待处理财产损溢——待处理流动资产损溢　　　　29 071

　　贷：库存商品　　　　　　　　　　　　　　　　26 000

　　　　应交税费——应交增值税（进项税额转出）　 3 071

（七）纳税人进项税额转回的财税处理

按照《营业税改征增值税试点实施办法》第二十七条第（一）项规定不得抵扣且未抵扣进项税额的固定资产、无形资产、不动产，发生用途改变，用于允许抵扣进项税额的应税项目，可在用途改变的次月按照下列公式计算可以抵扣的进项税额：

$$可以抵扣的进项税额 = \frac{固定资产、无形资产、不动产净值}{1+适用税率} \times 适用税率$$

上述可以抵扣的进项税额应取得合法有效的增值税扣税凭证。

【例4-13】甲公司某项业务免征增值税，其专用生产设备的进项税额200万元不得抵扣，企业做了进项税额转出，后来该业务免税期届满恢复征税，此时，该设备的净值为117万元，则可以计算其生产设备的进项税额进行抵扣。甲公司的账务处理为：

$$可以抵扣的进项税额 = \frac{固定资产、无形资产、不动产净值}{1+适用税率} \times 适用税率$$

$$= \frac{117}{1+17\%} \times 17\% = 17(万元)$$

借：应交税费——应交增值税（进项税额）	170 000
贷：固定资产	170 000

可以抵扣的进项税额17万元填写在《增值税纳税申报表附列资料（二）》（本期进项税额明细）第8栏"其他"。

（八）纳税人接受境外单位提供应税服务扣缴税款的财税处理

境外单位或者个人在境内发生应税行为，在境内未设有经营机构的，扣缴义务人按照下列公式计算应扣缴税额：

$$应扣缴税额 = 购买方支付的价款 \div (1+税率) \times 税率$$

境内的购买方为境外单位和个人扣缴增值税的，按照适用税率扣缴增值税。

【例 4-14】 甲公司为营业税改征增值税试点企业，境外公司派员到甲公司提供咨询服务，该境外公司未在境内设立经营机构，甲公司向境外公司支付咨询费 106 万元，应由甲公司代扣代缴税款。甲公司的账务处理为：

应扣缴增值税＝106÷(1＋6%)×6%＝6(万元)

发生咨询费用，尚未付款时，

借：管理费用	1 060 000
贷：应付账款	1 060 000

支付咨询服务费代扣税款时，

借：应付账款	1 060 000
贷：银行存款	1 000 000
应交税费——代扣代缴增值税	60 000

代缴税款时，

借：应交税费——代扣代缴增值税	60 000
贷：银行存款	60 000

取得解缴税款的税收缴款凭证时，

借：应交税费——应交增值税（进项税额）	60 000
贷：管理费用	60 000

对于扣缴增值税的账务处理，会计上没有明确规定，我们可以自设"代扣代缴增值税"科目进行核算。当然，也可以使用"未交增值税"科目进行核算，但为了区分企业自身产生的增值税款，建议自设科目进行核算。

上面这些会计分录也可以合并为一笔：

借：管理费用	1 000 000
应交税费——应交增值税（进项税额）	60 000
贷：银行存款	1 060 000

（九）纳税人发生应税行为的财税处理

一般纳税人发生应税行为，按照确认的收入和按规定收取的增值税额，借记"库存现金"、"银行存款"、"应收账款"、"应收票据"等科目，按照按规定收取的增值税额，贷记"应交税费——应交增值税（销项税额）"科目，按确认的收入，贷记"主营业务收入"、"其他业务收入"等科目。发生的服务中止或折让，作相反的会计分录。

【例 4-15】甲公司系增值税一般纳税人，7 月提供交通运输服务取得不含税收入 100 万元，款项已收。提供车辆租赁服务取得不含税收入 20 万元，分别开具增值税专用发票，款项已收。8 月因车辆维修，甲公司退还维修期间租赁费 5.85 万元，并开具红字专用发票。甲公司的账务处理为：

(1) 取得运输服务收入时，

借：银行存款　　　　　　　　　　　　　　　　　1 110 000
　　贷：主营业务收入——运输　　　　　　　　　　　1 000 000
　　　　应交税费——应交增值税（销项税额）　　　　　110 000

(2) 取得车辆租赁服务收入时，

借：银行存款　　　　　　　　　　　　　　　　　　234 000
　　贷：其他业务收入——租赁　　　　　　　　　　　　200 000
　　　　应交税费——应交增值税（销项税额）　　　　　 34 000

(3) 退还维修期间租赁费时，

借：银行存款　　　　　　　　　　　　　　　　　　－58 500
　　贷：其他业务收入——租赁　　　　　　　　　　　　－50 000
　　　　应交税费——应交增值税（销项税额）　　　　　 －8 500

（十）纳税人适用简易计税方法的应税项目的财税处理

一般纳税人提供适用简易计税方法应税项目的，借记"库存现金"、"银行存款"、"应收账款"等科目，贷记"主营业务收入"、"其他业务收入"等科目，贷记"应交税费——未交增值税"科目。

一般纳税人提供适用简易计税方法应税项目，发生视同销售或提供应税服务情形应缴纳增值税额的，借记"营业外支出"、"应付利润"等科目，贷记"应交税费——未交增值税"科目。

【例 4-16】甲公交公司系增值税一般纳税人，4 月取得公交客运收入 103 000 元。甲公司的账务处理为：

按简易计税办法计算的应纳增值税税款＝103 000÷(1＋3%)×3%

$$=3\,000（元）$$

借：库存现金　　　　　　　　　　　　　　　　　　　103 000
　　贷：主营业务收入　　　　　　　　　　　　　　　　100 000
　　　　应交税费——未交增值税　　　　　　　　　　　　3 000

（十一）纳税人发生应税行为价格明显偏低或者偏高且不具有合理商业目的或者发生视同销售服务、无形资产或者不动产的财税处理

1. 下列情形视同销售服务、无形资产或者不动产：
（1）单位或者个体工商户向其他单位或者个人无偿提供服务，但用于公益事业或者以社会公众为对象的除外。
（2）单位或者个人向其他单位或者个人无偿转让无形资产或者不动产，但用于公益事业或者以社会公众为对象的除外。
（3）财政部和国家税务总局规定的其他情形。

2. 纳税人发生应税行为价格明显偏低或者偏高且不具有合理商业目的的，或者发生《营业税改征增值税试点实施办法》第十四条所列行为而无销售额的，主管税务机关有权按照下列顺序确定销售额：
（1）按照纳税人最近时期销售同类服务、无形资产或者不动产的平均价格确定。
（2）按照其他纳税人最近时期销售同类服务、无形资产或者不动产的平均价格确定。
（3）按照组成计税价格确定。组成计税价格的公式为：

$$组成计税价格=成本\times(1+成本利润率)$$

成本利润率由国家税务总局确定。

不具有合理商业目的，是指以谋取税收利益为主要目的，通过人为安排，减少、免除、推迟缴纳增值税税款，或者增加退还增值税税款。

3. 一般纳税人发生视同销售服务、无形资产或者不动产情形，视同视同销售服务、无形资产或者不动产应提取的销项税额，借记"营业外支出"、"应付利润"等科目，贷记"应交税费——应交增值税（销项税额）"科目。

【例 4-17】 甲公司系一家从事笔记本技术研发与软件服务的企业。假设 20×6 年 12 月甲公司仅发生以下业务：

（1）向乙公司（非关联企业）提供软件服务，取得收入 212 万元（含税），开具了增值税专用发票，尚未收款。

（2）向丙公司（关联企业）提供与乙公司相同的软件服务，取得收入 106 万元（含税），开具了增值税专用发票，尚未收款。

（3）向丁公司（关联企业）免费提供与乙公司相同的软件服务，未开具发票。

甲公司向丙公司（关联企业）提供与乙公司相同的软件服务，取得收入 106 万元（含税），相比较为非关联企业提供服务的收入明显偏低且不具有合理商业目的；向丁公司免费提供与乙公司相同的软件服务，应当视同提供应税服务。两笔业务均应按照纳税人最近时期提供同类应税服务的平均价格确定为 212 万元。甲公司的账务处理为：

12月甲公司应税服务销售额＝212÷(1＋6％)×6％×3＝36(万元)

借：应收账款——乙公司	2 120 000
——丙公司	1 060 000
营业外支出	3 180 000
贷：主营业务收入	6 000 000
应交税费——应交增值税（销项税额）	360 000

（十二）纳税人视同销售货物的财税处理

1. 根据《中华人民共和国增值税暂行条例实施细则》第四条的规定，有 8 种视同销售行为：

（1）将货物交付其他单位或者个人代销；

（2）销售代销货物；

（3）设有两个以上机构并实行统一核算的纳税人，将货物从一个机构移送其他机构用于销售，但相关机构设在同一县（市）的除外；

（4）将自产或者委托加工的货物用于非增值税应税项目（说明：2016 年 5 月 1 日起不再存在非增值税应税项目）；

（5）将自产、委托加工的货物用于集体福利或者个人消费；

（6）将自产、委托加工或者购进的货物作为投资，提供给其他单位或者个体工商户；

（7）将自产、委托加工或者购进的货物分配给股东或者投资者；

（8）将自产、委托加工或者购进的货物无偿赠送其他单位或者个人。

2. 在计提销项税额时，要按照"成本转账、售价计税"的原则核算。

成本的确定：自产货物的成本为实际的生产成本，外购货物的成本为实际采购成本。

售价的确定：售价即为公允价值，按下列顺序确定销售额：

（1）按照纳税人最近时期同类货物的平均销售价格确定。

（2）按照其他纳税人最近时期同类货物的平均销售价格确定。

（3）按照组成计税价格确定。组成计税价格的公式为：

$$组成计税价格 = 成本 \times (1 + 成本利润率)$$

属于应征消费税的货物，其组成计税价格中应加计消费税额。

增值税组成计税价格中的成本利润率由国家税务总局确定，纳税人因销售价格明显偏低或无销售价格等原因，按规定需组成计税价格确定销售额的，其组价公式中的成本利润率为10%。但属于应从价定率征收消费税的货物，其组价公式中的成本利润率，为《消费税若干具体问题的规定》（国税发〔1993〕156号）中规定的成本利润率。

【例4-18】甲公司系一家从事笔记本技术研发与生产的企业，20×7年1月26日以其生产的成本为45 000元的笔记本电脑和委托加工成本为20 000元的彩电作为应付利润分配给投资者，这批电脑的售价为60 000元，委托加工产品彩电没有同类产品售价。则甲公司的账务处理为：

笔记本电脑应计销项税额 = 60 000 × 17% = 10 200（元）

委托加工产品彩电组成计税价格 = 20 000 × (1 + 10%) = 22 000（元）

委托加工产品彩电应计销项税额 = 22 000 × 17% = 3 740（元）

借：应付利润	95 940
贷：主营业务收入	60 000
其他业务收入	22 000

应交税费——应交增值税（销项税额）　　　　　　　　　　　　　　13 940

结转成本分录略。

【例 4-19】 甲公司系一家从事笔记本技术研发与生产的企业，共有管理人员 20 人，20×6 年 12 月以其生产的成本为 80 000 元的笔记本电脑作为元旦福利发放给管理人员，这批电脑的售价为 100 000 元。则甲公司的账务处理为：

公司决定发放非货币福利时，

　　借：管理费用　　　　　　　　　　　　　　　　　　　　　　　　117 000
　　　　贷：应付职工薪酬——非货币性福利　　　　　　　　　　　　　117 000

实际发放非货币福利时（注意与外购产品发放福利的区别），

　　借：应付职工薪酬——非货币性福利　　　　　　　　　　　　　　117 000
　　　　贷：主营业务收入　　　　　　　　　　　　　　　　　　　　100 000
　　　　　　应交税费——应交增值税（销项税额）　　　　　　　　　　17 000
　　借：主营业务成本　　　　　　　　　　　　　　　　　　　　　　80 000
　　　　贷：库存商品　　　　　　　　　　　　　　　　　　　　　　80 000

（十三）纳税人发生应税行为收取价外费用的财税处理

　　销售额，是指纳税人发生应税行为取得的全部价款和价外费用，财政部和国家税务总局另有规定的除外。

　　价外费用，是指价外收取的各种性质的收费，但不包括以下项目：

　　（1）代为收取并符合《营业税改征增值税试点实施办法》第十条规定的政府性基金或者行政事业性收费。

　　（2）以委托方名义开具发票代委托方收取的款项。

【例 4-20】 甲公司 7 月份向乙公司提供交通运输服务，开具增值税普通发票，发票注明合计金额为 555 万元，另从乙公司收取违约金、赔偿款 11.1 万元，开具增值税普通发票，另根据省人民政府的规定，从乙公司收取建设基金 10 万元，开具省级财政部门监制的财政收据，所收款项全额上缴财政。

　　甲公司从乙公司收取违约金、赔偿款 11.1 万元，为收取的价外费用，应并入销售额缴纳增值税，而收取的建设基金则属于代为收取的政府性基金，不作为价外费用处理。甲公司的账务处理为：

提供运输服务销售额＝(555＋11.1)÷(1＋11%)＝510(万元)

销项税额＝510×11%＝56.1(万元)

借：银行存款　　　　　　　　　　　　　　　　　5 661 000
　　贷：主营业务收入——运输　　　　　　　　　　5 100 000
　　　　应交税费——应交增值税（销项税额）　　　561 000

（十四）纳税人现金折扣、商业折扣、销售折让的财税处理

1. 现金折扣。

现金折扣，是企业在销售货物或提供应税行为后，为了鼓励购货方及早偿还货款而给予付款方的折扣优惠。企业为了鼓励客户提前付款，一般规定付款方在不同的期限内付款可享受不同比例的折扣，付款时间越早，折扣越大。所以，销售折扣发生在销售货物或提供应税行为之后，实质上是一种企业为了尽快收款而发生的融资性质的财务费用，折扣额相当于为收款而支付的利息，因此，现金折扣额应计入财务费用，不得抵减销售额和销项税额。

【例 4-21】甲公司为客户乙商场提供设计服务，设计服务收入 40 万元（不含增值税），甲公司规定的付款条件为 2/10，1/20，n/30，乙商场已于 8 天内付款。甲公司的账务处理为：

提供设计服务时，

借：应收账款　　　　　　　　　　　　　　　　　424 000
　　贷：主营业务收入　　　　　　　　　　　　　　400 000
　　　　应交税费——应交增值税（销项税额）　　　24 000

提供设计服务后第 8 天收到款项时，

折扣额＝424 000×2%＝8 480(元)

借：银行存款　　　　　　　　　　　　　　　　　415 520
　　财务费用　　　　　　　　　　　　　　　　　　8 480
　　贷：应收账款　　　　　　　　　　　　　　　　424 000

2. 商业折扣。

商业折扣，是指企业在销售货物或提供应税行为时，因购货方购买数量较多

等原因，而按照一定折扣率（或折扣额）折扣后的优惠价格进行销售。因为折扣是与销售货物或提供应税行为同时发生的，若将销售额和折扣额在同一张发票上分别注明，可直接按照折扣后的金额作为销售额计提销项税额，若折扣额另开发票，不论会计如何处理，均不得从销售额中扣除折扣额。因为商业折扣与实现销售同时发生，买卖双方均按折扣后的价格成交，所以会计上对其不需单独作账务处理，又因为发票价格就是扣除折扣后的实际售价，所以可按发票上的金额计算销项税额。

《营业税改征增值税试点实施办法》第四十三条规定：纳税人发生应税行为，将价款和折扣额在同一张发票上分别注明的，以折扣后的价款为销售额；未在同一张发票上分别注明的，以价款为销售额，不得扣减折扣额。

《国家税务总局关于折扣额抵减增值税应税销售额问题通知》（国税函〔2010〕56号）明确规定：纳税人采取折扣方式销售货物，销售额和折扣额在同一张发票上分别注明是指销售额和折扣额在同一张发票上的"金额"栏分别注明的，可按折扣后的销售额征收增值税。未在同一张发票"金额"栏注明折扣额，而仅在发票的"备注"栏注明折扣额的，折扣额不得从销售额中减除。

【例4-22】甲公司为客户乙商场提供设计服务，设计服务收入106万元（含增值税）。甲公司规定服务收入一次在100万元以上的业务可获得10%的商业折扣，故向乙商场开具增值税专用发票，并在发票上同时注明了销售额和折扣额。甲公司的账务处理为：

销售额 = 1 060 000 × (1 − 10%) ÷ (1 + 6%) = 900 000（元）

销项税额 = 900 000 × 6% = 54 000（元）

借：应收账款　　　　　　　　　　　　　　　　　954 000
　　贷：主营业务收入　　　　　　　　　　　　　900 000
　　　　应交税费——应交增值税（销项税额）　　54 000

3. 销售折让。

销售折让，是指企业在销售货物或提供应税行为后，由于货物或行为品种、质量等本身的原因而给予付款方在销售总额上一定的减让。销售折让与现金折扣虽然都是发生在销售货物或提供应税行为之后，但实质上销售折让会使原销售总额减少，所以销售折让要冲减当期销售额和销项税额。

《营业税改征增值税试点实施办法》第三十二条规定：纳税人适用一般计税方

法计税的，因销售折让、中止或者退回而退还给购买方的增值税额，应当从当期的销项税额中扣减；因销售折让、中止或者退回而收回的增值税额，应当从当期的进项税额中扣减。

纳税人销售货物或提供应税行为，开具增值税专用发票后，提供应税服务中止、折让、开票有误等情形，应当按照国家税务总局的规定开具红字增值税专用发票。未按照规定开具红字增值税专用发票的，不得扣减销项税额或者销售额。

【例 4-23】 甲公司为客户乙商场提供设计服务，设计服务收入106万元（含增值税），乙商场尚未付款。几天后乙商场发现甲公司的设计不完全符合要求，要求甲公司降价，甲公司给予10.6万元的销售折让，开具红字增值税专用发票。甲公司的账务处理为：

提供设计服务时，

销项税额 = 1 060 000 ÷ (1 + 6%) × 6% = 60 000(元)

借：应收账款	1 060 000
贷：主营业务收入	1 000 000
应交税费——应交增值税（销项税额）	60 000

甲公司给予10.6万元的销售折让，开具红字发票时，

借：应收账款	−106 000
贷：主营业务收入	−100 000
应交税费——应交增值税（销项税额）	−6 000

现金折扣、商业折扣、销售折扣的比较见表4-1。

表 4-1　　　　　现金折扣、商业折扣、销售折扣的比较

项目	知晓时间	计税及扣减方法	开票方法
现金折扣	先后（提前知道折扣率）	全额计税，折扣不扣减销售额和税额	全额开票，折扣不开票，记财务费用
商业折扣	同时	直接按扣减折扣后的销售额计税	差额开票，差额计税
销售折让	先后（实际折让时才知道折让额）	先全额计税，实际折让时冲减销售额和税额	全额开票，折扣开红字发票，冲销销售额和税额

(十五) 纳税人兼营销售货物、劳务、服务、无形资产或者不动产的财税处理

《营业税改征增值税试点实施办法》第三十九条规定：纳税人兼营销售货物、劳务、服务、无形资产或者不动产，适用不同税率或者征收率的，应当分别核算适用不同税率或者征收率的销售额；未分别核算的，从高适用税率。

《营业税改征增值税试点有关事项的规定》第一条第（一）项"兼营"规定：

试点纳税人销售货物、加工修理修配劳务、服务、无形资产或者不动产适用不同税率或者征收率的，应当分别核算适用不同税率或者征收率的销售额，未分别核算销售额的，按照以下方法适用税率或者征收率：

（1）兼有不同税率的销售货物、加工修理修配劳务、服务、无形资产或者不动产，从高适用税率。

（2）兼有不同征收率的销售货物、加工修理修配劳务、服务、无形资产或者不动产，从高适用征收率。

（3）兼有不同税率和征收率的销售货物、加工修理修配劳务、服务、无形资产或者不动产，从高适用税率。

【例4-24】甲运输公司8月份取得收入情况如下：货物运输业务收入111万元，货物运输代理服务收入21.2万元，仓储服务收入42.4万元，经营性租赁车辆收入11.7万元。上述收入均为含税收入，款项通过银行存款结算。

（1）该企业若分别核算销售额，则应税服务销售额分别按不同税率计算：

货物运输业务收入 $=111\div(1+11\%)=100$（万元）

货物运输代理服务收入 $=21.2\div(1+6\%)=20$（万元）

仓储服务收入 $=42.4\div(1+6\%)=40$（万元）

经营性租赁车辆收入 $=11.7\div(1+17\%)=10$（万元）

应交增值税 $=100\times11\%+60\times6\%+10\times17\%=16.3$（万元）

借：银行存款	1 863 000
贷：主营业务收入——货物运输服务	1 000 000
——物流辅助服务	600 000
——经营租赁服务	100 000

　　　　　应交税费——应交增值税（销项税额）　　　　　　　　　163 000

（2）该企业若未分别核算销售额，则应税服务销售额按从高适用税率计算：

　　　应税服务销售额＝(111＋21.2＋42.4＋11.7)÷(1＋17％)
　　　　　　　　　＝159.23(万元)
　　　应交增值税＝159.23×17％＝27.07(万元)

　借：银行存款　　　　　　　　　　　　　　　　　　　　　1 863 000
　　贷：主营业务收入　　　　　　　　　　　　　　　　　　　1 592 300
　　　　应交税费——应交增值税（销项税额）　　　　　　　　　270 700

（十六）混合销售的财税处理

在日常税务处理中，混合销售行为和兼营行为经常发生，不少会计却将这两项业务混淆，造成多缴或少缴增值税税款。可见，这两项业务的税务处理对不少会计来说还是一个难点。

我们先来看一下两项业务的概念和税收规定。

1. 混合销售。

一项销售行为如果既涉及服务又涉及货物，为混合销售。从事货物的生产、批发或者零售的单位和个体工商户的混合销售行为，按照销售货物缴纳增值税；其他单位和个体工商户的混合销售行为，按照销售服务缴纳增值税。

这里所称从事货物的生产、批发或者零售的单位和个体工商户，包括以从事货物的生产、批发或者零售为主，并兼营销售服务的单位和个体工商户在内。

混合销售行为成立的行为标准有两点，一是其销售行为必须是一项；二是该项行为必须既涉及服务又涉及货物，其"货物"是指增值税税法中规定的有形动产，包括电力、热力和气体；服务是指属于改征范围的交通运输服务、建筑服务、金融保险服务、邮政服务、电信服务、现代服务、生活服务等。

因此，在确定混合销售是否成立时，其行为标准中的上述两点必须同时存在，如果一项销售行为只涉及销售服务，不涉及货物，这种行为就不是混合销售行为；反之，如果涉及销售服务和涉及货物的行为，不是存在于同一项销售行为之中，这种行为也不是混合销售行为。

例如，生产货物的单位，在销售货物的同时附带运输，其销售货物及提供运输的行为属于混合销售行为，所收取的货物款项及运输费用应一律按销售货物计算缴纳增值税。

2. 兼营。

纳税人兼营销售货物、劳务、服务、无形资产或者不动产，适用不同税率或者征收率的，应当分别核算适用不同税率或者征收率的销售额；未分别核算的，从高适用税率。

3. 通过上述规定可以看出混合销售和兼营的区别（见表 4-2）。

表 4-2　　　　　　　　　　混合销售和兼营的区别

混合销售	兼营
销售货物和服务是在同一项销售行为中发生的	销售货物、劳务、服务、无形资产或者不动产是纳税人经营范围中的经营项目，不在同一项销售行为中发生

混合销售和兼营业务常见代表业务举例：

（1）专业设备安装公司，负责替客户安装，客户提供设备，安装公司收取安装费，此时只就安装收入缴纳增值税。

（2）专业设备安装公司，负责替客户安装，安装公司负责采购并提供设备，安装公司收取设备费和安装费，属于混合销售，其安装费和设备费应打包一起按公司主业安装收入缴纳增值税。

（3）专业设备销售公司，负责替客户 A 安装收取安装费，另向客户 B 销售设备收取设备费，属于兼营，其设备费和安装费应分别核算缴纳增值税。

（4）专业设备销售公司，负责替客户安装，向客户收取设备费和安装费，属于混合销售，其设备费和安装费应打包一起一起按公司主业设备销售收入缴纳增值税。

下面分别就混合销售和兼营两种行为给出举例说明。

【例 4-25】甲公司是一家空调销售公司，在销售空调的同时负责为客户安装。20×6 年 7 月销售空调取得不含税收入 200 000 元，同时为客户提供安装服务，取得不含税收入 10 000 元，本月允许抵扣的进项税额 25 700 元。

甲公司的销售和安装业务发生在同一项销售行为中，两项业务的款项同时向某一个购买者收取，该行为属混合销售行为，因公司经营主业为货物销售，此项混合销售行为只缴纳增值税。增值税税额为：(200 000＋10 000)×17%－25 700＝10 000（元）。

【例4-26】乙公司从事装饰材料销售业务，并兼营装饰装修业务，20×6年7月销售装饰材料取得不含税收入100万元，装饰装修业务取得不含税收入40万元，本月允许抵扣的进项税额为10万元。

若乙公司分开核算销售额，应缴纳增值税100×17%＋40×11%－10＝11.4（万元）。

兼营业务分开核算要做到以下几点：(1) 合同或协议分开签订；(2) 发票分别开具；(3) 会计处理分别入账，分开核算。

(十七) 兼营免税、减税项目的增值税财税处理

纳税人兼营免税、减税项目的，应当分别核算免税、减税项目的销售额；未分别核算销售额的，不得免税、减税。

适用一般计税方法的纳税人，兼营简易计税方法计税项目、免征增值税项目而无法划分不得抵扣的进项税额的，按照下列公式计算不得抵扣的进项税额：

$$\text{不得抵扣的进项税额} = \text{当期无法划分的全部进项税额} \times (\text{当期简易计税方法计税项目销售额} + \text{免征增值税项目销售额}) \div \text{当期全部销售额}$$

主管税务机关可以按照上述公式依据年度数据对不得抵扣的进项税额进行清算。

【例4-27】乙公司从事网站设计、技术开发等业务，7月提供网站设计服务取得收入636万元（含税），取得技术开发业务收入212万元（含税），技术开发服务已通过主管税务机关免征增值税的审批，本月因网站设计业务取得专用发票上注明的税额10万元，因技术开发业务取得专用发票上注明的税额6万元，无法划分网站设计、技术开发业务的进项税额8万元。

1. 若乙公司分开核算销售额，

$$\text{因无法划分计算的不得抵扣的进项税额} = 8 \times 200 \div (600 + 200) = 2（万元）$$

免税项目的进项税额 6 万元不得抵扣，因此，

允许抵扣的进项税额＝10＋8－2＝16（万元）

应缴纳增值税＝636÷(1＋6%)×6%－16＝20（万元）

2. 若乙公司未分别核算销售额，技术开发业务不得免税。企业放弃免税的，可以抵扣进项税额。

应缴纳增值税＝636÷(1＋6%)×6%＋212÷(1＋6%)×6%－(10＋6＋8)

＝24（万元）

> **温馨提醒**
>
> 注意未分别核算兼营项目时，兼营免税、减税项目与兼营非增值税应税劳务的区别，不能由税务机关核定免税减税额，不得免税、减税。

（十八）纳税人差额征税的财税处理

一般纳税人提供应税服务，按照一般计税方法差额征税，试点期间按照营业税改征增值税有关规定允许从销售额中扣除其支付给非试点纳税人价款的，应在"应交税费——应交增值税"科目下增设"营改增抵减的销项税额"科目，用于记录该企业因按规定扣减销售额而减少的销项税额；同时，"主营业务收入"、"主营业务成本"等相关科目应按经营业务的种类进行明细核算。

企业接受应税服务时，按规定允许扣减销售额而减少的销项税额，借记"应交税费——应交增值税（营改增抵减的销项税额）"科目，按实际支付或应付的金额与上述增值税额的差额，借记"主营业务成本"等科目，按实际支付或应付的金额，贷记"银行存款"、"应付账款"等科目。

对于期末一次性进行账务处理的企业，期末，按规定当期允许扣减销售额而减少的销项税额，借记"应交税费——应交增值税（营改增抵减的销项税额）"科目，贷记"主营业务成本"等科目。

若一般纳税人按照简易计税方法差额纳税，简易计税方法采用"应交税费——未交增值税"核算，其抵减的销项税额不能抵减一般计税方法的销项税额，

所以无须在"应交税费——应交增值税（营改增抵减的销项税额）"科目下核算，仍在"应交税费——未交增值税"科目下核算"按规定允许扣减销售额而减少的应交增值税"。

【例4-28】甲公司是经中国人民银行、商务部、银监会批准从事融资租赁业务的增值税一般纳税人，20×6年12月取得设备融资租赁收入468万元，取得该设备相关的借款利息、车辆购置税117万元的合法凭证，以银行存款结算，假设该公司期初无留抵税额，本月未发生进项税额。甲公司的账务处理如下：

（1）取得收入时，

主营业务收入=468÷(1+17%)=400（万元）

销项税额=400×17%=68（万元）

借：银行存款　　　　　　　　　　　　　　　　　　　4 680 000
　　贷：主营业务收入　　　　　　　　　　　　　　　　4 000 000
　　　　应交税费——应交增值税（销项税额）　　　　　　680 000

（2）出租方承担的借款利息、车辆购置税取得合法凭证从销售额中扣除时，

主营业务成本=117÷(1+17%)=100（万元）

营改增抵减的销项税额=100×17%=17（万元）

借：主营业务成本　　　　　　　　　　　　　　　　　1 000 000
　　应交税费——应交增值税（营改增抵减的销项税额）　　170 000
　　贷：银行存款　　　　　　　　　　　　　　　　　　1 170 000

甲公司销售额=400－100=300（万元）

甲公司应交增值税额=68－17=51（万元）

【例4-29】乙公司为一般纳税人，提供劳务派遣服务选择简易计税，适用差额征税，含税销售额100万元，向用工单位收取用于支付给劳务派遣员工工资、福利和为其办理社会保险及住房公积金的费用80万元，征收率为5%。

选择差额纳税的纳税人，向用工单位收取用于支付给劳务派遣员工工资、福利和为其办理社会保险及住房公积金的费用，不得开具增值税专用发票，可以开具普通发票。

实务中采取"差额征税"开票功能进行开票，通过新系统中差额征税开票

功能，录入含税销售额 1 000 000 元和扣除额 800 000 元，系统自动计算税额和不含税金额，备注栏自动打印"差额征税"字样，发票开具不应与其他应税行为混开。

税额栏为：(1 000 000 − 800 000)×5%/(1+5%)＝9 523.81（元）

金额栏为：1 000 000 − 9 523.81＝990 476.19（元）

税率栏为：＊＊＊

这样采取"差额征税"开票功能，既能满足开票价税合计金额 100 万元的需求，又满足只能就 20 万元金额开具专用发票的需求。也就不需要一项业务开两份发票：一份开票额 80 万元的普通发票、一份开票额 20 万元的专用发票。

乙公司的账务处理为：

(1) 确认收入时，

借：银行存款	1 000 000.00
贷：主营业务收入	952 380.95
应交税费——未交增值税	47 619.05

(2) 劳务派遣员工工资、福利和为其办理社会保险及住房公积金从销售额中扣除时，

借：主营业务成本	761 904.76
应交税费——未交增值税	38 095.24
贷：银行存款	800 000.00

【例 4-30】甲建筑公司从建设方承包 618 万元的甲供工程，将其中 103 万元分包给了乙公司公司。建筑工程完工一次结算。甲公司的账务处理为（单位：万元）：

开具工程款发票时，

借：银行存款	618
贷：主营业务收入	600
应交税费——未交增值税	18

取得分包款增值税发票时，

借：主营业务成本	100
应交税费——未交增值税	3
贷：银行存款	103

> **温馨提醒**
>
> 现将营改增差额征税及开票规定汇总如下：（参考湖北、河北、新疆、广州等地国税局就部分差额征税但可全额开票的答疑整理。实际上和我个人对税法政策的理解也是一致的。）
>
> 1. 一般计税方法差额征税。
>
> （1）金融商品转让，不得开具增值税专用发票（以下简称专票），可以开具增值税普通发票（以下简称普票）。
>
> $$销售额 = 卖出价 - 买入价$$
>
> （2）经纪代理服务，作为差额扣除的部分（即向委托方收取的政府性基金或者行政事业性收费），不得开具专票，可以开具普票。其余部分可以开具专票。
>
> $$销售额 = \frac{取得的全部价款和价外费用}{} - \frac{向委托方收取并代为支付的政府性基金或者行政事业性收费}{}$$
>
> 其他各行业发生的代为收取的符合规定条件的政府性基金或者行政事业性收费，以及以委托方名义开具发票代委托方收取的款项，不计入价外费用范畴。
>
> （3）融资租赁业务，可全额开具专票，无须扣除上述利息、车辆购置税。
>
> $$销售额 = \frac{取得的全部价款和价外费用}{} - \frac{支付的借款利息（包括外汇借款和人民币借款利息）、发行债券利息和车辆购置税}{}$$
>
> （4）融资性售后回租服务，可就取得的全部价款和价外费用（不含本金）开具专票。但2016年5月1日以后，融资性售后回租属于贷款服务，纳税人接受的贷款服务，其进项税额不得抵扣。
>
> $$销售额 = \frac{取得的全部价款和价外费用（不含本金）}{} - \frac{对外支付的借款利息（包括外汇借款和人民币借款利息）、发行债券利息}{}$$
>
> （5）原有形动产融资性售后回租服务。
>
> 根据2016年4月30日前签订的有形动产融资性售后回租合同，在合同到期前提供的有形动产融资性售后回租服务，可以选择以下方法之一计算销售额：
>
> ①销售额＝收取的全部价款和价外费用－向承租方收取的价款本金及对外支付的借款利息（包括外汇借款和人民币借款利息）、发行债券利息。
>
> 向承租方收取的有形动产价款本金，不得开具专票，可以开具普票。其余部分可以开具专票。

②销售额＝收取的全部价款和价外费用－支付的借款利息（包括外汇借款和人民币借款利息）、发行债券利息可以全额开具专用发票。

(6) 航空运输企业。

$$销售额 = \frac{收取的全部价款}{和价外费用} - \frac{代收的机场建设费和代售其他航空}{运输企业客票而代收转付的价款}$$

纳税人接受旅客运输服务，其进项税额不得抵扣。

(7) 客运场站服务。

销售额＝收取的全部价款和价外费用－支付给承运方的运费

纳税人接受旅客运输服务，其进项税额不得抵扣。

(8) 旅游服务。

销售额＝收取的全部价款和价外费用－向旅游服务购买方收取并支付给其他单位或者个人的住宿费、餐饮费、交通费、签证费、门票费和支付给其他接团旅游企业的旅游费用

选择上述办法计算销售额的试点纳税人，差额扣除部分（即向旅游服务购买方收取并支付的上述费用），不得开具专票，可以开具普票。其余部分可以开具专票。

提供旅游服务未选择差额征税的，可以就取得的全部价款和价外费用开具专票，其进项税额凭合法扣税凭证扣除。

(9) 房地产开发企业中的一般纳税人销售其开发的房地产项目适用一般计税方法的，可以全额开具专票。

$$销售额 = \frac{收取的全部价款}{和价外费用} - \frac{受让土地时向政府部门}{支付的土地价款}$$

(10) 电信企业为公益性机构接受捐款，其差额扣除部分（即接受的捐款），不得开具专票，可以开具普票。其余部分可以开具专票。

销售额＝收取的全部价款和价外费用－支付给公益性机构的捐款

(11) 劳务派遣选择简易计税方法依5%的征收率差额计算缴纳增值税。

劳务派遣选择简易计税方法依5%的征收率差额计算缴纳增值税，即以取得的全部价款和价外费用，扣除代用工单位支付给劳务派遣员工的工资、福利和为

其办理社会保险及住房公积金后的余额为销售额,按照简易计税方法依5%的征收率计算缴纳增值税。

其向用工单位收取用于支付给劳务派遣员工工资、福利和为其办理社会保险及住房公积金的费用,不得开具增值税专用发票,可以开具普票;差额部分,仍可以开具专票。

(12) 纳税人提供人力资源外包服务,按照经纪代理服务缴纳增值税,其销售额不包括受客户单位委托代为向客户单位员工发放的工资和代理缴纳的社会保险、住房公积金。

向委托方收取并代为发放的工资和代理缴纳的社会保险、住房公积金,不得开具专票,可以开具普票;差额部分,仍可以开具专票。

2. 简易计税差额征税。

(1) 试点纳税人提供建筑服务适用简易计税方法的,以取得的全部价款和价外费用扣除支付的分包款后的余额为销售额。可以全额开具专票。

(2) 试点纳税人中的小规模纳税人跨县(市)提供建筑服务,应以取得的全部价款和价外费用扣除支付的分包款后的余额为销售额,按照3%的征收率计算应纳税额。可以全额开具专票。

(3) 小规模纳税人销售其取得(不含自建)的不动产(不含个体工商户销售购买的住房和其他个人销售不动产),应以取得的全部价款和价外费用减去该项不动产购置原价或者取得不动产时的作价后的余额为销售额,按照5%的征收率计算应纳税额。纳税人应按照上述计税方法在不动产所在地预缴税款后,向机构所在地主管税务机关进行纳税申报。可以申请代开全额专票。

(4) 其他个人销售其取得(不含自建)的不动产(不含其购买的住房),应以取得的全部价款和价外费用减去该项不动产购置原价或者取得不动产时的作价后的余额为销售额,按照5%的征收率计算应纳税额。

购买人非其他个人的,可以申请代开全额专票。

(5) 个人将购买2年以上(含2年)的非普通住房对外销售的,以销售收入减去购买住房价款后的差额按照5%的征收率缴纳增值税;上述政策仅适用于北京市、上海市、广州市和深圳市。

购买人非其他个人的,可以申请代开全额专票。

(6) 小规模纳税人提供劳务派遣服务,可以按照《财政部 国家税务总局关于全面推开营业税改征增值税试点的通知》(财税〔2016〕36 号)的有关规定，以取得的全部价款和价外费用为销售额，按照简易计税方法依 3% 的征收率计算缴纳增值税；也可以选择差额纳税，以取得的全部价款和价外费用，扣除代用工单位支付给劳务派遣员工的工资、福利和为其办理社会保险及住房公积金后的余额为销售额，按照简易计税方法依 5% 的征收率计算缴纳增值税。

全额征税可以代开全额专票；差额征税可以就差额开具专票。

3. 上述应税行为差额扣除需取得的合法凭证。

(1) 支付给境内单位或者个人的款项，以发票为合法有效凭证。

(2) 支付给境外单位或者个人的款项，以该单位或者个人的签收单据为合法有效凭证，税务机关对签收单据有疑议的，可以要求其提供境外公证机构的确认证明。

(3) 缴纳的税款，以完税凭证为合法有效凭证。

(4) 扣除的政府性基金、行政事业性收费或者向政府支付的土地价款，以省级以上(含省级)财政部门监(印)制的财政票据为合法有效凭证。

(5) 国家税务总局规定的其他凭证。

4. 会计处理。

(1) 一般纳税人按照一般计税方法的差额征税会计处理：通过"应交税费——应交增值税(营改增抵减的销项税额)"科目核算。

(2) 一般纳税人按照简易计税方法的差额征税会计处理：通过"应交税费——未交增值税"科目核算。

(3) 小规模纳税人按照简易计税方法的差额征税会计处理：通过"应交税费——应交增值税"科目核算。

5. 开票。

《国家税务总局关于全面推开营业税改征增值税试点有关税收征收管理事项的公告》(国家税务总局公告 2016 年第 23 号)规定：按照现行政策规定适用差额征税办法缴纳增值税，且不得全额开具增值税发票的(财政部、国家税务总局另有规定的除外)，国家纳税人自行开具或者税务机关代开增值税发票时，通过新系统中差额征税开票功能，录入含税销售额(或含税评估额)和扣除额，系统自动计算税额和不含税金额，备注栏自动打印"差额征税"字样，发票开具不应与其他项目混开。

> 关于哪些差额征税项目可以使用差额征税开票功能开票，在实际执行中，各地都有不同规定，请关注主管税务机关要求。

（十九）纳税人已抵扣进项税额的固定资产、无形资产或者不动产进项税转出的增值税账务处理

已抵扣进项税额的固定资产、无形资产或者不动产，发生税法规定不得抵扣的进项税额情形的，按照下列公式计算不得抵扣的进项税额：

$$不得抵扣的进项税额 = 固定资产、无形资产或者不动产净值 \times 适用税率$$

固定资产、无形资产或者不动产净值，是指纳税人根据财务会计制度计提折旧或摊销后的余额。

纳税人已抵扣进项税额的固定资产、无形资产或者不动产发生税法规定的进项税额不得从销项税额中抵扣情形的，则其已抵扣的进项税额应当在当月予以转出，借记有关科目，贷记"应交税费——应交增值税（进项税额转出）"科目。

【例4-31】20×3年7月10日，甲公司接受乙公司捐赠的一台设备，增值税专用发票上注明的价款为100 000元，增值税17 000元。20×4年7月20日，该设备由于保管不慎被盗（不考虑相关的支出和收入），该设备20×3年8月至20×4年7月已按会计准则计提折旧10 000元。甲公司的账务处理为：

(1) 20×3年7月10日，甲公司收到捐赠设备时。

借：固定资产　　　　　　　　　　　　　　　　　　　100 000
　　应交税费——应交增值税（进项税额）　　　　　　　17 000
　　贷：营业外收入　　　　　　　　　　　　　　　　　117 000

(2) 20×4年7月20日，该设备由于保管不慎被盗处理时，该设备净值 = 100 000 - 10 000 = 90 000（元），应予以转出的进项税 = 90 000 × 17% = 15 300（元）。

借：固定资产清理　　　　　　　　　　　　　　　　　90 000
　　累计折旧　　　　　　　　　　　　　　　　　　　10 000
　　贷：固定资产　　　　　　　　　　　　　　　　　100 000

借：固定资产清理	15 300
贷：应交税费——应交增值税（进项税额转出）	15 300
借：营业外支出	105 300
贷：固定资产清理	105 300

> **温馨提醒**
>
> 怎样选择折旧年限最有利？
>
> 来看下面两个例子的比较。
>
> 某运输企业 20×3 年 9 月购入一辆车辆作为运输工具，车辆不含税价格为 100 万元，机动车销售统一发票上注明的增值税税款为 17 万元，企业对该发票进行了认证抵扣。20×5 年 9 月该车辆发生被盗。车辆折旧期限为 4 年，采用直线法折旧。该运输企业需将原已抵扣的进项税额按照实际成本进行扣减，扣减的进项税额为：100÷4×2×0.17＝8.5（万元）。
>
> 某租赁公司 20×3 年 9 月购入应征消费税的小汽车用于出租，不含税价格为 100 万元，增值税专用发票上注明的增值税税款为 17 万元，企业对该发票进行了认证抵扣。车辆折旧期限为 10 年，采用直线法折旧。20×5 年 9 月小汽车用于企业自用。该企业需将原已抵扣的进项税额按照实际成本进行扣减，扣减的进项税额为：100÷10×8×0.17＝13.6（万元）。
>
> 由此可见，按税法折旧年限 4 年最有利。可以避免企业所得税调整的麻烦，减少工作量，还可以在以后改变用途时少转出进项税额。

（二十）纳税人销售自己使用过的固定资产的增值税账务处理

纳税人销售自己使用过的固定资产，若原购入时进项税额已经抵扣，则销售时按照适用税率征收增值税；若原购入时进项税额按规定不得抵扣而没有抵扣，则销售时还是按照原规定 3% 征收率减按 2% 征收增值税。适用按简易办法依 3% 征收率减按 2% 征收增值税政策的，应开具普通发票，不得开具增值税专用发票。

纳税人放弃减按 2% 征收增值税政策的，可开具增值税专用发票。

【例 4-32】甲公司于 2014 年 1 月出售一台使用过的设备，不含税售价为

70 000元。该设备是2012年1月购入的，不含增值税价格为100 000元，折旧年限为10年，采用直线法折旧，不考虑净残值。该设备适用17%的增值税税率。甲公司的账务处理为：

(1) 2012年1月，甲公司购入设备时。

  借：固定资产   100 000

    应交税费——应交增值税（进项税额）   17 000

    贷：银行存款   117 000

(2) 2014年1月，甲公司出售该设备时，累计折旧=100 000/10×2=20 000（元），销项税额=70 000×17%=11 900（元）。

  借：固定资产清理   80 000

    累计折旧   20 000

    贷：固定资产   100 000

  借：银行存款   81 900

    贷：固定资产清理   70 000

      应交税费——应交增值税（销项税额）   11 900

  借：营业外支出   10 000

    贷：固定资产清理   10 000

【例4-33】 甲公司于2014年7月出售一台使用过的设备，含税售价为70 000元。该设备是2012年7月购入的，含增值税价格为117 000元，折旧年限为10年，采用直线法折旧，不考虑净残值。该设备适用17%的增值税税率。甲公司于2012年9月成为一般纳税人。

该设备购入时间为2012年7月，则购入的固定资产增值税进项税额17 000元计入设备成本，固定资产的原值为117 000元，原购入时进项税额按税法规定不能抵扣的，则销售时按照简易办法依照3%征收率减按2%征收增值税。甲公司的账务处理为：

(1) 2012年7月，甲公司购入设备时。

  借：固定资产   117 000

    贷：银行存款   117 000

(2) 2014年7月，甲公司出售该设备时。

    2年共计提折旧=117 000/10×2=23 400（元）

2年后出售时应缴纳增值税＝70 000/(1＋3%)×2%＝1 359.22(元)

借：固定资产清理		93 600
累计折旧		23 400
贷：固定资产		117 000
借：银行存款		70 000
贷：固定资产清理		67 961.17
应交税费——未交增值税		2 038.83
借：应交税费——未交增值税		679.61
贷：营业外收入		679.61
借：营业外支出		25 638.83
贷：固定资产清理		25 638.83

（二十一）纳税人享受增值税优惠政策（直接免征、直接减征、即征即退、先征后退、先征后返）的财税处理

1. 增值税"直接免征"的账务处理。

直接免征增值税，即纳税人不必缴纳增值税款。

按照增值税专用发票管理规定，除国家另有规定外，纳税人销售或提供免税项目不得开具专用发票，尽管不能开具增值税专用发票，但其开具给购买方的普通发票注明的金额却是含税销售额，并且按含税销售额收取款项。

下面举例说明增值税"直接免征"的账务处理。

【例4-34】某企业提供免税服务项目，开具普通发票，票面金额11 700元，提供应税服务项目不含税销售额40 000元，本期进项税额为1 000元，则该企业提供免税服务项目的账务处理为：

（1）开具普通发票时，

借：银行存款	11 700
贷：主营业务收入	10 000
应交税费——应交增值税（销项税额）	1 700

（2）同时，应将销项税额作为直接免征的税额进行结转，

借：应交税费——应交增值税（减免税款）	1 700

　　　　贷：主营业务收入　　　　　　　　　　　　　　　　　　　1 700

在实际工作中，很多企业将上述两笔会计分录合并处理为一笔会计分录：

　　　　借：银行存款　　　　　　　　　　　　　　　　　　　　11 700
　　　　　贷：主营业务收入　　　　　　　　　　　　　　　　　　11 700

（3）在购进项目部分用于免税项目的情况下，为提供免税项目而发生的进项税额不得抵扣，对于免税项目应转出的进项税额要计入成本，进项税额转出金额可采用销售额比例法计算，即用免税项目的销售额占总销售额的比例来计算分摊应转出的进项税额。进项税额转出＝1 000×10 000/（10 000＋40 000）＝200（元）。

　　　　借：主营业务成本　　　　　　　　　　　　　　　　　　　200
　　　　　贷：应交税费——应交增值税（进项税额转出）　　　　　　200

如果纳税人购进货物或者发生劳务时已经明确要用于免税项目，其购进货物或者发生劳务（服务）时进项税额就应计入采购成本，不用进行进项税额转出的账务处理。

> **温馨提醒**
>
> 　　根据《企业会计准则第16号——政府补助》应用指南的规定，"除税收返还外，税收优惠还包括直接减征、免征、增加计税抵扣额、抵免部分税额等形式。这类税收优惠并未直接向企业无偿提供资产，不作为本准则规范的政府补助"，因而，直接免征的增值税税额不能按照政府补助计入"营业外收入"。根据《企业会计准则第14号——收入》对收入的定义，"收入，是指企业在日常活动中形成的、会导致所有者权益增加的、与所有者投入资本无关的经济利益的总流入"，企业享受增值税直接免征形成的经济利益流入是与企业日常活动密不可分的，完全符合收入的定义，因而，企业直接免征的增值税税额应该计入企业的"主营业务收入"。执行《小企业会计准则》的企业也以同样方式处理。

2. 增值税"直接减征"的账务处理。

直接减征，即按应征税款的一定比例征收。

下面举例说明增值税"直接减征"的账务处理。

【例 4-35】某一般纳税人销售使用过的机械设备一台,取得价款 10 300 元,选择按照 3% 减按 2% 征收增值税,开具增值税普通发票,金额栏 10 000 元,税率栏 3%,税额栏 300 元,则该企业的账务处理为:

确认销售收入时,按正常销售确认收入。

借:银行存款　　　　　　　　　　　　　　　　　　　　　　　　10 300
　　贷:主营业务收入(销售设备时,记入"固定资产清理"科目) 10 000
　　　　应交税费——未交增值税(按 3% 征收率计算)　　　　　 300

根据《企业会计准则第 16 号——政府补助》应用指南和《企业会计准则第 14 号——收入》的规定,直接减征的税款应记入"营业外收入——政府补助"科目。执行《小企业会计准则》的企业也以同样方式处理。

借:应交税费——未交增值税(按 1% 计算减征额)　　　　　　 100
　　贷:营业外收入　　　　　　　　　　　　　　　　　　　　　 100

温馨提醒

很多人都将按简易办法依 3% 征收率减按 2% 征收增值税的业务通过"销项税额"核算,其实并不妥当,因为如果这样处理,增值税纳税申报表的销项税额无法与应交增值税明细账的销项税额金额相符,会造成账表不符。所以,应该通过"未交增值税"核算,这样才能做到增值税纳税申报表和应交增值税明细账相符。

3. 增值税"即征即退"、"先征后退"、"先征后返"的账务处理。

"即征即退":即税务机关将应征的增值税征收入库后,即时退还;"先征后退":与即征即退差不多,只是退税的时间略有差异;"先征后返":即税务机关正常将增值税征收入库,然后由财政机关按税收政策规定审核并返还企业所缴入库的增值税。

"即征即退"、"先征后退"、"先征后返"三种优惠的区别是:(1)返还机关不同:即征即退、先征后退的税款由税务机关退还,先征后返的税款由财政机关返还。(2)取得的时间不同,即征即退最快,先征后退次之,先征后返最慢。

"即征即退"、"先征后退"、"先征后返"三种优惠的共同点是：都是在增值税正常缴纳之后退库，对增值税抵扣链条的完整性并无影响，因此，销售货物或提供应税劳务（服务）时，可以按规定开具增值税专用发票，正常计算销项税额，购买方也可以凭票正常抵扣。

根据《企业会计准则第 16 号——政府补助》应用指南的规定，这三种优惠政策完全符合政府补助的定义，所退（返）税款应记入"营业外收入——政府补助"科目。账务处理如下：

销售货物或提供应税劳务（服务）时，根据正常销售确认收入，

  借：银行存款
    贷：主营业务收入
      应交税费——应交增值税（销项税额）

缴纳增值税款时，与平常账务处理相同，

  借：应交税费——应交增值税（已交税金）（本月上缴本月应交的增值税）
    应交税费——未交增值税（本月上缴以前期间应交未交的增值税）
    贷：银行存款

收到增值税返还时，

  借：银行存款
    贷：营业外收入——政府补助

除了收到增值税返还的账务处理，其他账务处理与普通增值税业务相同。

下面举例说明增值税"即征即退"的账务处理。其他两种不再举例。

【例 4-36】甲租赁公司，为经中国人民银行、银监会、商务部批准经营融资租赁业务的试点纳税人，增值税一般纳税人，主要从事有形动产经营性租赁和融资租赁服务，已办理融资租赁即征即退优惠审批资格认定手续。20×3 年 12 月份发生下列业务：

（1）取得有形动产经营性租赁收入，开具增值税专用发票，销售额 1 000 000 元，销项税额 170 000 元；

（2）取得有形动产融资租赁收入，开具增值税专用发票，销售额 500 000 元，销项税额 85 000 元；

（3）取得的增值税专用发票已全部认证，其中：购入专门用于融资租赁业务的设备 1 台，金额 100 000，税额 17 000 元；用于经营性租赁业务的支出，金额

250 000，税额 42 500 元。

甲租赁公司应纳税额的计算与账务处理如下：

(1) 甲租赁公司一般应税服务应纳税额的计算。

有形动产经营性租赁收入销项税额为 170 000 元，有形动产经营性租赁收入进项税额为 42 500 元，有形动产经营性租赁收入应纳税额为：170 000－42 500＝127 500（元）。

(2) 甲租赁公司即征即退应税服务应纳税额的计算。

经中国人民银行、银监会、商务部批准经营融资租赁业务的试点纳税人中的一般纳税人提供有形动产融资租赁服务，对其增值税实际税负超过 3% 的部分实行增值税即征即退政策。符合即征即退条件的有形动产融资租赁销项税额为 85 000 元，符合即征即退条件的有形动产融资租赁进项税额为 17 000 元。

即征即退应税服务应纳税额＝85 000－17 000＝68 000（元）

增值税即征即退退税额＝68 000－500 000×3%＝53 000（元）

(3) 账务处理。

①提供有形动产融资租赁服务时，

借：银行存款	585 000
贷：主营业务收入	500 000
应交税费——应交增值税（销项税额）	85 000

②购进设备时，

借：固定资产	100 000
应交税费——应交增值税（进项税额）	17 000
贷：银行存款	117 000

③结转未交增值税时，

借：应交税费——应交增值税（转出未交增值税）	68 000
贷：应交税费——未交增值税	68 000

④缴纳增值税款时，

借：应交税费——未交增值税	68 000
贷：银行存款	68 000

⑤收到增值税返还时，

借：银行存款	53 000

贷：营业外收入——政府补助　　　　　　　　　　　　　　　53 000

> **温馨提醒**
>
> 　　一般货物及劳务和应税服务，即征即退货物劳务及应税服务需分开核算，分开填写申报表。
> 　　即征即退货物劳务及应税服务的进项税额单独计算，无法划分的进项税额，应按照销项税额比例确定该货物劳务及应税服务应分摊的进项税额。对于专门用于相应货物劳务及应税服务的生产设备、工具等固定资产的进项税额不得进行分摊。
> 　　即征即退货物劳务及应税服务的销项税额、进项税额等相关数据均应在《增值税纳税申报表》"即征即退货物及劳务和应税服务"列填写。

> **相关链接**
>
> 　　根据《财政部 国家税务总局关于增值税营业税消费税实行先征后返等办法有关城建税和教育费附加政策的通知》（财税〔2005〕72号）的规定，对增值税、消费税实行先征后返、先征后退、即征即退办法的，除另有规定外，对随增值税、消费税附征的城市维护建设税和教育费附加，一律不予退（返）还。

（二十二）纳税人增值税税控系统专用设备和技术维护费用抵减增值税额的财税处理

《财政部 国家税务总局关于增值税税控系统专用设备和技术维护费用抵减增值税税额有关政策的通知》（财税〔2012〕15号）规定：

（1）增值税纳税人2011年12月1日（含，下同）以后初次购买增值税税控系统专用设备（包括分开票机）支付的费用，可凭购买增值税税控系统专用设备取得的增值税专用发票，在增值税应纳税额中全额抵减（抵减额为价税合计额），不足抵减的可结转下期继续抵减。增值税纳税人非初次购买增值税税控系统专用设备支付的费用，由其自行负担，不得在增值税应纳税额中抵减。

增值税税控系统包括：增值税防伪税控系统、货物运输业增值税专用发票税控系统、机动车销售统一发票税控系统和公路、内河货物运输业发票税控系统。

增值税防伪税控系统的专用设备包括金税卡、IC卡、读卡器或金税盘和报税盘；货物运输业增值税专用发票税控系统专用设备包括税控盘和报税盘；机动车销售统一发票税控系统和公路、内河货物运输业发票税控系统专用设备包括税控盘和传输盘。

> **温馨提醒**
>
> 1. 货物运输业增值税专用发票税控系统和公路、内河货物运输业发票税控系统已退出历史舞台。
> 2. 《国家税务总局关于停止发售金税卡IC卡等税控专用设备有关问题的公告》（国家税务总局公告2014年第44号）规定：自2014年8月1日起，增值税防伪税控系统服务单位只允许发售金税盘、报税盘，停止发售金税卡、IC卡等税控专用设备。原使用金税卡、IC卡的纳税人可以继续使用金税卡、IC卡等税控专用设备。
> 3. 购买税控设备包括总分机，总分机一并购买，初次购进分开票机支付的费用也可进行全额抵减。
> 4. 纳税人（含小规模）购置升级版的税控设备，必须取得增值税专用发票，才可以全额抵减增值税；取得增值税普通发票不可以抵减。
>
> 纳税人（含小规模）支付税控系统的技术维护费，取得发票为普通发票，可以全额抵减增增值税。

（2）增值税纳税人2011年12月1日以后缴纳的技术维护费（不含补缴的2011年11月30日以前的技术维护费），可凭技术维护服务单位开具的技术维护费发票，在增值税应纳税额中全额抵减，不足抵减的可结转下期继续抵减。技术维护费按照价格主管部门核定的标准执行。

（3）增值税一般纳税人支付的二项费用在增值税应纳税额中全额抵减的，其增值税专用发票不作为增值税抵扣凭证，其进项税额不得从销项税额中抵扣。

> **温馨提醒**

1. 购置增值税税控系统专用设备取得的增值税专用发票可以全额抵减增值税税额，取得的专用发票是否需认证？

根据上述规定，对于用于抵税的购买税控系统专用设备取得的增值税专用发票由于并不直接起着抵扣进项税额的作用，未明确是否需经认证。因此，对于其是否还需要经税务机关认证，各地的规定并不相同。执行中以主管税务机关口径为准，以下地方政策供参考：

《深圳市国家税务局关于增值税税控系统专用设备和技术维护费用抵减增值税税额有关问题的公告》（深圳市国家税务局公告2012年第6号）第一条规定，增值税纳税人初次购买专用设备，取得填开日期在2011年12月1日（含，下同）以后的增值税专用发票（退票重开的增值税专用发票除外），可在增值税应纳税额中全额抵减。专用设备费用的增值税专用发票不需认证。本公告下发前已认证抵扣初次购买专用设备税款的纳税人，应在申报全额抵减专用设备费用的当期，同时对该专用设备的税额作进项转出。

《四川省国家税务局关于增值税防伪税控系统专用设备和技术维护费抵减增值税税额有关问题的公告》（四川省国家税务局公告2012年第3号）第一条规定，增值税一般纳税人初次购买税控系统专用设备取得的增值税专用发票，经主管国税机关认证后方可作为抵减增值税应纳税额的有效凭证。逾期未认证的增值税专用发票经主管国税机关核实确属未抵减增值税应纳税额的，也准予作为抵减增值税应纳税额的有效凭证。

《山东省国家税务局关于明确增值税税控系统专用设备和技术维护费用抵减增值税税额有关问题的通知》（鲁国税函〔2012〕61号）第二条规定，2011年12月1日以后纳税人首次购买增值税税控系统专用设备所发生的费用，在申报抵减应缴纳增值税税款时，主管国税机关应查验其专用发票抵扣联原件，对已认证抵扣增值税的，则需从价税合计额中予以扣除。

2. 一般纳税人购买增值税税控系统专用设备的费用及支付的技术服务费取得增值税专用发票，已经抵扣了进项税额，想改为抵减增值税该怎么处理？

先在《增值税纳税申报表（增值税一般纳税人适用）》第14栏"进项税额转出"填写已抵扣的税额，另《增值税纳税申报表附列资料（二）》（本期进项税额明细）中的第23栏"其他应作进项税额转出的情形"，反映除上述进项税额转出情形外，其他应在本期转出的进项税额。

同时在申报表第 23 栏"应纳税额减征额"填写抵减的数额。

3. 购买增值税税控系统专用设备的费用及支付的技术服务费抵减税额有没有期限？要在多久之内全部抵减完？

暂时没有期限规定。

1. 增值税一般纳税人的账务处理。

按税法有关规定，增值税一般纳税人初次购买增值税税控系统专用设备支付的费用以及缴纳的技术维护费允许在增值税应纳税额中全额抵减的，应在"应交税费——应交增值税"科目下增设"减免税款"科目，用于记录该企业按规定抵减的增值税应纳税额。

企业购入增值税税控系统专用设备，按实际支付或应付的金额，借记"固定资产"科目，贷记"银行存款"、"应付账款"等科目，按规定抵减的增值税应纳税额，借记"应交税费——应交增值税（减免税款）"科目，贷记"递延收益"科目。按期计提折旧，借记"管理费用"等科目，贷记"累计折旧"科目；同时，借记"递延收益"科目，贷记"管理费用"等科目。

企业发生技术维护费，按实际支付或应付的金额，借记"管理费用"等科目，贷记"银行存款"等科目。按规定抵减的增值税应纳税额，借记"应交税费——应交增值税（减免税款）"科目，贷记"管理费用"等科目。

【例 4-37】20×3 年 1 月，甲公司首次购入增值税税控系统设备，支付价款 980 元，同时支付当年增值税税控系统专用设备技术维护费 330 元。当月两项合计抵减当月增值税应纳税额 1 310 元。该公司电子设备按 5% 残值率和 3 年计提折旧。

（1）首次购入增值税税控系统专用设备和支付防伪税控系统专用设备技术维护费的账务处理为：

借：固定资产——增值税税控系统专用设备　　　　　　　980
　　管理费用　　　　　　　　　　　　　　　　　　　　330
　　贷：银行存款　　　　　　　　　　　　　　　　　　1 310

（2）抵减当月增值税应纳税额的账务处理为：

借：应交税费——应交增值税（减免税款）　　　　　　1 310
　　贷：管理费用　　　　　　　　　　　　　　　　　　330

　　　　递延收益　　　　　　　　　　　　　　　　　　　　　　980
　　(3) 各月计提折旧的账务处理为：
　　　　借：管理费用　　　　　　　　　　　　　　　　　　　27.22
　　　　　　贷：累计折旧　　　　　　　　　　　　　　　　　27.22
　　　　借：递延收益　　　　　　　　　　　　　　　　　　　27.22
　　　　　　贷：管理费用　　　　　　　　　　　　　　　　　27.22

增值税一般纳税人将抵减金额填入《增值税纳税申报表（增值税一般纳税人适用）》第23栏"应纳税额减征额"。当本期减征额小于或等于第19栏"应纳税额"与第21栏"简易征收办法计算的应纳税额"之和时，按本期减征额实际填写；当本期减征额大于第19栏"应纳税额"与第21栏"简易征收办法计算的应纳税额"之和时，按本期第19栏与第21栏之和填写，本期减征额不足抵减部分结转下期继续抵减。

　　2. 增值税小规模纳税人的账务处理。

按税法有关规定，小规模纳税人初次购买增值税税控系统专用设备支付的费用以及缴纳的技术维护费允许在增值税应纳税额中全额抵减的，按规定抵减的增值税应纳税额应直接冲减"应交税费——应交增值税"科目。

企业购入增值税税控系统专用设备，按实际支付或应付的金额，借记"固定资产"科目，贷记"银行存款"、"应付账款"等科目。按规定抵减的增值税应纳税额，借记"应交税费——应交增值税"科目，贷记"递延收益"科目。按期计提折旧，借记"管理费用"等科目，贷记"累计折旧"科目；同时，借记"递延收益"科目，贷记"管理费用"等科目。

企业发生技术维护费，按实际支付或应付的金额，借记"管理费用"等科目，贷记"银行存款"等科目。按规定抵减的增值税应纳税额，借记"应交税费——应交增值税"科目，贷记"管理费用"等科目。

"应交税费——应交增值税"科目期末如为借方余额，应根据其流动性在资产负债表中的"其他流动资产"项目或"其他非流动资产"项目列示；如为贷方余额，应在资产负债表中的"应交税费"项目列示。

小规模纳税人将抵减金额填入《增值税纳税申报表（小规模纳税人适用）》第11栏"本期应纳税额减征额"。当本期减征额小于或等于第10栏"本期应纳税额"时，按本期减征额实际填写；当本期减征额大于第10栏"本期应纳税额"时，按本期第 10 栏填写，本期减征额不足抵减部分结转下期继续抵减。

小规模纳税人的账务处理较为简单，不再举例。

（二十三）纳税人月末缴纳增值税的财税处理

（1）企业应将当月发生的应交未交增值税额自"应交税费——应交增值税"科目转入"未交增值税"明细科目，借记"应交税费——应交增值税（转出未交增值税）"科目，贷记"应交税费——未交增值税"科目。

（2）将本月多交的增值税自"应交税费——应交增值税"科目转入"未交增值税"明细科目，借记"应交税费——未交增值税"科目，贷记"应交税费——应交增值税（转出多交增值税）"科目。

（3）当月上缴本月增值税时，借记"应交税费——应交增值税（已交税金）"科目，贷记"银行存款"科目。

（4）当月上缴上月应交未交的增值税，借记"应交税费——未交增值税"科目，贷记"银行存款"科目。

"应交税费——应交增值税"科目的期末借方余额，反映尚未抵扣的增值税。"应交税费——未交增值税"科目的期末借方余额，反映多交的增值税；贷方余额，反映未交的增值税。

值得注意的是，企业当月缴纳当月的增值税，仍然通过"应交税费——应交增值税（已交税金）"科目核算；当月缴纳以前各期未交的增值税，则通过"应交税费——未交增值税"科目核算，不通过"应交税费——应交增值税（已交税金）"科目核算。

【例 4-38】 某公司月末缴纳增值税的账务处理为：

（1）本月缴纳本月增值税款 1 000 元，

  借：应交税费——应交增值税（已交税金）   1 000

   贷：银行存款   1 000

（2）本月销项税额为 20 000 元，进项税额为 15 000 元，则本月应交增值税为 5 000 元；扣除本月已经缴纳的本月增值税 1 000 元，月末尚未缴纳的增值税款 4 000 元，

  借：应交税费——应交增值税（转出未交增值税）   4 000

贷：应交税费——未交增值税　　　　　　　　　　　　　　　4 000

　　（3）若本月销项税额为16 500元，进项税额为15 000元，则本月应交增值税为1 500元；扣除本月已经缴纳的本月增值税2 000元，月末多交增值税500元，多交的500元一般不会退回，可以直接抵下月应交增值税款。

　　借：应交税费——未交增值税　　　　　　　　　　　　　　　　500
　　贷：应交税费——应交增值税（转出多交增值税）　　　　　　　500

　　（4）若本月销项税额为13 000元，进项税额为15 000元，则本月应交增值税为－2 000元（即留抵进项税额2 000元），本月缴纳本月增值税款1 000元应转出。

　　借：应交税费——未交增值税　　　　　　　　　　　　　　　1 000
　　贷：应交税费——应交增值税（转出多交增值税）　　　　　　1 000

（二十四）纳税人增值税检查调整的账务处理

　　对于税务机关进行增值税纳税检查时查处的调增或调减增值税税额，企业应通过"应交税费——增值税检查调整"专户进行核算。

　　该账户专门核算在增值税纳税检查中查出的以前各期应补、应退的增值税税额，借方登记检查调减的销项税额、检查调增的进项税额，贷方登记检查调增的销项税额、检查调减的进项税额、检查调增的进项税额转出及检查调增的小规模纳税人应交增值税税额，余额可能在贷方，也可能在借方，期末一般应将其余额转入"应交税费——未交增值税"账户。只有当"应交税费——增值税检查调整"余额在贷方，且"应交税费——未交增值税"账户余额在借方，后者金额大于前者金额时，才按增值税检查调整专户的贷方余额直接缴纳增值税税款。

　　还有一点必须记住：税务机关查补增值税税款的同时必须缴纳相应的城建税等营业税金及附加。

　　1. 年终结账前查补进项税方面的账务调整。

　　（1）扣税凭证不合法。如果取得的进项凭证不合法而企业抵扣了该进项税，检查发现后应做如下账务调整：

　　借：主营业务成本、库存商品等
　　贷：应交税费——增值税检查调整

（2）不应抵扣进项税额而抵扣。企业发生的职工福利等非应税项目按规定不应抵扣进项税额，如果企业进行了抵扣，检查发现后应做如下账务处理：

借：应付职工薪酬等
　　贷：应交税费——增值税检查调整

（3）应作进项税应转出而未转出。比如：用于免征增值税项目的应税服务，企业应负担的进项税应从进项税额中转出，经检查发现未做转出处理的，应做如下账务处理：

借：主营业务成本等
　　贷：应交税费——增值税检查调整

（4）少抵扣进项税额。在税法规定的期限内，如果企业少抵扣了进项税额，依照规定在计算出少抵扣的税额后，做如下账务处理：

借：原材料、主营业务成本等（红字）
　　贷：应交税费——增值税检查调整（红字）

（5）价外费用未计销项税额。如果企业价外向购货方收取代收款项等符合税法规定的各种性质的价外费用未计提销项税额，应按适用税率计算出应补的增值税后，做如下账务处理：

借：其他应付款（代收、代垫款项）
　　贷：应交税费——增值税检查调整

（6）适用税率有误。企业因税率使用错误造成少计销项税的，应做如下账务处理：

借：本年利润
　　贷：应交税费——增值税检查调整

（7）视同销售或提供应税服务等业务未计销项税额。如果企业向其他单位或者个人无偿提供交通运输业和部分现代服务业服务等视同提供应税服务未计提销项税额，应按当期同类应税服务的价格或按组成的计税价格计算销售额后计提销项税额，并进行如下账务处理：

借：应付职工薪酬、营业外支出等
　　贷：应交税费——增值税检查调整

如果发生多计，则用红字做上述分录。

2. 年终结账后对以往年度增值税查补的调整。

执行《企业会计准则》的企业，对以前年度增值税进行检查补税，如果涉及非损益科目或涉及损益科目但非重大差错，按结账前的有关账务处理方法进行调整；如果涉及损益科目且为重大差错，应将查增、查减相抵后应补的增值税进行如下账务处理：

借：以前年度损益调整

贷：应交税费——增值税检查调整

借：利润分配——未分配利润

贷：以前年度损益调整

同时，企业还应相应调整"应交税费——企业所得税"、"盈余公积"等项目的计提数并调整有关报表的年初余额。

执行《小企业会计准则》的企业，则对以前年度增值税进行检查补税，与上述"1. 年终结账前查补进项税方面的账务调整"方法相同。

【例4-39】甲公司系增值税一般纳税人。20×3年4月10日，税务机关对其检查时发现有两笔会计业务：3月8日，无偿为某公司提供运输服务，同类服务3月份销售额10万元，企业未进行账务处理，3月12日，购进商品10万元，用于发放非货币性薪酬，企业抵扣进项税额17 000元。

20×3年4月，甲公司对上述两笔业务，应做如下查补税款的账务处理。

（1）企业无偿为某公司提供运输服务，应视同提供应税服务，按同类服务销售额10万元补提销项税额。调账分录如下：

借：营业外支出　　　　　　　　　　　　　　　　　　　　　11 000

贷：应交税费——增值税检查调整　　　　　　　　　　　11 000

（2）企业用于非应税项目的货物，其进项税额不得抵扣。调账分录如下：

借：应付职工薪酬　　　　　　　　　　　　　　　　　　　　17 000

贷：应交税费——增值税检查调整　　　　　　　　　　　17 000

（假设本题不考虑个人所得税扣缴的调整。）

（3）结转"增值税检查调整"科目余额时，

借：应交税费——增值税检查调整　　　　　　　　　　　　　28 000

贷：应交税费——未交增值税　　　　　　　　　　　　　28 000

（4）补交税款时，

借：应交税费——未交增值税　　　　　　　　　　　　　　　28 000

贷：银行存款　　　　　　　　　　　　　　　　　　　　　　　　　　28 000

　　同时，需要支付罚款及滞纳金，还必须同时补缴相应的城建税等营业税金及附加，账务处理略。

　　【例4-40】 沿用例4-39中的甲公司业务的资料。假设这两笔业务处理差错为20×4年3月发现，甲公司执行《企业会计准则》，不考虑罚款及滞纳金、营业税金及附加，那么又应当怎样进行账务处理？

　　在不是重大差错的情况下同上述调账处理，若构成重大差错，则账务处理为：

　　借：以前年度损益调整　　　　　　　　　　　　　　　　　　　　　11 000
　　　　贷：应交税费——增值税检查调整　　　　　　　　　　　　　　 11 000
　　　　　　（将损益类科目换为"以前年度损益调整"科目。）
　　借：应付职工薪酬　　　　　　　　　　　　　　　　　　　　　　　17 000
　　　　贷：应交税费——增值税检查调整　　　　　　　　　　　　　　 17 000
　　借：应交税费——增值税检查调整　　　　　　　　　　　　　　　　28 000
　　　　贷：应交税费——未交增值税　　　　　　　　　　　　　　　　 28 000
　　借：应交税费——未交增值税　　　　　　　　　　　　　　　　　　28 000
　　　　贷：银行存款　　　　　　　　　　　　　　　　　　　　　　　 28 000

　　结转"以前年度损益调整"余额时，

　　借：利润分配——未分配利润　　　　　　　　　　　　　　　　　　11 000
　　　　贷：以前年度损益调整　　　　　　　　　　　　　　　　　　　 11 000

　　同时，相应调整"应交税费——企业所得税"、"盈余公积"等项目的计提数并调整有关报表的年初余额（略）。

（二十五）因发生增值税偷税、骗取退税和虚开增值税扣税凭证等行为，被辅导期管理的一般纳税人的特殊财税处理

　　纳税人取得一般纳税人资格后，发生增值税偷税、骗取退税和虚开增值税扣税凭证等行为的，主管国税机关可以按规定对其实行不少于6个月的辅导期管理。辅导期纳税人取得的增值税专用发票抵扣联、海关进口增值税专用缴款书应当在交叉稽核比对无误后，方可抵扣进项税额。

　　辅导期一般纳税人的特殊账务处理有"待抵扣进项税额"和"增购发票预缴

税款"两种情况，除这两种外，其他账务处理与正式一般纳税人相同。

1."待抵扣进项税额"的账务处理。

辅导期纳税人取得的增值税专用发票抵扣联、海关进口增值税专用缴款书应当在交叉稽核比对无误后，方可抵扣进项税额。

辅导期纳税人应当在"应交税费"科目下增设"待抵扣进项税额"明细科目，核算尚未交叉稽核比对的增值税抵扣凭证注明或者计算的进项税额。

辅导期纳税人取得增值税抵扣凭证后，借记"应交税费——待抵扣进项税额"明细科目，贷记有关科目。交叉稽核比对无误后，根据交叉稽核比对结果相符的增值税抵扣凭证本期数据申报抵扣进项税额，借记"应交税费——应交增值税（进项税额）"科目，贷记"应交税费——待抵扣进项税额"科目。经核实不得抵扣的进项税额，红字借记"应交税费——待抵扣进项税额"，红字贷记有关科目。

2."增购发票预缴税款"的账务处理。

预缴税款时，借记"应交税费——应交增值税（已交税金）"科目，贷记"银行存款"科目。

月末本月应交税费大于预缴税金，余额部分借记"应交税费—应交增值税（转出未交增值税）"科目，贷记"应交增值税——未交增值税"科目。月末终了后扣款时，借记"应交增值税—未交增值税"科目，贷记"银行存款"科目。

月末本月应交税费小于预缴税金，余额部分借记"应交增值税——未交增值税"科目，贷记"应交税费——应交增值税（转出多交增值税）"科目。多交增值税由以后月份实现的增值税抵减。

【例4-41】甲公司为辅导期一般纳税人，本期购买一批小型设备，取得增值税专用发票已经认证，不含税价100 000元，进项税额17 000元，款项以银行存款支付。本期有形动产租赁服务含税收入234 000元，已收款。本期因增购发票预缴税款10 000元。上期认证发票进项税额30 000元本期交叉稽核比对结果相符，已经收到《稽核结果通知书》。本期甲公司的账务处理为：

（1）甲公司提供有形动产租赁服务。

借：银行存款 234 000

贷：主营业务收入 200 000

应交税费——应交增值税（销项税额） 34 000

（2）甲公司发票本期已经认证但下期经过交叉稽核比对结果相符才能申报

抵扣。

  借：固定资产   100 000

    应交税费——待抵扣进项税额   17 000

   贷：银行存款   117 000

（3）甲公司增购发票预缴税款 10 000 元。

  借：应交税费——应交增值税（已交税金）   10 000

   贷：银行存款   10 000

（4）上期认证发票进项税额 30 000 元本期交叉稽核比对结果相符，收到《稽核结果通知书》。

  借：应交税费——应交增值税（进项税额）   30 000

   贷：应交税费——待抵扣进项税额   30 000

（5）计算本期应交增值税＝本月销项税额 34 000－进项税额 30 000＝4 000（元）。

（6）将本期应交增值税与预缴税款进行比较。

由于预交 10 000 元，抵减本期应交增值税 4 000 元，还多交 6 000 元，将多交部分转入"应交税费－未交增值税"科目。

  借：应交税费——未交增值税   6 000

   贷：应交税费——应交增值税（转出多交增值税） 6 000

此时，"应交税费——应交增值税"科目月末借方余额＝－34 000＋10 000＋30 000－6 000＝0（元），即"应交税费——应交增值税"科目月末无余额；"应交税费——未交增值税"科目借方余额为 6 000 元，即期末多缴税额。

申报时，本月实现增值税 4 000 元将在填完附表后在《增值税纳税申报表》主表第 24 行"应纳税额合计"自动生成，预缴税款 10 000 元填在《增值税纳税申报表》主表第 28 行"分次预缴税额"栏，第 32 行"期末未缴税额（多缴为负数）"为－6 000，与"应交税费——未交增值税"科目借方余额一致。

如果本月销项税额小于进项税额，没有增值税应纳税款，则把预缴税款 10 000元转入"应交税费——未交增值税"科目（账务处理同上）。月末"应交税费——应交增值税"科目借方余额为留抵税金；与《增值税纳税申报表》主表第 20 行"期末留抵税额"金额一致。"应交税费——未交增值税"科目月末借方余额为预交税款 10 000 元，与《增值税纳税申报表》主表第 32 行"期末未缴税额

(多缴为负数)"一致。

三、纳税人具体增值税业务的财税处理(适用于建筑业、房地产业)

建筑业、房地产业业务相对复杂,除了会发生上述业务外,还有一些比较特殊的、麻烦的业务,在这里我们选择了几种典型业务加以讲述。

(一)纳税人挂靠经营挂靠方与被挂靠方双方的财税处理

目前,建筑业的挂靠已经成为行业的普遍现象。

工程挂靠经营是建筑法明确禁止的违法工程建设行为,工程挂靠经营可能产生的法律责任有民事法律责任、行政法律责任、刑事法律责任等。

目前越来越多的大型建筑施工企业已经在向自营模式转变,或许前期在企业的人力、资金要求较高,但是后期的风险以及企业品牌会整体提高,这才是建筑施工企业做强的核心。

【例4-42】乙施工队与甲建筑公司签订挂靠协议,以甲建筑公司名义对外经营并由甲建筑公司承担相关法律责任,建筑工程总造价1 110万元(含税),材料设备等费用开支468万元(含税),人工开支300万元,分包111万元(含税),建筑公司收取挂靠管理费106万元。

(1)建筑公司的财税处理。

根据税法规定,以甲建筑公司为增值税纳税人,缴纳增值税。建筑公司要想抵扣进项税额,材料设备等费用开支的增值税专用发票必须开给建筑公司,上述材料设备等款项也必须由建筑公司支付。

①收到1 110万元工程款,开具增值税发票。

不含税金额 = 11 100 000÷(1+11%) = 10 000 000(元)

增值税销项税额 = 10 000 000×11% = 1 100 000(元)

借:银行存款　　　　　　　　　　　　　　　　　　　11 100 000

贷：其他应付款——施工队		10 000 000
应交税费——应交增值税（销项税额）		1 100 000

②取得材料设备等增值税专用发票468万元，由建筑公司向供应商支付货款。假设税率均为17%。

不含税金额＝4 680 000÷（1＋17%）＝4 000 000（元）

增值税进项税额＝4 000 000×17%＝680 000（元）

借：其他应付款——施工队		4 000 000
应交税费——应交增值税（进项税额）		680 000
贷：银行存款		4 680 000

③取得分包商开来的增值税专用发票111万元，分包款也由建筑公司直接支付给分包商。

借：其他应付款——施工队		1 000 000
应交税费——应交增值税（进项税额）		110 000
贷：银行存款		1 110 000

④收取挂靠费用106万元，冲平其他应付款科目，扣下挂靠费后，将余款394万元支付给施工队。

借：其他应付款——施工队		5 000 000
贷：银行存款		3 940 000
其他业务收入		1 060 000

《国家税务总局纳税服务司关于下发营改增热点问题答复口径和营改增培训参考材料的函》（税总纳便函〔2016〕71号）规定：发包人向承包人收取的管理费或挂靠费，属于同一纳税人的内部行为，不征增值税。

(2) 施工队的财税处理。

施工队取得的394万元确认为收入，人工费300万元确认为成本费用，利润为94万元。

(3) 营改增后，工程款价税分离，相当于工程被降了价，建筑公司和施工队的利润都会下降。这就涉及双方对挂靠费的约定，从工程造价到报价系统，都要进行调整。由于建筑公司的税负直接受进项发票的影响，因此，建筑公司必须把握住挂靠中的主动权，或者约定在实际缴纳的增值税之外，再收取挂靠费用。不然建筑公司容易在竞争中吃亏。

(4) 资金流上，建筑公司不能再像营业税时代那样扣下挂靠费后将工程款全部付给施工队，其中有进项税额的支出，要直接付款给开票方。具体来说要做到两点：

第一，建筑企业必须实行统一的集中采购建筑材料和统一的采购合同会签制度，以便防止虚假采购行为的发生，从而规避虚开增值税发票的行为。

第二，建筑企业必须实行集中统一的财务收付结算制度，建筑企业依照采购合同统一付款给供应商。

相关链接

营改增前，挂靠业务的财税处理。

施工完全是施工队的事，所以建筑公司在会计和企业所得税上不用确认收入和成本，在营业税上属于营业税纳税人，需要缴纳营业税。

1. 建筑公司的财税处理。

(1) 收到1 110万元工程款，开具建筑业发票。

借：银行存款　　　　　　　　　　　　　　　11 100 000
　　贷：其他应付款——施工队　　　　　　　　11 100 000

计提3%的营业税。

借：营业税金及附加　　　　　　　　　　　　　333 000
　　贷：应交税费——应交营业税　　　　　　　　333 000

(2) 扣下挂靠费用106万元，向施工队开具服务业发票，确认挂靠收入106万元。

借：其他应付款——施工队　　　　　　　　　11 100 000
　　贷：银行存款　　　　　　　　　　　　　　10 040 000
　　　　其他业务收入　　　　　　　　　　　　 1 060 000

计提5%的营业税。

借：营业税金及附加　　　　　　　　　　　　　 53 000
　　贷：应交税费——应交营业税　　　　　　　　 53 000

2. 施工队财税处理。

收到建筑公司转来的1 004万元工程款和106万元发票，确认收入1 110万元，同时确认106万元费用支出，再扣除材料设备、工资、分包等成本，利润为：1 110－468－300－111－106＝125（万元）。

可以看出，营改增之后，建筑公司的实际收入只有 100 万元，而施工队取得的 394 万元收入再支付人工费 300 万元后的利润只剩下 94 万元了。它们的利润都减少了。

温馨提醒

挂靠引发的发票问题，在施工企业非常严重，原因是挂靠人不会主动考虑被挂靠人的实质利益，只关注自身利益。挂靠人对发票的取得、真伪持漠视态度，如果被挂靠人财税风险意识不强，就会助长发票风险滋生、蔓延。

5%～7%的管理费率能否抵挡住挂靠人不负责任行为带来的涉税风险（假票、买票、虚开普通发票、虚开专用发票）？营改增后挂靠行为如果继续沿用过去采取虚开发票报账以提取利润的方式，则会面临虚开增值税专用发票被追究刑事责任的风险。因为在此类报账形式下，不仅存在业务虚假的情况，而且即使业务真实，也会面临增值税专用发票开具"三流"不一致的问题。

建筑业企业最好改变经营模式，采用总分包形式将工程分包给有资质的分包人，杜绝任何项目经理挂靠行为。

（二）纳税人跨区经营预缴税款的财税处理

1. 一般纳税人跨县（市）提供建筑服务，适用一般计税方法计税的，应以取得的全部价款和价外费用为销售额计算应纳税额。纳税人应以取得的全部价款和价外费用扣除支付的分包款后的余额，按照2%的预征率在建筑服务发生地预缴税款后，向机构所在地主管税务机关进行纳税申报。应预缴税款＝(全部价款和价外费用－支付的分包款)/(1＋11%)×2%。

2. 一般纳税人跨县（市）提供建筑服务，选择适用简易计税方法计税的，以及小规模纳税人跨县（市）提供建筑服务的，应以取得的全部价款和价外费用扣除支付的分包款后的余额为销售额，按照3%的征收率计算应纳税额。纳税人应按照上述计税方法在建筑服务发生地预缴税款后，向机构所在地主管税务机关进行纳税申报。应预缴税款＝(全部价款和价外费用－支付的分包款)/(1＋3%)×3%。

3. 纳税人取得的全部价款和价外费用扣除支付的分包款后的余额为负数的,可结转下次预缴税款时继续扣除。

4. 纳税人应按照工程项目分别计算应预缴税款,分别预缴。

5. 纳税人按照上述规定从取得的全部价款和价外费用中扣除支付的分包款,应当取得符合法律、行政法规和国家税务总局规定的合法有效凭证,否则不得扣除。

6. 纳税人跨县(市、区)提供建筑服务,向建筑服务发生地主管国税机关预缴的增值税税款,可以在当期增值税应纳税额中抵减,抵减不完的,结转下期继续抵减。

纳税人以预缴税款抵减应纳税额,应以完税凭证作为合法有效凭证。

【例4-43】注册在甲县的甲公司,在乙县的三个建筑项目:A项目、B项目和C项目,A项目适用一般计税方法、B项目和C项目适用简易计税方法。6月份发生下列业务:

A项目取得价款及价外费用1 200万元,开具发票,支付分包款500万元,收到发票;

B项目取得价款及价外费用600万元,开具发票,支付分包款200万元,收到发票;

C项目取得价款及价外费用400万元,开具发票,支付分包款500万元,收到发票。

则甲公司对不同工程项目应当分别计算应预缴税款:

(1) 应就A项目在乙县预缴税款 (1 200-500)/(1+11%)×2%=12.61(万元);

(2) 应就B项目在乙县预缴税款 (600-200)/(1+3%)×3%=11.65(万元);

(3) C项目取得的全部价款和价外费用扣除支付的分包款后的余额为-100万元,应当结转下期预缴税款时扣除,不能和A、B项目合并计算。

若甲公司当月在甲县申报应纳增值税为20万元,则应补缴税款=20-12.61-11.65=-4.26(万元),为负数,4.26万元结转下期继续扣除;若甲公司当月在甲县申报应纳增值税为30万元,则应补缴税款=30-12.61-11.65=5.73(万元)。甲公司的账务处理为:

(1) 预缴税款时,

借:应交税费——应交增值税(已交税金)　　　　　　　　126 100

贷：银行存款	126 100
借：应交税费——应交增值税（已交税金）	116 500
贷：银行存款	116 500

(2) 多缴的 4.26 万元结转下期继续扣除时，

借：应交税费——未交增值税	42 600
贷：应交税费——应交增值税（转出多缴增值税）	42 600

(3) 补缴税款 5.73 万元时，

借：应交税费——应交增值税（转出未缴增值税）	57 300
贷：应交税费——未交增值税	57 300

（三）会计准则与企业所得税收入确认时点、增值税纳税义务发生时间存在差异的财税处理

会计准则与企业所得税关于收入的确认和增值税纳税义务发生时间存在差异，那么该如何处理呢？在这里我结合会计准则的一般规定和增值税、企业所得税的规定，给大家举个例子，说明建筑企业营改增以后的会计处理。

【例4-44】丰收建筑公司与某公司签订了一项总金额为 111 万元（不含税金额 100 万元）的建造合同，工程已于 20×2 年 7 月 7 日开工，到 20×3 年 12 月 9 日完工。该合同在 20×2 年末预计总成本为 80 万元（不含税），20×2 年末实际发生的成本为 20 万元，双方实际按工程进度分段结算工程价款，20×2 年 12 月结算金额共计 22.2 万元，实际收到的结算价款为 22.2 万元。20×3 年，实际发生的成本为 60 万元，结算价款为 88.8 万元，实际收到的结算价款为 88.8 万元。不考虑其他附加税费。丰收建筑公司的会计处理为：

20×2 年：

(1) 实际发生合同成本时，

借：工程施工——合同成本	200 000
贷：应付职工薪酬、原材料、辅助生产、机械作业等	200 000

(2) 结算工程价款时，

借：应收账款	222 000
贷：工程结算	200 000

　　　　应交税费——应交增值税（销项税额）　　　　　　　　22 000

　　12月份双方结算的工程价款为22.2万元，纳税义务发生时间为12月份，金额为双方结算的工程结算款。

　　（3）收工程价款时，

　　　　借：银行存款　　　　　　　　　　　　　　　　　　222 000

　　　　　　贷：应收账款　　　　　　　　　　　　　　　　222 000

　　（4）计算完工进度＝20÷80×100％＝25％；20×2年确认的合同收入＝100×25％＝25（万元）；20×2年确认的毛利＝（100－80）×25％＝5（万元）；20×2年确认的合同费用＝25－5＝20（万元）。

　　　　借：主营业务成本　　　　　　　　　　　　　　　　200 000

　　　　　　工程施工——合同毛利　　　　　　　　　　　　 50 000

　　　　　　贷：主营业务收入　　　　　　　　　　　　　　250 000

　　这里都是不含税收入，但是未到纳税义务发生时间，不计提销项税额。增值税纳税义务发生时间与会计准则、企业所得税完工百分比法确认收入时间存在差异。

　　20×3年：

　　（1）实际发生合同成本时，

　　　　借：工程施工——合同成本　　　　　　　　　　　　600 000

　　　　　　贷：应付职工薪酬、原材料、辅助生产、机械作业等　　600 000

　　（2）结算工程价款时，

　　　　借：应收账款　　　　　　　　　　　　　　　　　　888 000

　　　　　　贷：工程结算　　　　　　　　　　　　　　　　800 000

　　　　　　　　应交税费——应交增值税（销项税额）　　　 88 000

　　（3）收工程价款时，

　　　　借：银行存款　　　　　　　　　　　　　　　　　　888 000

　　　　　　贷：应收账款　　　　　　　　　　　　　　　　888 000

　　（4）20×3年完工进度＝80÷80×100％＝100％；20×3年确认的合同收入＝100×100％－25＝75（万元）；20×3年确认的毛利＝（100－80）－5＝15（万元）；20×3年确认的合同费用＝75－15＝60（万元）。

　　　　借：主营业务成本　　　　　　　　　　　　　　　　600 000

　　　　　　工程施工——合同毛利　　　　　　　　　　　　150 000

    贷：主营业务收入   750 000

（5）工程完工时将"工程施工"科目的余额与"工程结算"科目的余额对冲，

  借：工程结算   1 000 000

    贷：工程施工——合同毛利   200 000

      工程施工——合同成本   800 000

（四）纳税人销售房地产差额征税的财税处理

这里通过用案例分析的方式加以说明。

1. 房地产开发企业适用简易计税方法，差额征税时的增值税专用发票开具、财税处理案例。本案例根据国家税务总局货劳司编撰的营改增培训参考资料中的案例改编。

【例4-45】某纳税人销售2016年4月30日前购置的商品房，可以选择适用简易计税方法，适用差额征税。全部价款和价外费用100万元，不动产购置原价80万元，征收率5%。

    增值税＝(1 000 000－800 000)×5%/(1＋5%)＝9 523.81(元)

    金额＝1 000 000－9 523.81＝990 476.19(元)

票样见图4-1：

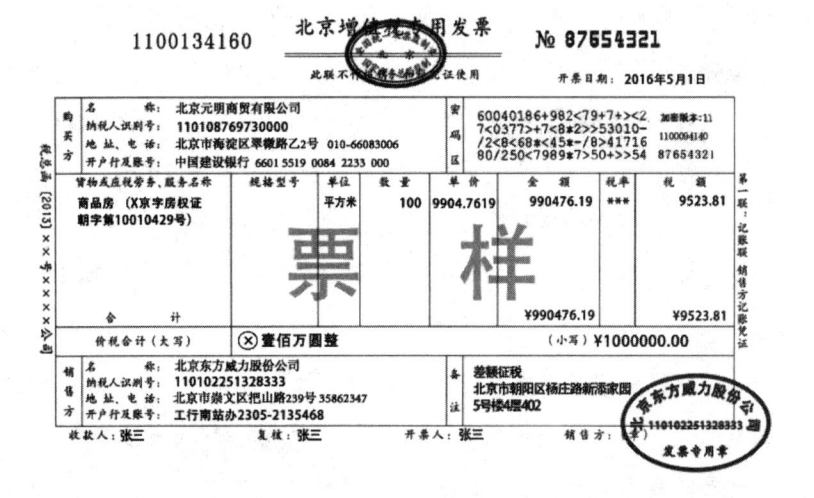

图4-1 北京增值税专用发票票样

账务处理为：

借：银行存款 1 000 000.00
　　贷：主营业务收入 952 380.95
　　　　应交税费——未交增值税 47 619.05
借：应交税费——未交增值税 38 095.24
　　贷：主营业务成本 38 095.24

2. 房地产开发企业适用一般计税方法，差额征税时的增值税专用发票开具、财税处理及申报案例。本案例根据河北省国家税务局发布的关于适用一般计税方法的房地产开发企业增值税专用发票开具及申报问题改编。

《关于全面推开营业税改征增值税试点有关税收征收管理事项的公告》（国家税务总局公告 2016 年第 23 号）第四条第（二）款规定："按照现行政策规定适用差额征税办法缴纳增值税，且不得全额开具增值税发票的（财政部、国家税务总局另有规定的除外），纳税人自行开具或者税务机关代开增值税专用发票时，通过新系统中差额征税开票功能开具增值税发票。"

由此可见，只有财政部、国家税务总局明确规定"适用差额征税办法缴纳增值税，且不得全额开具增值税发票的"，才需要通过新系统差额征税开票功能开具增值税发票。现行政策，对于房地产开发企业销售额中扣除土地价款，未规定不得全额开具增值税发票。因此，适用一般计税方法的增值税一般纳税人，可以全额开具增值税专用发票。

【例 4-46】A 房地产公司将一栋楼价税合计 1 000 万元销售给 M 公司，并开具增值税专用发票，经过计算这栋楼对应的土地成本为 300 万元。账务处理为：

第一步，计算销项税额。销项税额＝1 000÷(1＋11％)×11％＝99.1（万元）。

第二步，计算销售额。销售额＝1 000－99.1＝900.9（万元）。

第三步，按照上述销售额和销项税额的数据开具增值税专用发票。

借：银行存款 10 000 000
　　贷：主营业务收入 9 009 000
　　　　应交税费——应交增值税（销项税额） 991 000

M 公司取得增值税专用发票后，可以抵扣进项税额 99.1 万元。

计算营改增抵减的销项税额＝300÷(1＋11％)×11％＝29.73（万元），会计处理尚未明确，在财政部门尚未规范会计处理之前，可暂按下列两种会计处理方式进行：

借：主营业务成本 2 702 700
　　应交税费——应交增值税（营改增抵减的销项税额） 297 300
　贷：资本公积等科目（具体科目会计政策尚未规范） 3 000 000

或者，

借：应交税费——应交增值税（营改增抵减的销项税额） 297 300
　贷：主营业务成本 297 300

第四步，在《增值税纳税申报表附列资料（一）》第 14 列"销项（应纳）税额"，填报（1 000－300）÷(1＋11％)×11％＝69.37（万元）。

第五步，A 公司在《增值税纳税申报表》主表第 1 行"按适用税率计税销售额"中，填报销售额 900.9 万元，并将《增值税纳税申报表附列资料（一）》第 14 列"销项（应纳）税额"69.37 万元，填报在《增值税纳税申报表》主表第 11 行"销项税额"栏次中。

相关链接

建筑企业小规模纳税人差额征税开票问题。

《纳税人跨县（市、区）提供建筑服务增值税征收管理暂行办法》第九条规定，小规模纳税人跨县（市、区）提供建筑服务，不能自行开具增值税发票的，可向建筑服务发生地主管国税机关按照其取得的全部价款和价外费用申请代开增值税发票。

该条对小规模纳税人的发票开具问题作出了相关规定。

一般纳税人可按照现行规定自行开具增值税发票，而对小规模纳税人来说，分以下两种情况：

第一种情况是可以自行开具普通发票而不能自行开具增值税专用发票的小规模纳税人，明确增值税普通发票自行开具，增值税专用发票可以向建筑服务发生地主管国税机关申请代开。

第二种情况是起征点以下的小规模纳税人，由于其既不能开具增值税专用发票，也不能自行开具增值税普通发票，因此，这一类小规模纳税人可以向建筑服务发生地主管国税机关申请代开增值税专用发票和增值税普通发票。

另外，无论自行开具发票还是由税务机关代开发票，其开票金额均为其提供建筑服务取得的全部价款和价外费用。也就是说，小规模纳税人可以差额征税但全额开票。比如小规模纳税人提供建筑服务取得100万元收入，发生了分包业务，支付了20万元的分包款。在计算税款时，是按照80万元计算缴纳增值税，但在向建筑服务接受方开具发票时，是以100万元全额开具发票。考虑到服务接受方按照全额支付价款，并需要拿到一张全额的增值税发票，因此，对纳税人提供适用简易计税方法的建筑业服务，允许其差额征税但全额开票。

（五）房地产开发企业财税处理综合案例

房地产开发企业财税处理有其特殊之处，预收房款需要预缴增值税，但是预收房款时间却非纳税义务发生时间，土地出让金可以从销售额中扣除，但是也不是一次性扣除。为了让房地产开发企业财务人员顺利解决财税处理难题，本书设置了这个案例，从购买土地、预收房款、一直到房屋交付确认收入，是一个非常综合的案例。

【例4-47】丰收房地产开发公司（一般纳税人）于2016年5月18日通过"招拍挂"方式取得100 000平方米净地用于房地产开发，支付土地价款50 000万元。总规划建筑面积200 000m^2（假设全部可售），分二期进行开发。第一期规划建筑面积100 000m^2，占地50 000m^2，其中：1#～5#五栋楼规划建筑面积60 000m^2，6#～8#三栋楼规划建筑面积40 000m^2。

2016年6月16日，第一期项目的1#～5#楼开始施工。

2017年1月26日取得预售证，当月取得预收房款22 200万元。截至2018年5月，又收到预售房款44 400万元。

2018年6月19日，1#～5#楼竣工。收到建筑公司开具的增值税专用发票，金额合计14 000万元，增值税额1 540万元；公司自行购买建筑材料，用于1#～5#楼开发项目，取得增值税专用发票，金额2 000万元，税额340万元；其他成本费用取得增值税专用发票金额合计500万元，税额合计30万元。

2018年8月8日上述上述预售房产交付使用，共计销售房屋建筑面积50 000m^2，将上述预收房款结转收入。

下面以1#～5#楼为例说明增值税的财税处理方式。

（1）2016年5月18日，支付土地价款。

借：开发成本——土地成本　　　　　　　　　　　　　　　　　500 000 000
　　贷：银行存款　　　　　　　　　　　　　　　　　　　　　　500 000 000

（2）2016年6月16日，1#～5#五栋楼分摊土地成本。

每平方米土地成本＝50 000÷100 000＝0.5（万元）

1#～5#五栋楼分摊土地成本＝50 000×0.5×60 000÷100 000

＝18 000（万元）

借：开发成本——1#～5#楼　　　　　　　　　　　　　　　　180 000 000
　　贷：开发成本——土地成本　　　　　　　　　　　　　　　　180 000 000

（3）2017年1月，取得预收房款22 200万元。

应预缴税款＝22 200÷（1＋11％）×3％＝600（万元）

借：银行存款或库存现金　　　　　　　　　　　　　　　　　　222 000 000
　　贷：预收账款——客户名称　　　　　　　　　　　　　　　　222 000 000

收到预收款时预缴税款，并非纳税义务发生时间，预缴税款时账务处理为：

借：应交税费——应交增值税（已交税金）　　　　　　　　　　　6 000 000
　　贷：银行存款　　　　　　　　　　　　　　　　　　　　　　6 000 000

（4）截至2018年5月，收到预售房款44 400万元。

应预缴税款＝44 400÷（1＋11％）×3％＝1 200（万元）

账务处理同上。

（5）核算开发成本。

借：开发成本——建筑安装工程费　　　　　　　　　　　　　　100 000 000
　　应交税费——应交增值税（进项税额）　　　　　　　　　　　17 000 000
　　贷：银行存款等　　　　　　　　　　　　　　　　　　　　　117 000 000
借：开发成本——建筑安装工程费（甲供材）　　　　　　　　　　20 000 000
　　应交税费——应交增值税（进项税额）　　　　　　　　　　　3 400 000
　　贷：银行存款、应付账款等　　　　　　　　　　　　　　　　23 400 000
借：开发成本——其他　　　　　　　　　　　　　　　　　　　　5 000 000
　　应交税费——应交增值税（进项税额）　　　　　　　　　　　300 000
　　贷：银行存款等　　　　　　　　　　　　　　　　　　　　　5 300 000

(6) 2018年8月8日上述上述预售房产交付使用，共计销售房屋建筑面积50 000m²，将上述预收房款结转收入。

①当期允许扣除的土地价款＝(当期销售房地产项目建筑面积÷房地产项目可供销售建筑面积)×支付的土地价款＝50 000÷200 000×50 000＝12 500（万元）。

②销售额＝(22 200＋44 400)÷(1＋11%)＝60 000（万元），销项税额＝60 000×11%＝6 600（万元）。

  借：银行存款   666 000 000
   贷：主营业务收入   600 000 000
    应交税费——应交增值税（销项税额）   66 000 000

计算营改增抵减的销项税额＝12 500÷(1＋11%)×11%＝1 238.74（万元），会计处理尚未明确，在财政部门尚未规范会计处理之前，可暂按下列两种会计处理方式进行：

  借：主营业务成本   112 612 600
    应交税费——应交增值税（营改增抵减的销项税额） 12 387 400
   贷：资本公积等科目（具体科目会计政策尚未规范） 125 000 000

或者，

  借：应交税费——应交增值税（营改增抵减的销项税额） 12 387 400
   贷：主营业务成本   12 387 400

(7) 计算应纳增值税额。

  进项税额留底额＝1 700＋340＋30＝2 070(万元)

  应纳增值税额＝6 600－1 238.74－2 070＝3 291.26(万元)

  已预缴增值税＝600＋1 200＝1 800(万元)

  应补缴增值税＝3 291.26－1 800＝1 491.26(万元)

账务处理为：

  借：应交税费——应交增值税（转出未交增值税） 14 912 600
   贷：应交税费——未交增值税   14 912 600

(8) 缴纳增值税。

  借：应交税费——未交增值税   14 912 600
   贷：银行存款   14 912 600

Chapter 05

第五章 营业税改征增值税纳税人纳税申报

一、纳税申报资料

纳税申报资料包括纳税申报表及其附列资料和纳税申报其他资料。

(一)纳税申报表及其附列资料

1. 增值税一般纳税人(以下简称一般纳税人)需要填写的纳税申报表及其附列资料包括:

(1)《增值税纳税申报表(一般纳税人适用)》。

(2)《增值税纳税申报表附列资料(一)》(本期销售情况明细)。

(3)《增值税纳税申报表附列资料(二)》(本期进项税额明细)。

(4)《增值税纳税申报表附列资料（三）》(服务、不动产和无形资产扣除项目明细)。

一般纳税人销售服务、不动产和无形资产，在确定服务、不动产和无形资产销售额时，按照有关规定可以从取得的全部价款和价外费用中扣除价款的，需填报《增值税纳税申报表附列资料（三）》。其他情况不填写该附列资料。

(5)《增值税纳税申报表附列资料（四）》(税额抵减情况表)。

(6)《增值税纳税申报表附列资料（五）》(不动产分期抵扣计算表)。

(7)《固定资产（不含不动产）进项税额抵扣情况表》。

(8)《本期抵扣进项税额结构明细表》。

(9)《增值税减免税申报明细表》。

2. 增值税小规模纳税人（以下简称小规模纳税人）需要填写的纳税申报表及其附列资料包括：

(1)《增值税纳税申报表（小规模纳税人适用）》。

(2)《增值税纳税申报表（小规模纳税人适用）附列资料》。

小规模纳税人销售服务，在确定服务销售额时，按照有关规定可以从取得的全部价款和价外费用中扣除价款的，需填报《增值税纳税申报表（小规模纳税人适用）附列资料》。其他情况不填写该附列资料。

(3)《增值税减免税申报明细表》。

（二）纳税申报的其他资料

(1) 已开具的税控机动车销售统一发票和普通发票的存根联。

(2) 符合抵扣条件且在本期申报抵扣的增值税专用发票（含税控机动车销售统一发票）的抵扣联。

(3) 符合抵扣条件且在本期申报抵扣的海关进口增值税专用缴款书、购进农产品取得的普通发票的复印件。

(4) 符合抵扣条件且在本期申报抵扣的税收完税凭证及其清单，书面合同、付款证明和境外单位的对账单或者发票。

(5) 已开具的农产品收购凭证的存根联或报查联。

(6) 纳税人销售服务、不动产和无形资产，在确定服务、不动产和无形资产销售额时，按照有关规定从取得的全部价款和价外费用中扣除价款的合法凭证及其清单。

(7)《营改增税负分析测算明细表》,由从事建筑、房地产、金融或生活服务等经营业务的增值税一般纳税人在办理增值税纳税申报时填报,具体名单由主管税务机关确定。

(8)主管税务机关规定的其他资料。

说明: 纳税申报表及其附列资料为必报资料。纳税申报其他资料的报备要求由各省、自治区、直辖市和计划单列市国家税务局确定。

(三)需填写《增值税预缴税款表》的情形

纳税人跨县(市)提供建筑服务、房地产开发企业预售自行开发的房地产项目、纳税人出租与机构所在地不在同一县(市)的不动产,按规定需要在项目所在地或不动产所在地主管国税机关预缴税款的,需填写《增值税预缴税款表》。

二、纳税申报表的填写

纳税申报表的填写并不难,有非常详细的填表说明(详见本章末的附录),只要掌握了税收政策,填表是一件非常容易的事情。下面我们以建筑业为例说明。

(一)一般纳税人纳税申报表的填写

【例5-1】L市雨丰建筑有限公司(纳税人识别号:370000000000068),主营业务为建筑业,20×7年12月发生如下业务:

(1)承建L市甲企业办公楼,合同中约定,甲企业提供电梯,价款880万元。该办公楼12月竣工并一次性结算工程价款11 080万元,另外取得提前竣工奖20万元,开具增值税专用发票2份,金额10 000万元,税额1 100万元。

(2)承建L市乙企业家属宿舍楼,合同约定该工程采用包工包料方式。该宿舍楼12月竣工并结算工程价款6 660万元,开具增值税专用发票1份,金额6 000万元,税额660万元。

(3) 承建 M 市丙房地产开发公司写字楼一幢,该写字楼于 12 月竣工并结算工程价款 11 100 万元（总承包额）,开具增值税专用发票 1 份,金额 10 000 万元,税额 1 100 万元。与戊建筑公司结算该写字楼工程的装饰工程价款 4 440 万元（分包额）,取得增值税专用发票 1 份,金额 4 000 万元,税额 440 万元。

企业应以取得的全部价款和价外费用扣除支付的分包款后的余额,按照 2% 的预征率在建筑服务发生地 M 市预缴税款后,向机构所在地 L 市主管税务机关进行纳税申报。应预缴税款 =（全部价款和价外费用－支付的分包款）÷（1+11%）×2% =（11 100－4 440）÷（1+11%）×2% = 120（万元）。

(4) 承包 L 市丁宾馆室内装修工程,装饰、装修劳务费 1 000 万元;辅助材料费用 30 万元;宾馆自行采购的材料价款 2 600 万元及中央空调设备价款 129 万元。该项目采用简易计税方法核算,开具增值税专用发票 1 份,金额 1 000 万元,税额 30 万元。与戊建筑公司结算该宾馆室内装修工程的装饰工程价款 206 万元（分包额）,取得增值税普通发票 1 份。

$$\text{简易计税方法计算的应缴税款} = \left(\text{全部价款和价外费用} - \text{支付的分包款}\right) \div (1+3\%) \times 3\%$$
$$= (1\,030 - 206) \div (1+3\%) \times 3\% = 24(\text{万元})$$

(5) 购进建筑材料、设备、办公用品、相关服务等业务,取得建筑材料、办公用品等业务增值税专用发票 10 份,金额 500 万元,税率 17%,税额 85 万元;取得机械设备增值税专用发票 1 份,金额 100 万元,税率 17%,税额 17 万元;取得建筑材料增值税专用发票 20 份,金额 100 万元,税率（征收率）3%,税额 3 万元;取得运输费用增值税专用发票 6 份,金额 40 万元,税率 11%,税额 4.4 万元;取得广告、设计费用等增值税专用发票 2 份,金额 200 万元,税率 6%,税额 12 万元。

(6) 一批建筑材料因保管不慎被盗,成本 10 万元,需要做进项税额转出 1.7 万元。

(7) 月初无留抵税额,缴纳上月增值税 1 988 万元。1—11 月份累计发生数为：按适用税率计税销售额 276 000 万元,按简易办法计税销售额 10 000 万元,销项税额 30 460 万元,进项税额 10 700 万元,进项税额转出 20 万元,简易计税办法计算的应纳税额 300 万元,年初未缴税额 1 888 万元,本年累计已缴纳增值税 22 088 万元。

根据上述业务,参考附录中的填表说明,我们很容易就可以把申报表填好了。填写好的增值税纳税申报表及其附列资料,参见表 5-1 至表 5-9。

表 5-1

增值税纳税申报表
（一般纳税人适用）

根据国家税收法律法规及增值税相关规定制定本表。纳税人不论有无销售额，均应按税务机关核定的纳税期限填写本表，并向当地税务机关申报。

填表日期：20×8年1月7日　　税款所属时间：自20×7年12月1日至20×7年12月31日　　金额单位：元至角分

纳税人识别号	370000000000068		所属行业：	略		
纳税人名称	L市雨丰建筑有限公司（公章）		略			
法定代表人姓名	略	注册地址	略	生产经营地址	略	
开户银行及账号	略	登记注册类型	略	电话号码	略	

	项目	栏次	一般项目		即征即退项目	
			本月数	本年累计	本月数	本年累计
销售额	（一）按适用税率计税销售额	1	260 000 000	3 020 000 000	—	—
	其中：应税货物销售额	2				
	应税劳务销售额	3				
	纳税检查调整的销售额	4				
	（二）按简易办法计税销售额	5	10 000 000	110 000 000		
	其中：纳税检查调整的销售额	6				
	（三）免、抵、退办法出口销售额	7				
	（四）免税销售额	8				
	其中：免税货物销售额	9				
	免税劳务销售额	10				
税款计算	销项税额	11	28 600 000	333 200 000	—	—
	进项税额	12	5 614 000	112 614 000	—	—
	上期留抵税额	13			—	—
	进项税额转出	14	17 000	217 000		
	免、抵、退应退税额	15			—	—

续表

	项目	栏次	一般项目 本月数	一般项目 本年累计	即征即退项目 本月数	即征即退项目 本年累计
税款计算	按适用税率计算的纳税检查应补缴税额	16		—	—	—
	应抵扣税额合计	17=12+13-14-15+16	5 597 000	—	—	—
	实际抵扣税额	18（如17＜11，则为17，否则为11）	5 597 000	112 397 000	—	—
	应纳税额	19=11-18	23 003 000	220 803 000		
	期末留抵税额	20=17-18				
	简易计税办法计算的应纳税额	21	240 000	3 240 000		
	应纳税额减征额	22				
	按简易计税办法计算的纳税检查应补缴税额	23				
	应纳税额合计	24=19+21-23	23 243 000	224 043 000		
税款缴纳	期初未缴税额（多缴为负数）	25	19 880 000	18 880 000		
	实收出口开具专用缴款书退税额	26				
	本期已缴税额	27=28+29+30+31	21 080 000	220 880 000		
	①分次预缴税额	28	1 200 000	—		
	②出口开具专用缴款书预缴税额	29		—		
	③本期缴纳上期应纳税额	30	19 880 000	220 880 000		
	④本期缴纳欠缴税额	31				
	期末未缴税额（多缴为负数）	32=24+25+26-27	22 043 000	22 043 000		

续表

项目		栏次	一般项目 本月数	一般项目 本年累计	即征即退项目 本月数	即征即退项目 本年累计
税款缴纳	其中：欠缴税额（≥0）	33=25+26-27		—	—	—
	本期应补（退）税额	34=24-28-29	22 043 000	—	—	—
	即征即退实际退税额	35			—	—
	期初未缴查补税额	36			—	—
	本期入库查补税额	37			—	—
	期末未缴查补税额	38=16+22+36-37			—	—
授权声明	如果你已委托代理人申报，请填写下列资料： 为代理一切税务事宜，现授权 （地址） 为本纳税人的代理申报人，任何与本申报表有关的往来文件，都可寄予此人。 授权人签字：					
申报人声明	本纳税申报表是根据国家税收法律法规及相关规定填报的，我确定它是真实的、可靠的、完整的。 声明人签字：					

主管税务机关：　　　　　　　　接收人：　　　　　　　　接收日期：

表 5-2　增值税纳税申报表附列资料（一）
（本期销售情况明细）

纳税人名称：（公章）L 市雨丰建筑有限公司　　税款所属时间：20×7 年 12 月 1 日至 20×7 年 12 月 31 日　　金额单位：元至角分

项目及栏次			开具增值税专用发票		开具其他发票		未开具发票		纳税检查调整		合计		价税合计	服务、不动产和无形资产扣除项目本期实际扣除金额	扣除后	
			销售额	销项（应纳）税额	销售额	销项（应纳）税额	销售额	销项（应纳）税额	销售额	销项（应纳）税额	销售额	销项（应纳）税额			含税（免税）销售额	销项（应纳）税额
			1	2	3	4	5	6	7	8	9=1+3+5+7	10=2+4+6+8	11=9+10	12	13=11−12	14=13÷(100%+税率或征收率)×税率或征收率
一、一般计税方法计税	全部征税项目	1　17%税率的货物及加工修理修配劳务														
		2　17%税率的服务、不动产和无形资产														
		3　13%税率														
		4　11%税率	260 000 000	28 600 000	—	—	—	—	—	—	260 000 000	28 600 000	288 600 000	—	288 600 000	28 600 000
		5　6%税率														
	其中：即征即退项目	6　即征即退货物及加工修理修配劳务	—	—	—	—	—	—	—	—	—	—	—	—	—	—
		7　即征即退服务、不动产和无形资产	—	—	—	—	—	—	—	—	—	—	—	—	—	—

续表

项目及栏次		开具增值税专用发票		开具其他发票		未开具发票		纳税检查调整		合计			服务、不动产和无形资产扣除项目本期实际扣除金额	扣除后	
		销售额	销项(应纳)税额	销售额	销项(应纳)税额	销售额	销项(应纳)税额	销售额	销项(应纳)税额	销售额	销项(应纳)税额	价税合计		含税(免税)销售额	销项(应纳)税额
		1	2	3	4	5	6	7	8	9=1+3+5+7	10=2+4+6+8	11=9+10	12	13=11−12	14=13÷(100%+税率或征收率)×税率或征收率
二、简易计税方法计税	6%征收率	8													
	5%征收率的货物及加工修理修配劳务	9a				—	—	—	—	—	—	—	—	—	—
	5%征收率的服务、不动产和无形资产	9b													
	4%征收率	10			—	—	—	—					—	—	—
	3%征收率的货物及加工修理修配劳务	11											—	—	—
	3%征收率的服务、不动产和无形资产	12	10 000 000	300 000							10 000 000	300 000	10 300 000	2 060 000	8 240 000	240 000
	预征率 %	13a	—		—	—	—	—	—	—	—	—	—	—	—
	预征率 %	13b	—		—	—	—	—	—	—	—	—	—	—	—
	预征率 %	13c	—		—	—	—	—	—	—	—	—	—	—	—
其中:即征即退项目	即征即退货物及加工修理修配劳务	14													
	即征即退服务、不动产和无形资产	15													

续表

项目及栏次		开具增值税专用发票 销售额 1	开具增值税专用发票 销项(应纳)税额 2	开具其他发票 销售额 3	开具其他发票 销项(应纳)税额 4	未开具发票 销售额 5	未开具发票 销项(应纳)税额 6	纳税检查调整 销售额 7	纳税检查调整 销项(应纳)税额 8	合计 销售额 9=1+3+5+7	合计 销项(应纳)税额 10=2+4+6+8	价税合计 11=9+10	服务、不动产和无形资产扣除项目本期实际扣除金额 12	扣除后 含税(免税)销售额 13=11-12	扣除后 销项(应纳)税额 14=13÷(100%+税率或征收率)×税率或征收率
三、免抵退税	货物及加工修理修配劳务 16	—	—	—	—										
	服务、不动产和无形资产 17	—	—	—	—					—	—		—	—	—
四、免税	货物及加工修理修配劳务 18	—	—	—	—										
	服务、不动产和无形资产 19	—	—	—	—					—	—		—	—	—

表 5-3　　　　　　　　　增值税纳税申报表附列资料（二）
　　　　　　　　　　　　　　　（本期进项税额明细）

税款所属时间：20×7年12月1日至20×7年12月31日
纳税人名称：（公章）L市雨丰建筑有限公司　　　　　　　　金额单位：元至角分

一、申报抵扣的进项税额				
项目	栏次	份数	金额	税额
（一）认证相符的增值税专用发票	1＝2＋3	40	49 400 000	5 614 000
其中：本期认证相符且本期申报抵扣	2	40	49 400 000	5 614 000
前期认证相符且本期申报抵扣	3			
（二）其他扣税凭证	4＝5＋6＋7＋8			
其中：海关进口增值税专用缴款书	5			
农产品收购发票或者销售发票	6			
代扣代缴税收缴款凭证	7		—	
其他	8			
（三）本期用于购建不动产的扣税凭证	9			
（四）本期不动产允许抵扣进项税额	10	—	—	
（五）外贸企业进项税额抵扣证明	11	—	—	
当期申报抵扣进项税额合计	12＝1＋4－9＋10＋11	40	49 400 000	5 614 000

二、进项税额转出额		
项目	栏次	税额
本期进项税额转出额	13＝14至23之和	17 000
其中：免税项目用	14	
集体福利、个人消费	15	
非正常损失	16	17 000
简易计税方法征税项目用	17	
免抵退税办法不得抵扣的进项税额	18	
纳税检查调减进项税额	19	
红字专用发票信息表注明的进项税额	20	
上期留抵税额抵减欠税	21	
上期留抵税额退税	22	
其他应作进项税额转出的情形	23	

三、待抵扣进项税额				
项目	栏次	份数	金额	税额
（一）认证相符的增值税专用发票	24	—	—	—
期初已认证相符但未申报抵扣	25			

续表

项目	栏次	份数	金额	税额
本期认证相符且本期未申报抵扣	26			
期末已认证相符但未申报抵扣	27			
其中：按照税法规定不允许抵扣	28			
（二）其他扣税凭证	29＝30至33之和			
其中：海关进口增值税专用缴款书	30			
农产品收购发票或者销售发票	31			
代扣代缴税收缴款凭证	32		—	
其他	33			
	34			

四、其他

项目	栏次	份数	金额	税额
本期认证相符的增值税专用发票	35	40	49 400 000	5 614 000
代扣代缴税额	36	—		

表5-4　　　　增值税纳税申报表附列资料（三）
（服务、不动产和无形资产扣除项目明细）

税款所属时间：20×7年12月1日至20×7年12月31日

纳税人名称：（公章）L市雨丰建筑有限公司　　　　　　　　　　金额单位：元至角分

项目及栏次		本期服务、不动产和无形资产价税合计额（免税销售额）	服务、不动产和无形资产扣除项目			
			期初余额	本期发生额	本期应扣除金额	本期实际扣除金额	期末余额
		1	2	3	4＝2+3	5（5≤1且5≤4）	6＝4－5
17%税率的项目	1						
11%税率的项目	2						
6%税率的项目（不含金融商品转让）	3						
6%税率的金融商品转让项目	4						
5%征收率的项目	5						
3%征收率的项目	6	10 300 000	0	2 060 000	2 060 000	2 060 000	0
免抵退税的项目	7						
免税的项目	8						

表 5-5　　　　　　　　　**增值税纳税申报表附列资料（四）**
　　　　　　　　　　　　　　（税额抵减情况表）

税款所属时间：20×7年12月1日至20×7年12月31日

纳税人名称：（公章）L市雨丰建筑有限公司　　　　　　　　　　金额单位：元至角分

序号	抵减项目	期初余额 1	本期发生额 2	本期应抵减税额 3＝1＋2	本期实际抵减税额 4≤3	期末余额 5＝3－4
1	增值税税控系统专用设备费及技术维护费					
2	分支机构预征缴纳税款					
3	建筑服务预征缴纳税款	0	1 200 000	1 200 000	1 200 000	0
4	销售不动产预征缴纳税款					
5	出租不动产预征缴纳税款					

表 5-6　　　　　　　　　**增值税纳税申报表附列资料（五）**
　　　　　　　　　　　　　　（不动产分期抵扣计算表）

税款所属时间：　　年　月　日至　　年　月　日

纳税人名称：（公章）　　　　　　　　　　　　　　　　　　　金额单位：元至角分

期初待抵扣不动产进项税额	本期不动产进项税额增加额	本期可抵扣不动产进项税额	本期转入的待抵扣不动产进项税额	本期转出的待抵扣不动产进项税额	期末待抵扣不动产进项税额
1	2	3≤1＋2＋4	4	5≤1＋4	6＝1＋2－3＋4－5
0					

说明：公司未发生业务，本表可零申报。

表 5-7　　　　**固定资产（不含不动产）进项税额抵扣情况表**

填表日期：20×8年1月7日

纳税人名称（公章）：L市雨丰建筑有限公司　　　　　　　　　金额单位：元至角分

项目	当期申报抵扣的固定资产进项税额	申报抵扣的固定资产进项税额累计
增值税专用发票	170 000	170 000
海关进口增值税专用缴款书		
合计	170 000	170 000

表 5-8　　　　　　　　　　　**本期抵扣进项税额结构明细表**

税款所属时间：20×7 年 12 月 1 日至 20×7 年 12 月 31 日

纳税人名称：（公章）L 市雨丰建筑有限公司　　　　　　　　金额单位：元至角分

项目	栏次	金额	税额
合计	1＝2＋4＋5＋11＋16＋18＋27＋29＋30	49 400 000	5 614 000
一、按税率或征收率归集（不包括购建不动产、通行费）的进项			
17%税率的进项	2	6 000 000	1 020 000
其中：有形动产租赁的进项	3		
13%税率的进项	4		
11%税率的进项	5	40 400 000	4 444 000
其中：运输服务的进项	6	400 000	44 000
电信服务的进项	7		
建筑安装服务的进项	8	40 000 000	4 400 000
不动产租赁服务的进项	9		
受让土地使用权的进项	10		
6%税率的进项	11	2 000 000	120 000
其中：电信服务的进项	12		
金融保险服务的进项	13		
生活服务的进项	14		
取得无形资产的进项	15		
5%征收率的进项	16		
其中：不动产租赁服务的进项	17		
3%征收率的进项	18	1 000 000	30 000
其中：货物及加工、修理修配劳务的进项	19	1 000 000	30 000
运输服务的进项	20		
电信服务的进项	21		
建筑安装服务的进项	22		
金融保险服务的进项	23		
有形动产租赁服务的进项	24		
生活服务的进项	25		
取得无形资产的进项	26		
减按 1.5%征收率的进项	27		
	28		
二、按抵扣项目归集的进项			
用于购建不动产并一次性抵扣的进项	29		
通行费的进项	30		
	31		
	32		

表 5-9　　　　　　　　　　**增值税减免税申报明细表**

税款所属时间：　　年　月　日至　　年　月　日

纳税人名称（公章）：　　　　　　　　　　　　　　　　　　　　　金额单位：元至角分

一、减税项目					
减税性质代码及名称	栏次	期初余额	本期发生额	本期应抵减税额	本期实际抵减税额	期末余额
		1	2	3＝1+2	4≤3	5＝3－4
合计	1					
	2					
	3					
	4					
	5					
	6					

二、免税项目					
免税性质代码及名称	栏次	免征增值税项目销售额	免税销售额扣除项目本期实际扣除金额	扣除后免税销售额	免税销售额对应的进项税额	免税额
		1	2	3＝1－2	4	5
合计	7					
出口免税	8		—	—	—	—
其中：跨境服务	9		—	—	—	—
	10					
	11					
	12					
	13					
	14					
	15					
	16					

说明：公司无减免税项目，本表可零申报。

填写好的《增值税预缴税款表》参见表 5-10。

表 5-10　　　　　　　　　　　增值税预缴税款表

税款所属时间：20×7 年 12 月 1 日至 20×7 年 12 月 31 日
纳税人识别号：370000000000068　　　　　　　　是否适用一般计税方法：是 □　否 □
纳税人名称：（公章）L 市雨丰建筑有限公司　　　　　　金额单位：元（列至角分）

项目编号		略	项目名称	略	
项目地址		略			
预征项目和栏次		销售额	扣除金额	预征率	预征税额
		1	2	3	4
建筑服务	1	111 000 000	44 400 000	2%	1 200 000
销售不动产	2				
出租不动产	3				
	4				
	5				
合计	6				
授权声明	如果你已委托代理人填报，请填写下列资料： 为代理一切税务事宜，现授权　　　　（地址）　　　　为本次纳税人的代理填报人，任何与本表有关的往来文件，都可寄予此人。 授权人签字：		填表人申明	以上内容是真实的、可靠的、完整的。 纳税人签字：	

填写好的《营改增税负分析测算明细表》参见表 5-11，《营改增试点应税项目明细表》参见表 5-12。

（二）小规模纳税人纳税申报表的填写

增值税小规模纳税人纳税申报表及其附列资料的格式参见表 5-13、表 5-14。填写较为简单，不再举例。

表 5-11

营改增税负分析测算明细表

纳税人名称：（公章）　　税款所属时间：　年　月　日　至　年　月　日　　　　　　　　　　　　金额单位：元至角分

应税项目代码及名称	增值税税率或征收率	营业税税率	增值税						
^	^	^	不含税销售额	销项（应纳）税额	价税合计	服务、不动产和无形资产扣除项目本期实际扣除金额	扣除后		增值税应纳税额（测算）
^	^	^	1	2=1×增值税税率或征收率	3=1+2	4	含税销售额 5=3−4	销项（应纳）税额 6=5÷(100%+增值税税率或征收率)×增值税税率或征收率	7
合计	—	—	270 000 000	28 900 000	298 900 000	2 060 000	296 840 000	28 840 000	23 196 032
040100 工程服务	11%	3%	100 000 000	11 000 000	111 000 000	0	111 000 000	11 000 000	8 847 307.7
040100 工程服务	11%	3%	60 000 000	6 600 000	66 600 000	0	66 600 000	6 600 000	5 308 384.6
040100 工程服务	11%	3%	100 000 000	11 000 000	111 000 000	0	111 000 000	11 000 000	8 847 307.7
040400 装饰服务	3%	3%	10 000 000	300 000	10 300 000	2 060 000	8 240 000	240 000	19 303 217

续表

项目及栏次			营业税					
			原营业税税制下服务、不动产和无形资产差额扣除项目				应税营业额	营业税应纳税额
应税项目代码及名称	增值税税率或征收率	营业税税率	期初余额	本期发生额	本期应扣除金额	本期实际扣除金额		
			8	9	10=8+9	11 (11≤3且11≤10)	13=3-11	14=13×营业税税率
合计			0	2 060 000	2 060 000	2 060 000	296 840 000	8 905 200
040100 工程服务	11%	3%	0	0	0	0	111 000 000	3 330 000
040100 工程服务	11%	3%	0	0	0	0	66 600 000	1 998 000
040100 工程服务	11%	3%	0	2 060 000	2 060 000	2 060 000	111 000 000	3 330 000
040400 装饰服务	3%	3%					8 240 000	247 200

期末余额 12=10-11: 0, 0, 0, 0

表 5-12　营改增试点应税项目明细表及填报说明

序号	代码	应税项目名称	填报说明
		交通运输服务	
1	010100	铁路运输服务	无运输工具承运业务按照运输业务的实际承运人使用的运输工具划分到对应税目。通过铁路运送货物或者旅客的运输业务活动。
2	010201	陆路旅客运输服务	包括公路运输、缆车运输、索道运输、地铁运输、城市轻轨运输等。出租车公司向使用本公司自有车辆的出租车司机收取的管理费用，按照陆路运输服务缴纳增值税。
3	010202	陆路货物运输服务	铁路运输以外的陆路货物运输业务活动。包括公路运输、缆车运输、索道运输、城市轻轨运输等。
4	010300	水路运输服务	通过江、河、湖、川等天然、人工水道或者海洋航道运送货物或者旅客的运输业务活动。水路运输的程租、期租业务，按照水路运输服务缴纳增值税。
5	010400	航空运输服务	通过空中航线运送货物或者旅客的运输业务活动。航空运输的湿租业务，属于航空运输服务。
6	010500	管道运输服务	通过管道设施输送气体、液体、固体物质的运输业务活动。
		邮政服务	
7	020000	邮政服务	中国邮政集团公司及其所属邮政企业提供邮件寄递、邮政汇兑和机要通信等邮政基本服务的业务活动。包括邮政普遍服务、邮政特殊服务和其他邮政服务。
		电信服务	
8	030100	基础电信服务	利用固网、移动网、卫星、互联网，提供语音通话服务的业务活动，以及出租或者出售带宽、波长等网络元素的业务活动。
9	030200	增值电信服务	利用固网、移动网、卫星、互联网、有线电视网络，提供短信和彩信服务、电子数据和信息的传输及应用服务、互联网接入服务等业务活动。卫星电视信号落地转接服务，按照增值电信服务缴纳增值税。
		建筑服务	
10	040100	工程服务	新建、改建各种建筑物、构筑物的工程作业，包括与建筑物相连的各种设备或者支柱、操作平台的安装或者装设工程作业，以及各种窑炉和金属结构工程作业。

续表

序号	代码	应税项目名称	填报说明
11	040200	安装服务	生产设备、动力设备、起重设备、传动设备、运输设备、医疗实验设备以及其他各种设备、设施的装配、安置工程作业，包括与被安装设备相连的工作台、梯子、栏杆的装设工程作业，以及被安装设备的绝缘、防腐、保温、油漆等工程作业。固定电话、有线电视宽带、水、电、燃气、暖气等经营者向用户收取的安装费、初装费、开户费、扩容费以及类似收费，按照安装服务缴纳增值税。
12	040300	修缮服务	对建筑物、构筑物进行修补、加固、养护、改善，使之恢复原来的使用价值或者延长其使用期限的工程作业。
13	040400	装饰服务	对建筑物、构筑物进行修饰装修，使之美观或者具有特定用途的工程作业。
14	040500	其他建筑服务	其他建筑服务，上列工程作业之外的各种工程作业服务，如钻井（打井）、拆除建筑物或者构筑物、平整土地、园林绿化、疏浚（不包括航道疏浚）、建筑物平移、搭脚手架、爆破、矿山穿孔、表面附着物（包括岩层、土层、沙层等）剥离和清理等工程作业。
		金融服务	
15	050100	贷款服务	将资金贷与他人使用而取得利息收入的业务活动。各种占用、拆借资金取得的收入，包括金融商品持有期间（含到期）利息（保本收益、报酬、资金占用费、补偿金等）收入，信用卡透支利息收入、买入返售金融商品利息收入、融资融券收取的利息收入，以及融资性售后回租、押汇、罚息、票据贴现、转贷等业务取得的利息及利息性质的收入，按照贷款服务缴纳增值税；以货币资金投资收取的固定利润或者保底利润，按照贷款服务缴纳增值税。
16	050200	直接收费金融服务	为货币资金融通及其他金融业务提供相关服务并收取费用的业务活动。包括提供货币兑换、账户管理、电子银行、信用卡、信用证、财务担保、资产管理、信托管理、基金管理、金融交易场所（平台）管理、资金清算、资金结算、资金支付等服务。
17	050300	人身保险服务	以人的寿命和身体为保险标的的保险业务活动。
18	050400	财产保险服务	以财产及其有关利益为保险标的的保险业务活动。
19	050500	金融商品转让	转让外汇、有价证券、非货物期货和其他金融商品所有权的业务活动。其他金融商品转让包括基金、信托、理财产品等各类资产管理产品和各种金融衍生产品的转让。

续表

序号	代码	应税项目名称	填报说明
		现代服务	
		研发和技术服务	
20	060101	研发服务	就新技术、新产品、新工艺或者新材料及其系统进行研究与试验开发的业务活动。
21	060102	合同能源管理服务	节能服务公司与用能单位以契约形式约定节能目标，节能服务公司提供必要的服务，用能单位以节能效果支付节能服务公司投入及其合理报酬的业务活动。
22	060103	工程勘察勘探服务	在采矿、工程施工前后，对地形、地质构造、地下资源蕴藏情况进行实地调查的业务活动。
23	060104	专业技术服务	气象服务、地震服务、海洋服务、测绘服务、城市规划、环境与生态监测服务等专项技术服务。
		信息技术服务	
24	060201	软件服务	提供软件开发服务、软件维护服务、软件测试服务的业务活动。
25	060202	电路设计及测试服务	提供集成电路和电子电路产品设计、测试及相关技术支持服务的业务活动。
26	060203	信息系统服务	提供信息系统集成、网络管理、桌面管理与维护、信息系统应用、基础信息技术管理平台整合、信息技术基础设施管理、数据中心、托管中心、信息安全服务、在线杀毒、虚拟主机等业务活动。包括网站对非自有的网络游戏提供的网络运营服务。
27	060204	业务流程管理服务	依托信息技术为用户提供的人力资源管理、财务经济管理、审计管理、税务管理、物流信息管理、经营信息管理和呼叫中心等服务的业务活动。
28	060205	信息系统增值服务	利用信息系统资源为用户附加提供的信息技术服务。包括数据处理、分析和整合、数据库管理、数据备份、数据存储、容灾服务、电子商务平台等。
		文化创意服务	
29	060301	设计服务	把计划、规划、设想通过文字、语言、图画、声音、视觉等形式传递出来的业务活动。包括工业设计、内部管理设计、业务运作设计、供应链设计、服装设计、环境设计、平面设计、包装设计、动漫设计、网游设计、网站设计、机械设计、工程设计、广告设计、创意策划、文印晒图等。

第五章　营业税改征增值税纳税人纳税申报　219

续表

序号	代码	应税项目名称	填报说明
30	060302	知识产权服务	处理知识产权事务的业务活动。包括对专利、商标、著作权、软件、集成电路布图设计的登记、鉴定、评估、认证、检索服务。
31	060303	广告服务	利用图书、报纸、杂志、广播、电视、电影、幻灯、路牌、招贴、橱窗、霓虹灯、灯箱、互联网等各种形式为客户的商品、经营服务项目、文体节目或者通告等委托事项进行宣传和提供相关服务的业务活动。包括广告代理和广告的发布、播映、宣告、展示等。
32	060304	会议展览服务	为商品流通、促销、展示、经贸洽谈、民间交流、企业沟通、国际往来等举办或者组织安排的各类展览和会议类的业务活动。
		物流辅助服务	
33	060401	航空服务	包括航空地面服务和通用航空服务。航空地面服务，是指航空公司、飞机场、民航管理局、航站等向在境内机场停留的境内外航行器提供的导航等劳务性地面服务或者向在境内航行或者停留的境内外飞行器提供的导航等劳务性地面服务的业务活动，包括旅客安全检查服务、停机坪管理服务、机场候机厅管理服务、飞机跑道管理服务、空中飞行管理服务、飞机起降服务、飞行通讯服务、地面信号服务、飞机清洗消毒服务、空中交通管理服务、通用航空服务等。通用航空服务，是指为专业工作需要提供飞行服务的业务活动，包括航空摄影、航空培训、航空测量、航空勘探、航空护林、航空吊挂播洒、航空降雨、航空气象探测、航空海洋监测、航空科学实验等。
34	060402	港口码头服务	港务船舶调度服务、船舶通讯服务、航道管理服务、航道疏浚服务、灯塔管理服务、航标管理服务、船舶引航服务、系解缆绳服务、停泊和移泊服务、海上船舶溢油清除服务、水上交通管理服务、船只专业清洗消毒检测服务和防止船只漏油服务为船只提供服务、的业务活动。港口设施经营人收取的港口设施保安费按照国家费用缴纳增值税。
35	060403	货运客运场站服务	货运客运场站提供货物配载服务、运输组织服务、中转换乘服务、车辆调度服务、货物打包整理、货物到达和中转服务、铁路线路使用服务、加挂铁路客车服务、铁路行包专列发送服务、票务服务、铁路打包整理、铁路车辆编解服务、车辆挂运服务、铁路接触网服务、铁路机车牵引服务等业务活动。
36	060404	打捞救助服务	提供船舶人员救助、船舶财产救助、水上救助和沉船打捞服务的业务活动。
37	060405	装卸搬运服务	使用装卸搬运工具或者人力、畜力将货物在运输工具与装卸现场之间、装卸现场之间或者运输工具之间进行装卸和搬运的业务活动。

续表

序号	代码	应税项目名称	填报说明
38	060406	仓储服务	利用仓库、货场或者其他场所代客贮放、保管货物的业务活动。
39	060407	收派服务	接受寄件人委托，在承诺的时限内完成函件和包裹的收件、分拣、派送服务的业务活动。收件服务，是指从寄件人收取函件和包裹，并运送到同城的集散中心的业务活动。分拣服务，是指服务提供方在其集散中心对函件和包裹按照路向归类、分发的业务活动。派送服务，是指服务提供方从其集散中心将函件和包裹送达同城的收件人的业务活动。
		租赁服务	
40	060501	不动产融资租赁	标的物为不动产的具有融资性质和所有权转移特点的租赁活动。即出租人根据承租人所要求的规格、型号、性能等条件购入不动产租赁给承租人，合同期内租赁物所有权属于出租人，承租人只拥有使用权，合同期满付清租金后，承租人有权按照残值购入租赁物，以拥有其所有权。不论出租人是否将租赁物销售给承租人，均属于融资性售后回租融资租赁。不按照本税目缴纳增值税。
41	060502	不动产经营租赁	在约定时间内将不动产转让他人使用且租赁物所有权不变更的业务活动。按照不动产经营租赁服务缴纳增值税。车辆停放服务、道路通行服务（包括过路费、过桥费、过闸费等）等按照不动产经营租赁服务缴纳增值税。
42	060503	有形动产融资租赁	标的物为有形动产的具有融资性质和所有权转移特点的租赁活动。即出租人根据承租人所要求的规格、型号、性能等条件购入有形动产租赁给承租人，合同期内租赁物所有权属于出租人，承租人只拥有使用权，合同期满付清租金后，承租人有权按照残值购入租赁物，以拥有其所有权。不论出租人是否将租赁物销售给承租人，均属于融资性售后回租融资租赁。
43	060504	有形动产经营租赁	在约定时间内将有形动产转让他人使用且租赁物所有权不变更的业务活动。将飞机、车辆等有形动产的广告位出租给其他单位或个人用于发布广告，按照经营租赁服务缴纳增值税。将光租运输的干租业务，航空运输的干租业务，属于经营租赁。
		鉴证咨询服务	
44	060601	认证服务	具有专业资质的单位利用检测、检验、计量等技术、证明产品、服务、管理体系符合相关技术规范、相关技术规范的强制性要求或者标准的业务活动。

续表

序号	代码	应税项目名称	填报说明
45	060602	鉴证服务	具有专业资质的单位受托对相关事项进行鉴证、发表具有证明力的意见的业务活动。包括会计鉴证、税务鉴证、法律鉴证、职业技能鉴定、工程造价鉴证、工程监理、资产评估、环境评估、房地产土地评估、建筑图纸审核、医疗事故鉴定等。
46	060603	咨询服务	提供信息、建议、策划、顾问等服务的活动，包括金融、软件、技术、财务、税收、法律、内部管理、业务运作、流程管理、健康等方面的咨询。翻译服务和市场调查服务按照咨询服务缴纳增值税。
		广播影视服务	
47	060701	广播影视节目（作品）制作服务	进行专题（特别节目）、专栏、综艺、体育、动画片、广播剧、电视剧、电影等广播影视节目和作品制作的服务。具体包括广播影视节目和作品相关的策划、采编、拍摄、录音、音视频文字素材制作、场景布置、后期的剪辑、翻译（编译）、字幕制作、片头、片尾、片花制作、特效制作、影片修复、编目和确权等业务活动。
48	060702	广播影视节目（作品）发行服务	以分账、买断、委托等方式，向影院、电台、电视台、网站等单位和个人发行广播影视节目（作品），以及转让体育赛事等播映权的业务活动。
49	060703	广播影视节目（作品）播映服务	在影院、剧院、录像厅及其他场所播映广播影视节目（作品），以及通过电台、电视台、卫星通信、互联网、有线电视等无线或者有线装置播放广播影视节目（作品）的业务活动。
		商务辅助服务	
50	060801	企业管理服务	提供总部管理、投资与资产管理、市场管理、物业管理、日常综合管理等服务的业务活动。
51	060802	经纪代理服务	各类经纪、中介、代理服务。包括金融代理、知识产权代理、货物运输代理、代理报关、法律代理、房地产中介、职业中介、婚姻中介、代理记账、拍卖等。
52	060803	人力资源服务	提供公共就业、劳务派遣、人才委托招聘、劳动力外包等服务的业务活动。
53	060804	安全保护服务	提供保护人身安全和财产安全，维护社会治安等的业务活动。包括场所住宅保安、安全系统监控以及其他安保服务。
		其他现代服务	
54	069900	其他现代服务	除研发和技术服务、信息技术服务、文化创意服务、物流辅助服务、租赁服务、鉴证咨询服务、广播影视服务和商务辅助服务以外的现代服务。

续表

序号	代码	应税项目名称	填报说明
		生活服务	
		文化体育服务	
55	070101	文化服务	为满足社会公众文化生活需求提供的各种服务。包括文艺创作、文艺表演、文化比赛，图书馆的图书和资料借阅，档案馆的档案管理，文物及非物质遗产保护，组织举办宗教活动、科技活动，提供游览场所。
56	070102	体育服务	组织举办体育比赛、体育表演、体育活动，以及提供体育训练、体育指导、体育管理的业务活动。
		教育医疗服务	
57	070201	教育服务	提供学历教育服务、非学历教育服务、教育辅助服务的业务活动。学历教育服务，是指根据教育行政管理部门确定或者认可的招生和教学计划组织教学，并颁发相应学历证书的业务活动，包括初等教育、初级中等教育、高级中等教育、高等教育等。非学历教育服务，包括学前教育、各类培训、演讲、讲座、报告会等。教育辅助服务，包括教育测评、考试、招生等服务。
58	070202	医疗服务	提供医学检查、诊断、治疗、康复、预防、保健、接生、计划生育、防疫服务有关的业务，以及与这些服务有关的提供药品、医用材料器具、救护车、病房住宿和伙食的业务。
		旅游娱乐服务	
59	070301	旅游服务	根据旅游者的要求，组织安排交通、住宿、餐饮、游览、购物、文娱、商务等服务的业务活动。
60	070302	娱乐服务	为娱乐活动同时提供场所和服务的业务。具体包括：歌厅、舞厅、夜总会、酒吧、台球、高尔夫球、保龄球、游艺（包括射击、狩猎、跑马、游戏机、蹦极、卡丁车、热气球、动力伞、射箭、飞镖）。
		餐饮住宿服务	
61	070401	餐饮服务	通过同时提供饮食和饮食场所的方式为消费者提供饮食消费服务的业务活动。
62	070402	住宿服务	提供住宿场所及配套服务等服务的活动。包括宾馆、旅馆、旅社、度假村和其他经营性住宿场所提供的住宿服务。

续表

序号	代码	应税项目名称	填报说明
		居民日常服务	
63	070500	居民日常服务	主要为满足居民个人及其家庭日常生活需求提供的服务，包括市容市政管理、家政、婚庆、养老、殡葬、照料和护理、救助救济、美容美发、按摩、桑拿、氧吧、足疗、沐浴、洗染、摄影扩印等服务。
		其他生活服务	
64	079900	其他生活服务	除文化体育服务、教育医疗服务、旅游娱乐服务、餐饮住宿服务和居民日常服务之外的生活服务。
		销售无形资产	
65	080100	专利或非专利技术	转让专利技术和非专利技术的所有权或者使用权的业务活动。
66	080200	商标和著作权	转让商标和著作权的所有权或者使用权的业务活动。
67	080300	土地使用权	转让土地使用权的业务活动。
68	080400	其他自然资源使用权	转让土地使用权以外的自然资源使用权的业务活动，包括海域使用权、探矿权、采矿权、取水权和其他自然资源使用权。
69	089900	其他权益性无形资产	转让上述内容以外的其他权益性无形资产的所有权或者使用权的业务活动。包括基础设施资产经营权、公共事业特许经营权、配额、经营权（包括特许经营权、连锁经营权、其他经营权）、经销权、分销权、代理权、会员权、席位权、网络游戏虚拟道具、域名、名称权、肖像权、冠名权、转会费等。
		销售不动产	
70	090100	销售不动产建筑物	转让不动产所有权的业务活动。不动产，是指不能移动或者移动后会引起性质、形状改变的财产。建筑物，包括住宅、商业营业用房、办公楼等可供居住、工作或者进行其他活动的建筑物有限产权或者永久使用权的，转让在建的建筑物所有权，以及在转让建筑物时一并转让其所占土地的使用权的，按照销售不动产缴纳增值税。
71	090200	销售不动产构筑物	转让不动产所有权的业务活动。不动产，是指不能移动或者移动后会引起性质、形状改变的财产。构筑物，包括道路、桥梁、隧道、水坝等建造物。转让在建筑物构筑物所有权，以及在转让构筑物时一并转让其所占土地的使用权的，按照销售不动产缴纳增值税。

表 5-13　　　　　　　　　　　　增值税纳税申报表
　　　　　　　　　　　　　　　（小规模纳税人适用）

纳税人识别号：□□□□□□□□□□□□□□□□□□□□
纳税人名称（公章）：
税款所属期：　　年　月　日至　　年　月　日
　　　　　　　　　　　填表日期：　　年　月　日　　　　金额单位：元至角分

	项目	栏次	本期数		本年累计	
			货物及劳务	服务、不动产和无形资产	货物及劳务	服务、不动产和无形资产
一、计税依据	（一）应征增值税不含税销售额（3%征收率）	1				
	税务机关代开的增值税专用发票不含税销售额	2				
	税控器具开具的普通发票不含税销售额	3				
	（二）应征增值税不含税销售额（5%征收率）	4		—		—
	税务机关代开的增值税专用发票不含税销售额	5		—		—
	税控器具开具的普通发票不含税销售额	6		—		—
	（三）销售使用过的固定资产不含税销售额	7（7≥8）		—		—
	其中：税控器具开具的普通发票不含税销售额	8				
	（四）免税销售额	9＝10＋11＋12				
	其中：小微企业免税销售额	10				
	未达起征点销售额	11				
	其他免税销售额	12				
	（五）出口免税销售额	13（13≥14）				
	其中：税控器具开具的普通发票销售额	14				
二、税款计算	本期应纳税额	15				
	本期应纳税额减征额	16				
	本期免税额	17				
	其中：小微企业免税额	18				
	未达起征点免税额	19				
	应纳税额合计	20＝15－16				

续表

二、税款计算	项目	栏次	本期数		本年累计	
			货物及劳务	服务、不动产和无形资产	货物及劳务	服务、不动产和无形资产
	本期预缴税额	21			—	—
	本期应补（退）税额	22=20-21			—	—

纳税人或代理人声明：	如纳税人填报，由纳税人填写以下各栏：
本纳税申报表是根据国家税收法律法规及相关规定填报的，我确定它是真实的、可靠的、完整的。	办税人员： 　　　　　　　财务负责人：
	法定代表人： 　　　　　　联系电话：
	如委托代理人填报，由代理人填写以下各栏
	代理人名称（公章）： 　　　经办人：
	联系电话：

主管税务机关：　　　　　接收人：　　　　　接收日期：

表5-14　　**增值税纳税申报表（小规模纳税人适用）附列资料**

税款所属期：　　年　月　日至　　年　月　日　　　　　填表日期：　年　月　日
纳税人名称（公章）：　　　　　　　　　　　　　　　　金额单位：元至角分

应税行为（3%征收率）扣除额计算			
期初余额	本期发生额	本期扣除额	期末余额
1	2	3（3≤1+2之和，且3≤5）	4=1+2-3

应税行为（3%征收率）计税销售额计算			
全部含税收入（适用3%征收率）	本期扣除额	含税销售额	不含税销售额
5	6=3	7=5-6	8=7÷1.03

应税行为（5%征收率）扣除额计算			
期初余额	本期发生额	本期扣除额	期末余额
9	10	11（11≤9+10之和，且11≤13）	12=9+10-11

应税行为（5%征收率）计税销售额计算			
全部含税收入（适用5%征收率）	本期扣除额	含税销售额	不含税销售额
13	14=11	15=13-14	16=15÷1.05

附　录

附录5-1　《增值税纳税申报表（一般纳税人适用）》及其附列资料填写说明

本纳税申报表及其附列资料填写说明（以下简称本表及填写说明）适用于增值税一般纳税人（以下简称纳税人）。

一、名词解释

1. 本表及填写说明所称"货物"，是指增值税的应税货物。

2. 本表及填写说明所称"劳务"，是指增值税的应税加工、修理、修配劳务。

3. 本表及填写说明所称"服务、不动产和无形资产"，是指销售服务、不动产和无形资产。

4. 本表及填写说明所称"按适用税率计税"、"按适用税率计算"和"一般计税方法"，均指按"应纳税额＝当期销项税额－当期进项税额"公式计算增值税应纳税额的计税方法。

5. 本表及填写说明所称"按简易办法计税"、"按简易征收办法计算"和"简易计税方法"，均指按"应纳税额＝销售额×征收率"公式计算增值税应纳税额的计税方法。

6. 本表及填写说明所称"扣除项目"，是指纳税人销售服务、不动产和无形资产，在确定销售额时，按照有关规定允许其从取得的全部价款和价外费用中扣除价款的项目。

二、《增值税纳税申报表（一般纳税人适用）》填写说明

1. "税款所属时间"：指纳税人申报的增值税应纳税额的所属时间，应填写具体的起止年、月、日。

2. "填表日期"：指纳税人填写本表的具体日期。

3. "纳税人识别号"：填写纳税人的税务登记证件号码。

4. "所属行业"：按照《国民经济行业分类与代码》中的小类行业填写。

5. "纳税人名称"：填写纳税人单位名称全称。

6. "法定代表人姓名"：填写纳税人法定代表人的姓名。

7. "注册地址"：填写纳税人税务登记证件所注明的详细地址。

8. "生产经营地址"：填写纳税人实际生产经营地的详细地址。

9. "开户银行及账号"：填写纳税人开户银行的名称和纳税人在该银行的结算账户号码。

10. "登记注册类型"：按纳税人税务登记证件的栏目内容填写。

11. "电话号码"：填写可联系到纳税人的常用电话号码。

12. "即征即退项目"列：填写纳税人按规定享受增值税即征即退政策的货物、劳务和服务、不动产、无形资产的征（退）税数据。

13. "一般项目"列：填写除享受增值税即征即退政策以外的货物、劳务和服务、不动产、无形资产的征（免）税数据。

14. "本年累计"列：一般填写本年度内各月"本月数"之和。其中，第13、20、25、32、36、38栏及第18栏"实际抵扣税额""一般项目"列的"本年累计"分别按本填写说明第27、34、39、46、50、51、32条要求填写。

15. 第1栏"（一）按适用税率计税销售额"：填写纳税人本期按一般计税方法计算缴纳增值税的销售额，包含：在财务上不作销售但按税法规定应缴纳增值税的视同销售和价外费用的销售额；外贸企业作价销售进料加工复出口货物的销售额；税务、财政、审计部门检查后按一般计税方法计算调整的销售额。

营业税改征增值税的纳税人，服务、不动产和无形资产有扣除项目的，本栏应填写扣除之前的不含税销售额。

本栏"一般项目"列"本月数"=《增值税纳税申报表附列资料（一）》第9列第1至5行之和-第9列第6、7行之和；本栏"即征即退项目"列"本月数"=《增值税纳税申报表附列资料（一）》第9列第6、7行之和。

16. 第2栏"其中：应税货物销售额"：填写纳税人本期按适用税率计算增值税的应税货物的销售额。包含在财务上不作销售但按税法规定应缴纳增值税的视同销售货物和价外费用销售额,以及外贸企业作价销售进料加工复出口货物的销售额。

17. 第3栏"应税劳务销售额":填写纳税人本期按适用税率计算增值税的应税劳务的销售额。

18. 第4栏"纳税检查调整的销售额":填写纳税人因税务、财政、审计部门检查,并按一般计税方法在本期计算调整的销售额。但享受增值税即征即退政策的货物、劳务和服务、不动产、无形资产,经纳税检查属于偷税的,不填入"即征即退项目"列,而应填入"一般项目"列。

营业税改征增值税的纳税人,服务、不动产和无形资产有扣除项目的,本栏应填写扣除之前的不含税销售额。

本栏"一般项目"列"本月数"=《增值税纳税申报表附列资料(一)》第7列第1至5行之和。

19. 第5栏"按简易办法计税销售额":填写纳税人本期按简易计税方法计算增值税的销售额。包含纳税检查调整按简易计税方法计算增值税的销售额。

营业税改征增值税的纳税人,服务、不动产和无形资产有扣除项目的,本栏应填写扣除之前的不含税销售额;服务、不动产和无形资产按规定汇总计算缴纳增值税的分支机构,其当期按预征率计算缴纳增值税的销售额也填入本栏。

本栏"一般项目"列"本月数"≥《增值税纳税申报表附列资料(一)》第9列第8至13b行之和－第9列第14、15行之和;本栏"即征即退项目"列"本月数"≥《增值税纳税申报表附列资料(一)》第9列第14、15行之和。

20. 第6栏"其中:纳税检查调整的销售额":填写纳税人因税务、财政、审计部门检查,并按简易计税方法在本期计算调整的销售额。但享受增值税即征即退政策的货物、劳务和服务、不动产、无形资产,经纳税检查属于偷税的,不填入"即征即退项目"列,而应填入"一般项目"列。

营业税改征增值税的纳税人,服务、不动产和无形资产有扣除项目的,本栏应填写扣除之前的不含税销售额。

21. 第7栏"免、抵、退办法出口销售额":填写纳税人本期适用免、抵、退税办法的出口货物、劳务和服务、无形资产的销售额。

营业税改征增值税的纳税人,服务、无形资产有扣除项目的,本栏应填写扣除之前的销售额。

本栏"一般项目"列"本月数"=《增值税纳税申报表附列资料（一）》第9列第16、17行之和。

22. 第8栏"免税销售额"：填写纳税人本期按照税法规定免征增值税的销售额和适用零税率的销售额，但零税率的销售额中不包括适用免、抵、退税办法的销售额。

营业税改征增值税的纳税人，服务、不动产和无形资产有扣除项目的，本栏应填写扣除之前的免税销售额。

本栏"一般项目"列"本月数"=《增值税纳税申报表附列资料（一）》第9列第18、19行之和。

23. 第9栏"其中：免税货物销售额"：填写纳税人本期按照税法规定免征增值税的货物销售额及适用零税率的货物销售额，但零税率的销售额中不包括适用免、抵、退税办法出口货物的销售额。

24. 第10栏"免税劳务销售额"：填写纳税人本期按照税法规定免征增值税的劳务销售额及适用零税率的劳务销售额，但零税率的销售额中不包括适用免、抵、退税办法的劳务的销售额。

25. 第11栏"销项税额"：填写纳税人本期按一般计税方法计税的货物、劳务和服务、不动产、无形资产的销项税额。

营业税改征增值税的纳税人，服务、不动产和无形资产有扣除项目的，本栏应填写扣除之后的销项税额。

本栏"一般项目"列"本月数"=《增值税纳税申报表附列资料（一）》（第10列第1、3行之和－第10列第6行）＋（第14列第2、4、5行之和－第14列第7行）；

本栏"即征即退项目"列"本月数"=《增值税纳税申报表附列资料（一）》第10列第6行＋第14列第7行。

26. 第12栏"进项税额"：填写纳税人本期申报抵扣的进项税额。

本栏"一般项目"列"本月数"＋"即征即退项目"列"本月数"=《附列资料（二）》第12栏"税额"。

27. 第13栏"上期留抵税额"。

（1）上期留抵税额按规定须挂账的纳税人，按以下要求填写本栏的"本月数"和"本年累计"。

上期留抵税额按规定须挂账的纳税人是指试点实施之日前一个税款所属期的申报表第20栏"期末留抵税额"之"一般货物、劳务和应税服务"列"本月数"大于零，且兼有营业税改征增值税服务、不动产和无形资产的纳税人（下同）。其试点实施之日前一个税款所属期的申报表第20栏"期末留抵税额"之"一般货物、劳务和应税服务"列"本月数"，以下称为货物和劳务挂账留抵税额。

①本栏"一般项目"列"本月数"：试点实施之日的税款所属期填写"0"；以后各期按上期申报表第20栏"期末留抵税额"之"一般项目"列"本月数"填写。

②本栏"一般项目"列"本年累计"：反映货物和劳务挂账留抵税额本期期初余额。试点实施之日的税款所属期按试点实施之日前一个税款所属期的申报表第20栏"期末留抵税额"之"一般货物、劳务和应税服务"列"本月数"填写；以后各期按上期申报表第20栏"期末留抵税额"之"一般项目"列"本年累计"填写。

③本栏"即征即退项目"列"本月数"：按上期申报表第20栏"期末留抵税额"之"即征即退项目"列"本月数"填写。

（2）其他纳税人，按以下要求填写本栏"本月数"和"本年累计"。

其他纳税人是指除上期留抵税额按规定须挂账的纳税人之外的纳税人（下同）。

①本栏"一般项目"列"本月数"：按上期申报表第20栏"期末留抵税额"之"一般项目"列"本月数"填写。

②本栏"一般项目"列"本年累计"：填写"0"。

③本栏"即征即退项目"列"本月数"：按上期申报表第20栏"期末留抵税额"之"即征即退项目"列"本月数"填写。

28．第14栏"进项税额转出"：填写纳税人已经抵扣，但按税法规定本期应转出的进项税额。

本栏"一般项目"列"本月数"＋"即征即退项目"列"本月数"＝《增值税纳税申报表附列资料（二）》第13栏"税额"。

29．第15栏"免、抵、退应退税额"：反映税务机关退税部门按照出口货物、劳务和服务、无形资产免、抵、退办法审批的增值税应退税额。

30．第16栏"按适用税率计算的纳税检查应补缴税额"：填写税务、财政、审计部门检查，按一般计税方法计算的纳税检查应补缴的增值税税额。

本栏"一般项目"列"本月数"≤《增值税纳税申报表附列资料（一）》第8列第1至5行之和＋《增值税纳税申报表附列资料（二）》第19栏。

31. 第17栏"应抵扣税额合计"：填写纳税人本期应抵扣进项税额的合计数。按表中所列公式计算填写。

32. 第18栏"实际抵扣税额"。

（1）上期留抵税额按规定须挂账的纳税人，按以下要求填写本栏的"本月数"和"本年累计"。

①本栏"一般项目"列"本月数"：按表中所列公式计算填写。

②本栏"一般项目"列"本年累计"：填写货物和劳务挂账留抵税额本期实际抵减一般货物和劳务应纳税额的数额。将"货物和劳务挂账留抵税额本期期初余额"与"一般计税方法的一般货物及劳务应纳税额"两个数据相比较，取二者中较小的数据。

其中：货物和劳务挂账留抵税额本期期初余额＝第13栏"上期留抵税额"之"一般项目"列"本年累计"；

一般计税方法的一般货物及劳务应纳税额＝（第11栏"销项税额"之"一般项目"列"本月数"－第18栏"实际抵扣税额"之"一般项目"列"本月数"）×一般货物及劳务销项税额比例；

一般货物及劳务销项税额比例＝（《增值税纳税申报表附列资料（一）》第10列第1、3行之和－第10列第6行）÷第11栏"销项税额"之"一般项目"列"本月数"×100％。

③本栏"即征即退项目"列"本月数"：按表中所列公式计算填写。

（2）其他纳税人，按以下要求填写本栏的"本月数"和"本年累计"：

①本栏"一般项目"列"本月数"：按表中所列公式计算填写。

②本栏"一般项目"列"本年累计"：填写"0"。

③本栏"即征即退项目"列"本月数"：按表中所列公式计算填写。

33. 第19栏"应纳税额"：反映纳税人本期按一般计税方法计算并应缴纳的增值税额。按以下公式计算填写：

（1）本栏"一般项目"列"本月数"＝第11栏"销项税额""一般项目"列"本月数"－第18栏"实际抵扣税额"之"一般项目"列"本月数"－第18栏"实际抵扣税额"之"一般项目"列"本年累计"。

（2）本栏"即征即退项目"列"本月数"＝第11栏"销项税额"之"即征即退项目"列"本月数"－第18栏"实际抵扣税额"之"即征即退项目"列

"本月数"。

34. 第20栏"期末留抵税额"。

(1) 上期留抵税额按规定须挂账的纳税人，按以下要求填写本栏的"本月数"和"本年累计"：

①本栏"一般项目"列"本月数"：反映试点实施以后，货物、劳务和服务、不动产、无形资产共同形成的留抵税额。按表中所列公式计算填写。

②本栏"一般项目"列"本年累计"：反映货物和劳务挂账留抵税额，在试点实施以后抵减一般货物和劳务应纳税额后的余额。按以下公式计算填写：

本栏"一般项目"列"本年累计"＝第13栏"上期留抵税额"之"一般项目"列"本年累计"－第18栏"实际抵扣税额"之"一般项目"列"本年累计"。

③本栏"即征即退项目"列"本月数"：按表中所列公式计算填写。

(2) 其他纳税人，按以下要求填写本栏"本月数"和"本年累计"：

①本栏"一般项目"列"本月数"：按表中所列公式计算填写。

②本栏"一般项目"列"本年累计"：填写"0"。

③本栏"即征即退项目"列"本月数"：按表中所列公式计算填写。

35. 第21栏"简易计税办法计算的应纳税额"：反映纳税人本期按简易计税方法计算并应缴纳的增值税额，但不包括按简易计税方法计算的纳税检查应补缴税额。按以下公式计算填写：

本栏"一般项目"列"本月数"＝《增值税纳税申报表附列资料（一）》（第10列第8、9a、10、11行之和－第10列第14行）＋（第14列第9b、12、13a、13b行之和－第14列第15行）

本栏"即征即退项目"列"本月数"＝《增值税纳税申报表附列资料（一）》第10列第14行＋第14列第15行。

营业税改征增值税的纳税人，服务、不动产和无形资产按规定汇总计算缴纳增值税的分支机构，应将预征增值税额填入本栏。预征增值税额＝应预征增值税的销售额×预征率。

36. 第22栏"按简易计税办法计算的纳税检查应补缴税额"：填写纳税人本期因税务、财政、审计部门检查并按简易计税方法计算的纳税检查应补缴税额。

37. 第23栏"应纳税额减征额"：填写纳税人本期按照税法规定减征的增值税应纳税额。包含按照规定可在增值税应纳税额中全额抵减的增值税税控系统专用设备费用以及技术维护费。

当本期减征额小于或等于第19栏"应纳税额"与第21栏"简易计税办法计算的应纳税额"之和时，按本期减征额实际填写；当本期减征额大于第19栏"应纳税额"与第21栏"简易计税办法计算的应纳税额"之和时，按本期第19栏与第21栏之和填写。本期减征额不足抵减部分结转下期继续抵减。

38. 第24栏"应纳税额合计"：反映纳税人本期应缴增值税的合计数。按表中所列公式计算填写。

39. 第25栏"期初未缴税额（多缴为负数）"："本月数"按上一税款所属期申报表第32栏"期末未缴税额（多缴为负数）"之"本月数"填写。"本年累计"按上年度最后一个税款所属期申报表第32栏"期末未缴税额（多缴为负数）"之"本年累计"填写。

40. 第26栏"实收出口开具专用缴款书退税额"：本栏不填写。

41. 第27栏"本期已缴税额"：反映纳税人本期实际缴纳的增值税额，但不包括本期入库的查补税款。按表中所列公式计算填写。

42. 第28栏"①分次预缴税额"：填写纳税人本期已缴纳的准予在本期增值税应纳税额中抵减的税额。

营业税改征增值税的纳税人，分以下几种情况填写：

（1）服务、不动产和无形资产按规定汇总计算缴纳增值税的总机构，其可以从本期增值税应纳税额中抵减的分支机构已缴纳的税款，按当期实际可抵减数填入本栏，不足抵减部分结转下期继续抵减。

（2）销售建筑服务并按规定预缴增值税的纳税人，其可以从本期增值税应纳税额中抵减的已缴纳的税款，按当期实际可抵减数填入本栏，不足抵减部分结转下期继续抵减。

（3）销售不动产并按规定预缴增值税的纳税人，其可以从本期增值税应纳税额中抵减的已缴纳的税款，按当期实际可抵减数填入本栏，不足抵减部分结转下期继续抵减。

（4）出租不动产并按规定预缴增值税的纳税人，其可以从本期增值税应纳税额中抵减的已缴纳的税款，按当期实际可抵减数填入本栏，不足抵减部分结转下期继续抵减。

43. 第29栏"②出口开具专用缴款书预缴税额"：本栏不填写。

44. 第30栏"③本期缴纳上期应纳税额"：填写纳税人本期缴纳上一税款所属期应缴未缴的增值税额。

45. 第31栏"④本期缴纳欠缴税额"：反映纳税人本期实际缴纳和留抵税额抵减的增值税欠税额，但不包括缴纳入库的查补增值税额。

46. 第32栏"期末未缴税额（多缴为负数）"："本月数"反映纳税人本期期末应缴未缴的增值税额，但不包括纳税检查应缴未缴的税额。按表中所列公式计算填写。"本年累计"与"本月数"相同。

47. 第33栏"其中：欠缴税额（≥0）"：反映纳税人按照税法规定已形成欠税的增值税额。按表中所列公式计算填写。

48. 第34栏"本期应补（退）税额"：反映纳税人本期应纳税额中应补缴或应退回的数额。按表中所列公式计算填写。

49. 第35栏"即征即退实际退税额"：反映纳税人本期因符合增值税即征即退政策规定，而实际收到的税务机关退回的增值税额。

50. 第36栏"期初未缴查补税额"："本月数"按上一税款所属期申报表第38栏"期末未缴查补税额""本月数"填写。"本年累计"按上年度最后一个税款所属期申报表第38栏"期末未缴查补税额"之"本年累计"填写。

51. 第37栏"本期入库查补税额"：反映纳税人本期因税务、财政、审计部门检查而实际入库的增值税额，包括按一般计税方法计算并实际缴纳的查补增值税额和按简易计税方法计算并实际缴纳的查补增值税额。

52. 第38栏"期末未缴查补税额"："本月数"反映纳税人接受纳税检查后应在本期期末缴纳而未缴纳的查补增值税额。按表中所列公式计算填写，"本年累计"与"本月数"相同。

三、《增值税纳税申报表附列资料（一）》（本期销售情况明细）填写说明

1. "税款所属时间"、"纳税人名称"的填写同主表。

2. 各列填写说明。

（1）第1至2列"开具增值税专用发票"：反映本期开具增值税专用发票（含税控机动车销售统一发票，下同）的情况。

（2）第3至4列"开具其他发票"：反映除增值税专用发票以外本期开具的其他发票的情况。

(3) 第 5 至 6 列 "未开具发票"：反映本期未开具发票的销售情况。

(4) 第 7 至 8 列 "纳税检查调整"：反映经税务、财政、审计部门检查并在本期调整的销售情况。

(5) 第 9 至 11 列 "合计"：按照表中所列公式填写。

营业税改征增值税的纳税人，服务、不动产和无形资产有扣除项目的，第 1 至 11 列应填写扣除之前的征（免）税销售额、销项（应纳）税额和价税合计额。

(6) 第 12 列 "服务、不动产和无形资产扣除项目本期实际扣除金额"：营业税改征增值税的纳税人，服务、不动产和无形资产有扣除项目的，按《增值税纳税申报表附列资料（三）》第 5 列对应各行次数据填写，其中本列第 5 栏等于《增值税纳税申报表附列资料（三）》第 5 列第 3 行与第 4 行之和；服务、不动产和无形资产无扣除项目的，本列填写 "0"。其他纳税人不填写。

营业税改征增值税的纳税人，服务、不动产和无形资产按规定汇总计算缴纳增值税的分支机构，当期服务、不动产和无形资产有扣除项目的，填入本列第 13 行。

(7) 第 13 列 "扣除后" 之 "含税（免税）销售额"：营业税改征增值税的纳税人，服务、不动产和无形资产有扣除项目的，本列各行次＝第 11 列对应各行次－第 12 列对应各行次。其他纳税人不填写。

(8) 第 14 列 "扣除后" 之 "销项（应纳）税额"：营业税改征增值税的纳税人，服务、不动产和无形资产有扣除项目的，按以下要求填写本列，其他纳税人不填写。

①服务、不动产和无形资产按照一般计税方法计税。

本列各行次＝第 13 列÷(100％＋对应行次税率)×对应行次税率

本列第 7 行 "一、一般计税方法计税" 之 "其中：即征即退项目" 中的即征即退服务、不动产和无形资产不按本列的说明填写。具体填写要求见 "各行填写说明" 第（2）条第②项第 C 点的说明。

②服务、不动产和无形资产按照简易计税方法计税。

本列各行次＝第 13 列÷(100％＋对应行次征收率)×对应行次征收率

本列第 13 行 "预征率 ％" 不按本列的说明填写。具体填写要求见 "各行填写说明" 第（4）条第②项。

③服务、不动产和无形资产实行免抵退税或免税的，本列不填写。

3. 各行填写说明。

(1) 第 1 至 5 行"一、一般计税方法计税""全部征税项目"各行：按不同税率和项目分别填写按一般计税方法计算增值税的全部征税项目。有即征即退征税项目的纳税人，本部分数据中既包括即征即退征税项目，又包括不享受即征即退政策的一般征税项目。

(2) 第 6 至 7 行"一、一般计税方法计税"之"其中：即征即退项目"各行：只反映按一般计税方法计算增值税的即征即退项目。按照税法规定不享受即征即退政策的纳税人，不填写本行。即征即退项目是全部征税项目的其中数。

①第 6 行"即征即退货物及加工修理修配劳务"：反映按一般计税方法计算增值税且享受即征即退政策的货物和加工修理修配劳务。本行不包括服务、不动产和无形资产的内容。

A. 本行第 9 列"合计"之"销售额"栏：反映按一般计税方法计算增值税且享受即征即退政策的货物及加工修理修配劳务的不含税销售额。该栏不按第 9 列所列公式计算，应按照税法规定据实填写。

B. 本行第 10 列"合计""销项（应纳）税额"栏：反映按一般计税方法计算增值税且享受即征即退政策的货物及加工修理修配劳务的销项税额。该栏不按第 10 列所列公式计算，应按照税法规定据实填写。

②第 7 行"即征即退服务、不动产和无形资产"：反映按一般计税方法计算增值税且享受即征即退政策的服务、不动产和无形资产。本行不包括货物及加工修理修配劳务的内容。

A. 本行第 9 列"合计"之"销售额"栏：反映按一般计税方法计算增值税且享受即征即退政策的服务、不动产和无形资产的不含税销售额。服务、不动产和无形资产有扣除项目的，按扣除之前的不含税销售额填写。该栏不按第 9 列所列公式计算，应按照税法规定据实填写。

B. 本行第 10 列"合计"之"销项（应纳）税额"栏：反映按一般计税方法计算增值税且享受即征即退政策的服务、不动产和无形资产的销项税额。服务、不动产和无形资产有扣除项目的，按扣除之前的销项税额填写。该栏不按第 10 列所列公式计算，应按照税法规定据实填写。

C. 本行第 14 列"扣除后"之"销项（应纳）税额"栏：反映按一般计税方法征收增值税且享受即征即退政策的服务、不动产和无形资产实际应计提的销项税额。服务、不动产和无形资产有扣除项目的，按扣除之后的销项税额填写；服务、不动产和无形资产无扣除项目的，按本行第10列填写。该栏不按第14列所列公式计算，应按照税法规定据实填写。

（3）第8至12行"二、简易计税方法计税"之"全部征税项目"各行：按不同征收率和项目分别填写按简易计税方法计算增值税的全部征税项目。有即征即退征税项目的纳税人，本部分数据中既包括即征即退项目，也包括不享受即征即退政策的一般征税项目。

（4）第13a至13c行"二、简易计税方法计税"之"预征率％"：反映营业税改征增值税的纳税人，服务、不动产和无形资产按规定汇总计算缴纳增值税的分支机构，预征增值税销售额、预征增值税应纳税额。其中，第13a行"预征率％"适用于所有实行汇总计算缴纳增值税的分支机构试点纳税人；第13b、13c行"预征率％"适用于部分实行汇总计算缴纳增值税的铁路运输试点纳税人。

①第13a至13c行第1至6列按照销售额和销项税额的实际发生数填写。

②第13a至13c行第14列，纳税人按"应预征缴纳的增值税＝应预征增值税销售额×预征率"公式计算后据实填写。

（5）第14至15行"二、简易计税方法计税"之"其中：即征即退项目"各行：只反映按简易计税方法计算增值税的即征即退项目。按照税法规定不享受即征即退政策的纳税人，不填写本行。即征即退项目是全部征税项目的其中数。

①第14行"即征即退货物及加工修理修配劳务"：反映按简易计税方法计算增值税且享受即征即退政策的货物及加工修理修配劳务。本行不包括服务、不动产和无形资产的内容。

A．本行第9列"合计"之"销售额"栏：反映按简易计税方法计算增值税且享受即征即退政策的货物及加工修理修配劳务的不含税销售额。该栏不按第9列所列公式计算，应按照税法规定据实填写。

B．本行第10列"合计""销项（应纳）税额"栏：反映按简易计税方法计算增值税且享受即征即退政策的货物及加工修理修配劳务的应纳税额。该栏不按第10列所列公式计算，应按照税法规定据实填写。

②第15行"即征即退服务、不动产和无形资产"：反映按简易计税方法计算增值税且享受即征即退政策的服务、不动产和无形资产。本行不包括货物及加工修理修配劳务的内容。

A. 本行第9列"合计"之"销售额"栏：反映按简易计税方法计算增值税且享受即征即退政策的服务、不动产和无形资产的不含税销售额。服务、不动产和无形资产有扣除项目的，按扣除之前的不含税销售额填写。该栏不按第9列所列公式计算，应按照税法规定据实填写。

B. 本行第10列"合计"之"销项（应纳）税额"栏：反映按简易计税方法计算增值税且享受即征即退政策的服务、不动产和无形资产的应纳税额。服务、不动产和无形资产有扣除项目的，按扣除之前的应纳税额填写。该栏不按第10列所列公式计算，应按照税法规定据实填写。

C. 本行第14列"扣除后"之"销项（应纳）税额"栏：反映按简易计税方法计算增值税且享受即征即退政策的服务、不动产和无形资产实际应计提的应纳税额。服务、不动产和无形资产有扣除项目的，按扣除之后的应纳税额填写；服务、不动产和无形资产无扣除项目的，按本行第10列填写。

（6）第16行"三、免抵退税"之"货物及加工修理修配劳务"：反映适用免、抵、退税政策的出口货物、加工修理修配劳务。

（7）第17行"三、免抵退税"之"服务、不动产和无形资产"：反映适用免、抵、退税政策的服务、不动产和无形资产。

（8）第18行"四、免税"之"货物及加工修理修配劳务"：反映按照税法规定免征增值税的货物及劳务和适用零税率的出口货物及劳务，但零税率的销售额中不包括适用免、抵、退税办法的出口货物及劳务。

（9）第19行"四、免税"之"服务、不动产和无形资产"：反映按照税法规定免征增值税的服务、不动产、无形资产和适用零税率的服务、不动产、无形资产，但零税率的销售额中不包括适用免、抵、退税办法的服务、不动产和无形资产。

四、《增值税纳税申报表附列资料（二）》（本期进项税额明细）填写说明

1. "税款所属时间"、"纳税人名称"的填写同主表。

2. 第1至12栏"一、申报抵扣的进项税额"：分别反映纳税人按税法规定符合抵扣条件，在本期申报抵扣的进项税额。

（1）第1栏"（一）认证相符的增值税专用发票"：反映纳税人取得的认证相符本期申报抵扣的增值税专用发票情况。该栏应等于第2栏"本期认证相符且本期申报抵扣"与第3栏"前期认证相符且本期申报抵扣"数据之和。

(2) 第2栏"其中：本期认证相符且本期申报抵扣"：反映本期认证相符且本期申报抵扣的增值税专用发票的情况。本栏是第1栏的其中数，本栏只填写本期认证相符且本期申报抵扣的部分。

适用取消增值税发票认证规定的纳税人，当期申报抵扣的增值税发票数据，也填报在本栏中。

(3) 第3栏"前期认证相符且本期申报抵扣"：反映前期认证相符且本期申报抵扣的增值税专用发票的情况。

辅导期纳税人依据税务机关告知的稽核比对结果通知书及明细清单注明的稽核相符的增值税专用发票填写本栏。本栏是第1栏的其中数，只填写前期认证相符且本期申报抵扣的部分。

(4) 第4栏"（二）其他扣税凭证"：反映本期申报抵扣的除增值税专用发票之外的其他扣税凭证的情况。具体包括：海关进口增值税专用缴款书、农产品收购发票或者销售发票（含农产品核定扣除的进项税额）、代扣代缴税收完税凭证和其他符合政策规定的抵扣凭证。该栏应等于第5至8栏数据之和。

(5) 第5栏"海关进口增值税专用缴款书"：反映本期申报抵扣的海关进口增值税专用缴款书的情况。按规定执行海关进口增值税专用缴款书先比对后抵扣的，纳税人需依据税务机关告知的稽核比对结果通知书及明细清单注明的稽核相符的海关进口增值税专用缴款书填写本栏。

(6) 第6栏"农产品收购发票或者销售发票"：反映本期申报抵扣的农产品收购发票和农产品销售普通发票的情况。执行农产品增值税进项税额核定扣除办法的，填写当期允许抵扣的农产品增值税进项税额，不填写"份数"、"金额"。

(7) 第7栏"代扣代缴税收缴款凭证"：填写本期按规定准予抵扣的完税凭证上注明的增值税额。

(8) 第8栏"其他"：反映按规定本期可以申报抵扣的其他扣税凭证情况。

纳税人按照规定不得抵扣且未抵扣进项税额的固定资产、无形资产、不动产，发生用途改变，用于允许抵扣进项税额的应税项目，可在用途改变的次月将按公式计算出的可以抵扣的进项税额，填入"税额"栏。

(9) 第9栏"（三）本期用于购建不动产的扣税凭证"：反映按规定本期用于购建不动产并适用分2年抵扣规定的扣税凭证上注明的金额和税额。购建不动产是指纳税人2016年5月1日后取得并在会计制度上按固定资产核算的不动产或者

2016年5月1日后取得的不动产在建工程。

取得不动产，包括以直接购买、接受捐赠、接受投资入股、自建以及抵债等各种形式取得不动产，不包括房地产开发企业自行开发的房地产项目。

本栏次包括第1栏中本期用于购建不动产的增值税专用发票和第4栏中本期用于购建不动产的其他扣税凭证。

本栏"金额"、"税额"＜第1栏＋第4栏且本栏"金额"、"税额"≥0。

纳税人按照规定不得抵扣且未抵扣进项税额的不动产，发生用途改变，用于允许抵扣进项税额的应税项目，可在用途改变的次月将按公式计算出的可以抵扣的进项税额，填入"税额"栏。

本栏"税额"列＝《附列资料（五）》第2列"本期不动产进项税额增加额"。

（10）第10栏"（四）本期不动产允许抵扣进项税额"：反映按规定本期实际申报抵扣的不动产进项税额。本栏"税额"列＝《增值税纳税申报表附列资料（五）》第3列"本期可抵扣不动产进项税额"。

（11）第11栏"（五）外贸企业进项税额抵扣证明"：填写本期申报抵扣的税务机关出口退税部门开具的《出口货物转内销证明》列明允许抵扣的进项税额。

（12）第12栏"当期申报抵扣进项税额合计"：反映本期申报抵扣进项税额的合计数。按表中所列公式计算填写。

3. 第13至23栏"二、进项税额转出额"各栏：分别反映纳税人已经抵扣但按规定应在本期转出的进项税额明细情况。

（1）第13栏"本期进项税额转出额"：反映已经抵扣但按规定应在本期转出的进项税额合计数。按表中所列公式计算填写。

（2）第14栏"免税项目用"：反映用于免征增值税项目，按规定应在本期转出的进项税额。

（3）第15栏"集体福利、个人消费"：反映用于集体福利或者个人消费，按规定应在本期转出的进项税额。

（4）第16栏"非正常损失"：反映纳税人发生非正常损失，按规定应在本期转出的进项税额。

（5）第17栏"简易计税方法征税项目用"：反映用于按简易计税方法征税项目，按规定应在本期转出的进项税额。

营业税改征增值税的纳税人，服务、不动产和无形资产按规定汇总计算缴纳增值税的分支机构，当期应由总机构汇总的进项税额也填入本栏。

（6）第18栏"免抵退税办法不得抵扣的进项税额"：反映按照免、抵、退税办法的规定，由于征税税率与退税税率存在税率差，在本期应转出的进项税额。

（7）第19栏"纳税检查调减进项税额"：反映税务、财政、审计部门检查后而调减的进项税额。

（8）第20栏"红字专用发票信息表注明的进项税额"：填写主管税务机关开具的《开具红字增值税专用发票信息表》注明的在本期应转出的进项税额。

（9）第21栏"上期留抵税额抵减欠税"：填写本期经税务机关同意，使用上期留抵税额抵减欠税的数额。

（10）第22栏"上期留抵税额退税"：填写本期经税务机关批准的上期留抵税额退税额。

（11）第23栏"其他应作进项税额转出的情形"：反映除上述进项税额转出情形外，其他应在本期转出的进项税额。

4. 第24至34栏"三、待抵扣进项税额"各栏：分别反映纳税人已经取得，但按税法规定不符合抵扣条件，暂不予在本期申报抵扣的进项税额情况及按税法规定不允许抵扣的进项税额情况。

（1）第24至28栏均为增值税专用发票的情况。

（2）第25栏"期初已认证相符但未申报抵扣"：反映前期认证相符，但按照税法规定暂不予抵扣及不允许抵扣，结存至本期的增值税专用发票情况。辅导期纳税人填写认证相符但未收到稽核比对结果的增值税专用发票期初情况。

（3）第26栏"本期认证相符且本期未申报抵扣"：反映本期认证相符，但按税法规定暂不予抵扣及不允许抵扣，而未申报抵扣的增值税专用发票情况。辅导期纳税人填写本期认证相符但未收到稽核比对结果的增值税专用发票情况。

（4）第27栏"期末已认证相符但未申报抵扣"：反映截至本期期末，按照税法规定仍暂不予抵扣及不允许抵扣且已认证相符的增值税专用发票情况。辅导期纳税人填写截至本期期末已认证相符但未收到稽核比对结果的增值税专用发票期末情况。

（5）第28栏"其中：按照税法规定不允许抵扣"：反映截至本期期末已认证相符但未申报抵扣的增值税专用发票中，按照税法规定不允许抵扣的增值税专用发票情况。

（6）第29栏"（二）其他扣税凭证"：反映截至本期期末仍未申报抵扣的除增

值税专用发票之外的其他扣税凭证情况。具体包括：海关进口增值税专用缴款书、农产品收购发票或者销售发票、代扣代缴税收完税凭证和其他符合政策规定的抵扣凭证。该栏应等于第 30 至 33 栏之和。

（7）第 30 栏"海关进口增值税专用缴款书"：反映已取得但截至本期期末仍未申报抵扣的海关进口增值税专用缴款书情况，包括纳税人未收到稽核比对结果的海关进口增值税专用缴款书情况。

（8）第 31 栏"农产品收购发票或者销售发票"：反映已取得但截至本期期末仍未申报抵扣的农产品收购发票和农产品销售普通发票情况。

（9）第 32 栏"代扣代缴税收缴款凭证"：反映已取得但截至本期期末仍未申报抵扣的代扣代缴税收完税凭证情况。

（10）第 33 栏"其他"：反映已取得但截至本期期末仍未申报抵扣的其他扣税凭证的情况。

5. 第 35 至 36 栏"四、其他"各栏。

（1）第 35 栏"本期认证相符的增值税专用发票"：反映本期认证相符的增值税专用发票的情况。

（2）第 36 栏"代扣代缴税额"：填写纳税人根据《增值税暂行条例》第十八条扣缴的应税劳务增值税额与根据营业税改征增值税有关政策规定扣缴的服务、不动产和无形资产增值税额之和。

五、《增值税纳税申报表附列资料（三）》（服务、不动产和无形资产扣除项目明细）填写说明

1. 本表由服务、不动产和无形资产有扣除项目的营业税改征增值税纳税人填写。其他纳税人不填写。

2. "税款所属时间"、"纳税人名称"的填写同主表。

3. 第 1 列"本期服务、不动产和无形资产价税合计额（免税销售额）"：营业税改征增值税的服务、不动产和无形资产属于征税项目的，填写扣除之前的本期服务、不动产和无形资产价税合计额；营业税改征增值税的服务、不动产和无形资产属于免抵退税或免税项目的，填写扣除之前的本期服务、不动产和无形资产免税销售额。本列各行次等于《增值税纳税申报表附列资料（一）》第 11 列对应行次，其中本列第 3 行和第 4 行之和等于《增值税纳税申报表附列资料（一）》第 11 列第 5 栏。

营业税改征增值税的纳税人，服务、不动产和无形资产按规定汇总计算缴纳增值税的分支机构，本列各行次之和等于《增值税纳税申报表附列资料（一）》第11列第13a、13b行之和。

4．第2列"服务、不动产和无形资产扣除项目"之"期初余额"：填写服务、不动产和无形资产扣除项目上期期末结存的金额，试点实施之日的税款所属期填写"0"。本列各行次等于上期《增值税纳税申报表附列资料（三）》第6列对应行次。

本列第4行"6％税率的金融商品转让项目"之"期初余额"年初首期填报时应填"0"。

5．第3列"服务、不动产和无形资产扣除项目"之"本期发生额"：填写本期取得的按税法规定准予扣除的服务、不动产和无形资产扣除项目金额。

6．第4列"服务、不动产和无形资产扣除项目"之"本期应扣除金额"：填写服务、不动产和无形资产扣除项目本期应扣除的金额。

本列各行次＝第2列对应各行次＋第3列对应各行次。

7．第5列"服务、不动产和无形资产扣除项目"之"本期实际扣除金额"：填写服务、不动产和无形资产扣除项目本期实际扣除的金额。

本列各行次≤第4列对应各行次且本列各行次≤第1列对应各行次。

8．第6列"服务、不动产和无形资产扣除项目"之"期末余额"：填写服务、不动产和无形资产扣除项目本期期末结存的金额。

本列各行次＝第4列对应各行次－第5列对应各行次。

六、《增值税纳税申报表附列资料（四）》（税额抵减情况表）填写说明

本表第1行由发生增值税税控系统专用设备费用和技术维护费的纳税人填写，反映纳税人增值税税控系统专用设备费用和技术维护费按规定抵减增值税应纳税额的情况。

本表第2行由营业税改征增值税纳税人，服务、不动产和无形资产按规定汇总计算缴纳增值税的总机构填写，反映其分支机构预征缴纳税款抵减总机构应纳增值税税额的情况。

本表第3行由销售建筑服务并按规定预缴增值税的纳税人填写，反映其销售建筑服务预征缴纳税款抵减应纳增值税税额的情况。

本表第4行由销售不动产并按规定预缴增值税的纳税人填写，反映其销售不动产预征缴纳税款抵减应纳增值税税额的情况。

本表第5行由出租不动产并按规定预缴增值税的纳税人填写，反映其出租不动产预征缴纳税款抵减应纳增值税税额的情况。

未发生上述业务的纳税人不填写本表。

七、《增值税纳税申报表附列资料（五）》（不动产分期抵扣计算表）填写说明

1. 本表由分期抵扣不动产进项税额的纳税人填写。

2. "税款所属时间"、"纳税人名称"的填写同主表。

3. 第1列"期初待抵扣不动产进项税额"：填写纳税人上期期末待抵扣不动产进项税额。

4. 第2列"本期不动产进项税额增加额"：填写本期取得的符合税法规定的不动产进项税额。

5. 第3列"本期可抵扣不动产进项税额"：填写符合税法规定可以在本期抵扣的不动产进项税额。

6. 第4列"本期转入的待抵扣不动产进项税额"：填写按照税法规定本期应转入的待抵扣不动产进项税额。

本列数≤《增值税纳税申报表附列资料（二）》第23栏"税额"。

7. 第5列"本期转出的待抵扣不动产进项税额"：填写按照税法规定本期应转出的待抵扣不动产进项税额。

8. 第6列"期末待抵扣不动产进项税额"：填写本期期末尚未抵扣的不动产进项税额，按表中所列公式计算填写。

八、《固定资产（不含不动产）进项税额抵扣情况表》填写说明

本表反映纳税人在《增值税纳税申报表附列资料（二）》"一、申报抵扣的进项税额"中固定资产的进项税额。本表按增值税专用发票、海关进口增值税专用缴款书分别填写。

九、《本期抵扣进项税额结构明细表》填写说明

1. "税款所属时间"、"纳税人名称"的填写同主表。

2. 第1栏"合计"按表中所列公式计算填写。

本栏与《增值税纳税申报表附列资料（二）》（本期进项税额明细，以下简称《附列资料（二）》）相关栏次的勾稽关系如下：

本栏"税额"列＝《附列资料（二）》第12栏"税额"列－《附列资料（二）》第10栏"税额"列－《附列资料（二）》第11栏"税额"列。

3. 第2至27栏"一、按税率或征收率归集（不包括购建不动产、通行费）的进项"各栏：反映纳税人按税法规定符合抵扣条件，在本期申报抵扣的不同税率（或征收率）的进项税额，不包括用于购建不动产的允许一次性抵扣和分期抵扣的进项税额，以及纳税人支付的道路、桥、闸通行费，取得的增值税扣税凭证上注明或计算的进项税额。

其中，第27栏反映纳税人租入个人住房，本期申报抵扣的减按1.5%征收率的进项税额。

纳税人执行农产品增值税进项税额核定扣除办法的，按照农产品增值税进项税额扣除率所对应的税率，将计算抵扣的进项税额填入相应栏次。

纳税人取得通过增值税发票管理新系统中差额征税开票功能开具的增值税专用发票，按照实际购买的服务、不动产或无形资产对应的税率或征收率，将扣税凭证上注明的税额填入对应栏次。

4. 第29至30栏"二、按抵扣项目归集的进项"各栏：反映纳税人按税法规定符合抵扣条件，在本期申报抵扣的不同抵扣项目的进项税额。

（1）第29栏反映纳税人用于购建不动产允许一次性抵扣的进项税额。

购建不动产允许一次性抵扣的进项税额，是指纳税人用于购建不动产时，发生的允许抵扣且不适用分期抵扣政策的进项税额。

（2）第30栏反映纳税人支付道路、桥、闸通行费，取得的增值税扣税凭证上注明或计算的进项税额。

5. 本表内各栏间的逻辑关系如下：

第1栏表内公式为1＝2＋4＋5＋11＋16＋18＋27＋29＋30；

第2栏≥第3栏；

第5栏≥第6栏＋第7栏＋第8栏＋第9栏＋第10栏；

第11栏≥第12栏＋第13栏＋第14栏＋第15栏；

第16栏≥第17栏；

第18栏≥第19栏＋第20栏＋第21栏＋第22栏＋第23栏＋第24栏＋第25

栏＋第 26 栏。

十、《增值税减免税申报明细表》填写说明

1. 本表由享受增值税减免税优惠政策的增值税一般纳税人和小规模纳税人填写。仅享受月销售额不超过 3 万元（按季纳税 9 万元）免征增值税政策或未达起征点的增值税小规模纳税人不需填报本表，即小规模纳税人当期增值税纳税申报表主表第 12 栏"其他免税销售额"之"本期数"和第 16 栏"本期应纳税额减征额"之"本期数"均无数据时，不需填报本表。

2. "税款所属时间"、"纳税人名称"的填写同主表。

3. "一、减税项目"部分由本期按照税收法律、法规及国家有关税收规定享受减征（包含税额式减征、税率式减征）增值税优惠的纳税人填写。

（1）"减税性质代码及名称"：根据国家税务总局最新发布的《减免性质及分类表》所列减免性质代码、项目名称填写。同时有多个减征项目的，应分别填写。

（2）第 1 列"期初余额"：填写应纳税额减征项目上期"期末余额"，为对应项目上期应抵减而不足抵减的余额。

（3）第 2 列"本期发生额"：填写本期发生的按照规定准予抵减增值税应纳税额的金额。

（4）第 3 列"本期应抵减税额"：填写本期应抵减增值税应纳税额的金额。本列按表中所列公式计算填写。

（5）第 4 列"本期实际抵减税额"：填写本期实际抵减增值税应纳税额的金额。本列各行≤第 3 列对应各行。

一般纳税人填写时，第 1 行"合计"本列数＝主表第 23 行"一般项目"列"本月数"。

小规模纳税人填写时，第 1 行"合计"本列数＝主表第 16 行"本期应纳税额减征额""本期数"。

（6）第 5 列"期末余额"：按表中所列公式计算填写。

4. "二、免税项目"部分由本期按照税收法律、法规及国家有关税收规定免征增值税的纳税人填写。仅享受小微企业免征增值税政策或未达起征点的小规模纳税人不需填写，即小规模纳税人申报表主表第 12 栏"其他免税销售额"之"本期数"无数据时，不需填写本栏。

(1)"免税性质代码及名称":根据国家税务总局最新发布的《减免性质及分类表》所列减免性质代码、项目名称填写。同时有多个免税项目的,应分别填写。

(2)"出口免税"填写纳税人本期按照税法规定出口免征增值税的销售额,但不包括适用免、抵、退税办法出口的销售额。小规模纳税人不填写本栏。

(3)第1列"免征增值税项目销售额":填写纳税人免税项目的销售额。免税销售额按照有关规定允许从取得的全部价款和价外费用中扣除价款的,应填写扣除之前的销售额。

一般纳税人填写时,本列"合计"等于主表第8行"一般项目"列"本月数"。

小规模纳税人填写时,本列"合计"等于主表第12行"其他免税销售额"之"本期数"。

(4)第2列"免税销售额扣除项目本期实际扣除金额":免税销售额按照有关规定允许从取得的全部价款和价外费用中扣除价款的,据实填写扣除金额;无扣除项目的,本列填写"0"。

(5)第3列"扣除后免税销售额":按表中所列公式计算填写。

(6)第4列"免税销售额对应的进项税额":填写本期用于增值税免税项目的进项税额。小规模纳税人不填写本列,一般纳税人按下列情况填写:

①纳税人兼营应税和免税项目的,按当期免税销售额对应的进项税额填写;

②纳税人本期销售收入全部为免税项目,且当期取得合法扣税凭证的,按当期取得的合法扣税凭证注明或计算的进项税额填写;

③当期未取得合法扣税凭证的,纳税人可根据实际情况自行计算免税项目对应的进项税额;无法计算的,本栏次填"0"。

(7)第5列"免税额":一般纳税人和小规模纳税人分别按下列公式计算填写,且本列各行数应大于或等于0。

一般纳税人:第5列"免税额"≤第3列"扣除后免税销售额"×适用税率－第4列"免税销售额对应的进项税额"。

小规模纳税人:第5列"免税额"=第3列"扣除后免税销售额"×征收率。

附录5-2 《增值税纳税申报表(小规模纳税人适用)》及其附列资料填写说明

本纳税申报表及其附列资料填写说明(以下简称本表及填写说明)适用于增

值税小规模纳税人（以下简称纳税人）。

一、名词解释

1. 本表及填写说明所称"货物"，是指增值税的应税货物。

2. 本表及填写说明所称"劳务"，是指增值税的应税加工、修理、修配劳务。

3. 本表及填写说明所称"服务、不动产和无形资产"，是指销售服务、不动产和无形资产（以下简称应税行为）。

4. 本表及填写说明所称"扣除项目"，是指纳税人发生应税行为，在确定销售额时，按照有关规定允许其从取得的全部价款和价外费用中扣除价款的项目。

二、《增值税纳税申报表（小规模纳税人适用）》填写说明

本表"货物及劳务"与"服务、不动产和无形资产"各项目应分别填写。

1. "税款所属期"是指纳税人申报的增值税应纳税额的所属时间，应填写具体的起止年、月、日。

2. "纳税人识别号"栏，填写纳税人的税务登记证件号码。

3. "纳税人名称"栏，填写纳税人名称全称。

4. 第1栏"（一）应征增值税不含税销售额（3%征收率）"：填写本期销售货物及劳务、发生应税行为适用3%征收率的不含税销售额，不包括应税行为适用5%征收率的不含税销售额、销售使用过的固定资产和销售旧货的不含税销售额、免税销售额、出口免税销售额、查补销售额。

纳税人发生适用3%征收率的应税行为且有扣除项目的，本栏填写扣除后的不含税销售额，与当期《增值税纳税申报表（小规模纳税人适用）附列资料》第8栏数据一致。

5. 第2栏"税务机关代开的增值税专用发票不含税销售额"：填写税务机关代开的增值税专用发票销售额合计。

6. 第3栏"税控器具开具的普通发票不含税销售额"：填写税控器具开具的货物及劳务、应税行为的普通发票金额换算的不含税销售额。

7. 第4栏"（二）应征增值税不含税销售额（5%征收率）"：填写本期发生应税行为适用5%征收率的不含税销售额。

纳税人发生适用5%征收率应税行为且有扣除项目的，本栏填写扣除后的不含税销售额，与当期《增值税纳税申报表（小规模纳税人适用）附列资料》第16栏数据一致。

8. 第5栏"税务机关代开的增值税专用发票不含税销售额"：填写税务机关代开的增值税专用发票销售额合计。

9. 第6栏"税控器具开具的普通发票不含税销售额"：填写税控器具开具的发生应税行为的普通发票金额换算的不含税销售额。

10. 第7栏"（三）销售使用过的固定资产不含税销售额"：填写销售自己使用过的固定资产（不含不动产，下同）和销售旧货的不含税销售额，销售额＝含税销售额/(1+3%)。

11. 第8栏"其中：税控器具开具的普通发票不含税销售额"：填写税控器具开具的销售自己使用过的固定资产和销售旧货的普通发票金额换算的不含税销售额。

12. 第9栏"（四）免税销售额"：填写销售免征增值税的货物及劳务、应税行为的销售额，不包括出口免税销售额。

应税行为有扣除项目的纳税人，填写扣除之前的销售额。

13. 第10栏"其中：小微企业免税销售额"：填写符合小微企业免征增值税政策的免税销售额，不包括符合其他增值税免税政策的销售额。个体工商户和其他个人不填写本栏次。

14. 第11栏"未达起征点销售额"：填写个体工商户和其他个人未达起征点（含支持小微企业免征增值税政策）的免税销售额，不包括符合其他增值税免税政策的销售额。本栏次由个体工商户和其他个人填写。

15. 第12栏"其他免税销售额"：填写销售免征增值税的货物及劳务、应税行为的销售额，不包括符合小微企业免征增值税和未达起征点政策的免税销售额。

16. 第13栏"出口免税销售额"：填写出口免征增值税货物及劳务、出口免征增值税应税行为的销售额。

应税行为有扣除项目的纳税人，填写扣除之前的销售额。

17. 第14栏"其中：税控器具开具的普通发票销售额"：填写税控器具开具的出口免征增值税货物及劳务、出口免征增值税应税行为的普通发票销售额。

18. 第15栏"本期应纳税额"：填写本期按征收率计算缴纳的应纳税额。

19. 第 16 栏"本期应纳税额减征额"：填写纳税人本期按照税法规定减征的增值税应纳税额。包含可在增值税应纳税额中全额抵减的增值税税控系统专用设备费用以及技术维护费，可在增值税应纳税额中抵免的购置税控收款机的增值税税额。

当本期减征额小于或等于第 15 栏"本期应纳税额"时，按本期减征额实际填写；当本期减征额大于第 15 栏"本期应纳税额"时，按本期第 15 栏填写，本期减征额不足抵减部分结转下期继续抵减。

20. 第 17 栏"本期免税额"：填写纳税人本期增值税免税额，免税额根据第 9 栏"免税销售额"和征收率计算。

21. 第 18 栏"其中：小微企业免税额"：填写符合小微企业免征增值税政策的增值税免税额，免税额根据第 10 栏"小微企业免税销售额"和征收率计算。

22. 第 19 栏"未达起征点免税额"：填写个体工商户和其他个人未达起征点（含支持小微企业免征增值税政策）的增值税免税额，免税额根据第 11 栏"未达起征点销售额"和征收率计算。

23. 第 21 栏"本期预缴税额"：填写纳税人本期预缴的增值税额，但不包括查补缴纳的增值税额。

三、《增值税纳税申报表（小规模纳税人适用）附列资料》填写说明

本附列资料由发生应税行为且有扣除项目的纳税人填写，各栏次均不包含免征增值税项目的金额。

1. "税款所属期"是指纳税人申报的增值税应纳税额的所属时间，应填写具体的起止年、月、日。

2. "纳税人名称"栏，填写纳税人名称全称。

3. 第 1 栏"期初余额"：填写适用 3% 征收率的应税行为扣除项目上期期末结存的金额，试点实施之日的税款所属期填写"0"。

4. 第 2 栏"本期发生额"：填写本期取得的按税法规定准予扣除的适用 3% 征收率的应税行为扣除项目金额。

5. 第 3 栏"本期扣除额"：填写适用 3% 征收率的应税行为扣除项目本期实际扣除的金额。

第 3 栏"本期扣除额"≤第 1 栏"期初余额"+第 2 栏"本期发生额"之和，

且第3栏"本期扣除额"≤第5栏"全部含税收入（适用3%征收率）"。

6. 第4栏"期末余额"：填写适用3%征收率的应税行为扣除项目本期期末结存的金额。

7. 第5栏"全部含税收入（适用3%征收率）"：填写纳税人适用3%征收率的应税行为取得的全部价款和价外费用数额。

8. 第6栏"本期扣除额"：填写本附列资料第3栏"本期扣除额"的数据。

第6栏"本期扣除额"＝第3栏"本期扣除额"。

9. 第7栏"含税销售额"：填写适用3%征收率的应税行为的含税销售额。

第7栏"含税销售额"＝第5栏"全部含税收入（适用3%征收率）"－第6栏"本期扣除额"。

10. 第8栏"不含税销售额"：填写适用3%征收率的应税行为的不含税销售额。

第8栏"不含税销售额"＝第7栏"含税销售额"÷1.03，与《增值税纳税申报表（小规模纳税人适用）》第1栏"应征增值税不含税销售额（3%征收率）"之"本期数"中"服务、不动产和无形资产"栏数据一致。

11. 第9栏"期初余额"：填写适用5%征收率的应税行为扣除项目上期期末结存的金额，试点实施之日的税款所属期填写"0"。

12. 第10栏"本期发生额"：填写本期取得的按税法规定准予扣除的适用5%征收率的应税行为扣除项目金额。

13. 第11栏"本期扣除额"：填写适用5%征收率的应税行为扣除项目本期实际扣除的金额。

第11栏"本期扣除额"≤第9栏"期初余额"＋第10栏"本期发生额"之和，且第11栏"本期扣除额"≤第13栏"全部含税收入（适用5%征收率）"。

14. 第12栏"期末余额"：填写适用5%征收率的应税行为扣除项目本期期末结存的金额。

15. 第13栏"全部含税收入（适用5%征收率）"：填写纳税人适用5%征收率的应税行为取得的全部价款和价外费用数额。

16. 第14栏"本期扣除额"：填写本附列资料第11栏"本期扣除额"的数据。

第14栏"本期扣除额"＝第11栏"本期扣除额"。

17. 第15栏"含税销售额"：填写适用5%征收率的应税行为的含税销售额。

第 15 栏"含税销售额"＝第 13 栏"全部含税收入（适用 5% 征收率）"－第 14 栏"本期扣除额"。

18. 第 16 栏"不含税销售额"：填写适用 5% 征收率的应税行为的不含税销售额。

第 16 栏"不含税销售额"＝第 15 栏"含税销售额"÷1.05，与《增值税纳税申报表（小规模纳税人适用）》第 4 栏"应征增值税不含税销售额（5% 征收率）"之"本期数"中"服务、不动产和无形资产"栏数据一致。

附录 5-3 《增值税预缴税款表》填写说明

本表适用于纳税人发生以下情形按规定在国税机关预缴增值税时填写：
（1）纳税人（不含其他个人）跨县（市）提供建筑服务。
（2）房地产开发企业预售自行开发的房地产项目。
（3）纳税人（不含其他个人）出租与机构所在地不在同一县（市）的不动产。

一、基础信息填写说明

1. "税款所属时间"：指纳税人申报的增值税预缴税额的所属时间，应填写具体的起止年、月、日。

2. "纳税人识别号"：填写纳税人的税务登记证件号码；纳税人为未办理过税务登记证的非企业性单位的，填写其组织机构代码证号码。

3. "纳税人名称"：填写纳税人名称全称。

4. "是否适用一般计税方法"：该项目适用一般计税方法的纳税人在"是"后面的"□"中打"√"，适用简易计税方法的纳税人在"否"后面的"□"中打"√"。

5. "项目编号"：由异地提供建筑服务的纳税人和房地产开发企业填写《建筑工程施工许可证》上的编号，根据相关规定不需要申请《建筑工程施工许可证》的建筑服务项目或不动产开发项目，不需要填写。出租不动产业务不需填写。

6. "项目名称"：填写建筑服务或者房地产项目的名称。出租不动产业务不需要填写。

7. "项目地址"：填写建筑服务项目、房地产项目或出租不动产的具体地址。

二、具体栏次填表说明

1. 纳税人异地提供建筑服务。

纳税人在"预征项目和栏次"部分的第1栏"建筑服务"行次填写相关信息：

（1）第1列"销售额"：填写纳税人跨县（市）提供建筑服务取得的全部价款和价外费用（含税）。

（2）第2列"扣除金额"：填写跨县（市）提供建筑服务项目按照规定准予从全部价款和价外费用中扣除的金额（含税）。

（3）第3列"预征率"：填写跨县（市）提供建筑服务项目对应的预征率或者征收率。

（4）第4列"预征税额"：填写按照规定计算的应预缴税额。

2. 房地产开发企业预售自行开发的房地产项目。

纳税人在"预征项目和栏次"部分的第2栏"销售不动产"行次填写相关信息：

（1）第1列"销售额"：填写本期收取的预收款（含税），包括在取得预收款当月或主管国税机关确定的预缴期取得的全部预收价款和价外费用。

（2）第2列"扣除金额"：房地产开发企业不需填写。

（3）第3列"预征率"：房地产开发企业预征率为3%。

（4）第4列"预征税额"：填写按照规定计算的应预缴税额。

3. 纳税人出租不动产。

纳税人在"预征项目和栏次"部分的第3栏"出租不动产"行次填写相关信息：

（1）第1列"销售额"：填写纳税人出租不动产取得全部价款和价外费用（含税）；

（2）第2列"扣除金额"不需填写；

（3）第3列"预征率"：填写纳税人预缴增值税适用的预征率或者征收率；

（4）第4列"预征税额"：填写按照规定计算的应预缴税额。

附录5-4 《营改增税负分析测算明细表》填写说明

本表中"税款所属时间"、"纳税人名称"的填写同《增值税纳税申报表（一般纳税人适用)》主表。

一、各列填写说明

1. "应税项目代码及名称"：根据《营改增试点应税项目明细表》所列项目代码及名称填写，同时有多个项目的，应分项目填写。

2. "增值税税率或征收率"：根据各项目适用的增值税税率或征收率填写。

3. "营业税税率"：根据各项目在营业税税制下适用的营业税税率填写。

4. 第1列"不含税销售额"：反映纳税人当期对应项目不含税的销售额（含即征即退项目），包括开具增值税专用发票、开具其他发票、未开具发票、纳税检查调整的销售额，纳税人所填项目享受差额征税政策的，本列应填写差额扣除之前的销售额。

5. 第2列"销项（应纳）税额"：反映纳税人根据当期对应项目不含税的销售额计算出的销项税额或应纳税额（简易征收）。

本列各行次＝第1列对应各行次×增值税税率或征收率。

6. 第3列"价税合计"：反映纳税人当期对应项目的价税合计数。

本列各行次＝第1列对应各行次＋第2列对应各行次。

7. 第4列"服务、不动产和无形资产扣除项目本期实际扣除金额"：纳税人销售服务、不动产和无形资产享受差额征税政策的，应填写对应项目当期实际差额扣除的金额。不享受差额征税政策的填"0"。

8. 第5列"扣除后"之"含税销售额"：纳税人销售服务、不动产和无形资产享受差额征税政策的，应填写对应项目差额扣除后的含税销售额。

本列各行次＝第3列对应各行次－第4列对应各行次。

9. 第6列"扣除后"之"销项（应纳）税额"：反映纳税人按现行增值税规定，分项目的增值税销项（应纳）税额，按以下要求填写：

（1）销售服务、不动产和无形资产按照一般计税方法计税的，本列各行次＝第5列对应各行次÷(100％＋对应行次增值税税率)×对应行次增值税税率。

（2）销售服务、不动产和无形资产按照简易计税方法计税的，本列各行次＝第5列对应各行次÷(100％＋对应行次增值税征收率)×对应行次增值税征收率。

10. 第7列"增值税应纳税额（测算）"：反映纳税人按现行增值税规定，测算出的对应项目的增值税应纳税额。

（1）销售服务、不动产和无形资产按照一般计税方法计税的，本列各行次＝第6列对应各行次÷《增值税纳税申报表（一般纳税人适用）》主表第11栏"销项税额"之"一般项目"与"即征即退项目"之"本月数"之和×《增值税纳税申报表（一般纳税人适用）》主表第19栏"应纳税额"之"一般项目"与"即征即退项目"之"本月数"之和。

（2）销售服务、不动产和无形资产按照简易计税方法计税的，本列各行次＝第6列对应各行次。

11. 第8列"原营业税税制下服务、不动产和无形资产差额扣除项目"之"期初余额"：填写按原营业税规定，服务、不动产和无形资产差额扣除项目上期期末结存的金额，试点实施之日的税款所属期填写"0"。本列各行次等于上期本表第12列对应行次。

12. 第9列"原营业税税制下服务、不动产和无形资产差额扣除项目"之"本期发生额"：填写按原营业税规定，本期取得的准予差额扣除的服务、不动产和无形资产差额扣除项目金额。

13. 第10列"原营业税税制下服务、不动产和无形资产差额扣除项目"之"本期应扣除金额"：填写按原营业税规定，服务、不动产和无形资产差额扣除项目本期应扣除的金额。

本列各行次＝第8列对应各行次＋第9列对应各行次。

14. 第11列"原营业税税制下服务、不动产和无形资产差额扣除项目"之"本期实际扣除金额"：填写按原营业税规定，服务、不动产和无形资产差额扣除项目本期实际扣除的金额。

（1）当第10列各行次≤第3列对应行次时，本列各行次＝第10列对应各行次。

（2）当第10列各行次＞第3列对应行次时，本列各行次＝第3列对应各行次。

15. 第12列"原营业税税制下服务、不动产和无形资产差额扣除项目"之"期末余额"：填写按原营业税规定，服务、不动产和无形资产差额扣除项目本期期末结存的金额。

本列各行次＝第10列对应各行次－第11列对应各行次。

16. 第13列"应税营业额":反映纳税人按原营业税规定,对应项目的应税营业额。

本列各行次＝第3列对应各行次－第11列对应各行次。

17. 第14列"营业税应纳税额":反映纳税人按原营业税规定,计算出的对应项目的营业税应纳税额。

本列各行次＝第13列对应各行次×对应行次营业税税率。

二、各行填写说明

1. "合计"行:本行各栏为对应栏次的合计数。

本行第3列"价税合计"＝《增值税纳税申报表附列资料(一)》(本期销售情况明细)第11列"价税合计"第2＋4＋5＋9b＋12＋13a＋13b行。

本行第4列"服务、不动产和无形资产扣除项目本期实际扣除金额"＝《增值税纳税申报表附列资料(一)》(本期销售情况明细)第12列"服务、不动产和无形资产扣除项目本期实际扣除金额"第2＋4＋5＋9b＋12＋13a＋13b行。

2. 其他行次根据纳税人实际发生业务分项目填写。

Chapter 06

第六章
营业税改征增值税纳税人常见税务风险

纳入营改增的纳税人由原来缴纳营业税改为缴纳增值税,而增值税的税收政策、发票管理、账务处理、纳税申报等事项较营业税要复杂得多,难度也更大,纳税人若不全面了解增值税相关政策,提升增值税业务处理能力,掌握增值税业务处理技巧,在日常税务处理中,将很难避免税务风险。

下面我就营改增纳税人常见的增值税税务风险进行讲述。

一、销项税额的税务风险

销项税额的税务风险主要表现在以下几个方面。

(一)增值税纳税义务发生时间

企业应按照增值税纳税义务发生时间开具发票并确认收入计提销项税额,有的企业不按照纳税义务发生时间确认收入计提销项税额,而是按照自身或付款人的需求开具发票确认收入,可能会出现提前纳税、延迟缴纳甚至重复纳税、加收滞纳金、罚款等风险。

根据《营业税改征增值税试点实施办法》第四十五条的规定,增值税纳税义务、扣缴义务发生时间为:

(1) 纳税人发生应税行为并收讫销售款项或者取得索取销售款项凭据的当天;先开具发票的,为开具发票的当天。

收讫销售款项,是指纳税人销售服务、无形资产、不动产过程中或者完成后收到款项。

取得索取销售款项凭据的当天,是指书面合同确定的付款日期;未签订书面合同或者书面合同未确定付款日期的,为服务、无形资产转让完成的当天或者不动产权属变更的当天。

(2) 纳税人提供建筑服务、租赁服务采取预收款方式的,其纳税义务发生时间为收到预收款的当天。

(3) 纳税人从事金融商品转让的,为金融商品所有权转移的当天。

(4) 纳税人发生该办法第十四条规定情形的,其纳税义务发生时间为服务、无形资产转让完成的当天或者不动产权属变更的当天。

(5) 增值税扣缴义务发生时间为纳税人增值税纳税义务发生的当天。

根据上述规定,以建筑服务为例,纳税义务发生时间应为:

(1) 建筑企业与业主签署合同,预收工程款的,其纳税义务发生时间为收到预收款的当天。在预收款的当天开具增值税专用发票。

(2) 在提供建筑服务期间,按照合同确定的付款日期、收到款项日期和开具发票日期三者孰早的原则确定纳税义务发生时间。

(3) 提供建筑服务期间未收到款项且合同未确定付款日期,则以服务完成的当天为纳税义务发生时间。

纳税人应当强化增值税纳税义务发生时间的意识,准确按照纳税义务发生时间开具发票,否则可能会出现提前纳税、延迟缴纳甚至重复纳税、加收滞纳金、罚款等风险。

纳税人通常有下列风险:

1. 提前纳税的风险。

（1）约定收款日期未到，提前开票申报纳税。

（2）服务未完成，提前开票申报纳税。

（3）未发生应税行为的预收款，提前开票申报纳税。

2. 推迟纳税的风险。

营改增后，由于小规模纳税人税负普遍下降，企业进项税额抵扣范围扩大，以及差额征税期初待扣部分不予抵减等原因，在试点实施之前，纳税人拟通过推迟纳税等手段，筹划节税。错误的做法主要有：

（1）不按书面合同确定的收款日期，而按实际收款日期开具发票，推迟纳税。

（2）应客户要求本该试点之前开具发票而待试点之后开具增值税专用发票，推迟纳税。

> **风险提示**
>
> 1. 上述错误做法违反了《中华人民共和国发票管理办法实施细则》第二十六条的规定，未按发生经营业务确认营业收入的时间开具发票。依照《中华人民共和国发票管理办法》第三十五条第（一）款之规定，由税务机关责令其改正，可以处1万元以下罚款。
>
> 2. 提前或滞后开票、提前或滞后入账的行为，都属于编造虚假计税依据，将依照《税收征收管理法》第六十四条第一款之规定，由税务机关责令其限期改正，并处五万元以下的罚款。
>
> 3. 涉及跨期业务的，依据《营业税改征增值税试点实施办法》的规定，主管国税机关将依法追缴试点纳税人在法定纳税义务时间应当缴纳的增值税；而纳税人因筹划不当导致提前缴纳的营业税，只能向主管地税机关申请退税，从而加大企业资金调剂压力。

（二）视同销售服务、无形资产或者不动产

根据《营业税改征增值税试点实施办法》第十四条的规定，下列情形视同销售服务、无形资产或者不动产：

（1）单位或者个体工商户向其他单位或者个人无偿提供服务，但用于公益事业或者以社会公众为对象的除外。

(2) 单位或者个人向其他单位或者个人无偿转让无形资产或者不动产，但用于公益事业或者以社会公众为对象的除外。

(3) 财政部和国家税务总局规定的其他情形。

> **风险提示**
>
> 根据上述规定，企业之间无偿提供服务、无偿转让无形资产或者不动产等业务都存在需视同销售服务、无形资产或者不动产缴纳增值税而企业漏缴的风险。
>
> 集团公司共享品牌或服务、关联企业无偿占用资金、非关联方之间无偿借贷是否需要视同销售服务缴纳增值税？这一问题目前还存在争议，纳税人需要重点关注。

（三）跨县（市）、跨省（自治区、直辖市或者计划单列市）提供建筑服务或者销售、出租不动产

跨县（市）、跨省（自治区、直辖市或者计划单列市）提供建筑服务或者销售、出租不动产，即使未到税法规定的纳税义务发生时间，也需要先在建筑服务发生地、不动产所在地预缴税款，然后再向机构所在地纳税申报，两地的税务机关均有监管的权利，需要与两地税务机关有效沟通，平衡两地的利益。

另外，按照征收率和预征率预缴税款的计算方法不同，其计算方式分别为：销售额÷(1+征收率)×征收率，销售额÷(1+税率或征收率)×预征率。按征收率预缴税款后回机构所在地只需要纳税申报，按预征率预缴税款后回机构所在地需要纳税申报并差额补缴税款。

《营业税改征增值税试点有关事项的规定》第一条第（七）至（十一）项规定：

1. 一般纳税人跨县（市）提供建筑服务，适用一般计税方法计税的，应以取得的全部价款和价外费用为销售额计算应纳税额。纳税人应以取得的全部价款和价外费用扣除支付的分包款后的余额，按照2%的预征率在建筑服务发生地预缴税款后，向机构所在地主管税务机关进行纳税申报。

2. 一般纳税人跨县（市）提供建筑服务，选择适用简易计税方法计税的，应以取得的全部价款和价外费用扣除支付的分包款后的余额为销售额，按照3%的征

收率计算应纳税额。纳税人应按照上述计税方法在建筑服务发生地预缴税款后，向机构所在地主管税务机关进行纳税申报。

3．试点纳税人中的小规模纳税人（以下称小规模纳税人）跨县（市）提供建筑服务，应以取得的全部价款和价外费用扣除支付的分包款后的余额为销售额，按照3％的征收率计算应纳税额。纳税人应按照上述计税方法在建筑服务发生地预缴税款后，向机构所在地主管税务机关进行纳税申报。

4．一般纳税人销售其2016年4月30日前取得（不含自建）的不动产，可以选择适用简易计税方法，以取得的全部价款和价外费用减去该项不动产购置原价或者取得不动产时的作价后的余额为销售额，按照5％的征收率计算应纳税额。纳税人应按照上述计税方法在不动产所在地预缴税款后，向机构所在地主管税务机关进行纳税申报。

5．一般纳税人销售其2016年4月30日前自建的不动产，可以选择适用简易计税方法，以取得的全部价款和价外费用为销售额，按照5％的征收率计算应纳税额。纳税人应按照上述计税方法在不动产所在地预缴税款后，向机构所在地主管税务机关进行纳税申报。

6．一般纳税人销售其2016年5月1日后取得（不含自建）的不动产，应适用一般计税方法，以取得的全部价款和价外费用为销售额计算应纳税额。纳税人应以取得的全部价款和价外费用减去该项不动产购置原价或者取得不动产时的作价后的余额，按照5％的预征率在不动产所在地预缴税款后，向机构所在地主管税务机关进行纳税申报。

7．一般纳税人销售其2016年5月1日后自建的不动产，应适用一般计税方法，以取得的全部价款和价外费用为销售额计算应纳税额。纳税人应以取得的全部价款和价外费用，按照5％的预征率在不动产所在地预缴税款后，向机构所在地主管税务机关进行纳税申报。

8．小规模纳税人销售其取得（不含自建）的不动产（不含个体工商户销售购买的住房和其他个人销售不动产），应以取得的全部价款和价外费用减去该项不动产购置原价或者取得不动产时的作价后的余额为销售额，按照5％的征收率计算应纳税额。纳税人应按照上述计税方法在不动产所在地预缴税款后，向机构所在地主管税务机关进行纳税申报。

9．小规模纳税人销售其自建的不动产，应以取得的全部价款和价外费用为销售额，按照5%的征收率计算应纳税额。纳税人应按照上述计税方法在不动产所在地预缴税款后，向机构所在地主管税务机关进行纳税申报。

10. 一般纳税人出租其2016年4月30日前取得的不动产，可以选择适用简易计税方法，按照5%的征收率计算应纳税额。纳税人出租其2016年4月30日前取得的与机构所在地不在同一县（市）的不动产，应按照上述计税方法在不动产所在地预缴税款后，向机构所在地主管税务机关进行纳税申报。

11. 一般纳税人出租其2016年5月1日后取得的、与机构所在地不在同一县（市）的不动产，应按照3%的预征率在不动产所在地预缴税款后，向机构所在地主管税务机关进行纳税申报。

12. 小规模纳税人出租其取得的不动产（不含个人出租住房），应按照5%的征收率计算应纳税额。纳税人出租与机构所在地不在同一县（市）的不动产，应按照上述计税方法在不动产所在地预缴税款后，向机构所在地主管税务机关进行纳税申报。

13. 一般纳税人销售其2016年4月30日前取得的不动产（不含自建），适用一般计税方法计税的，以取得的全部价款和价外费用为销售额计算应纳税额。上述纳税人应以取得的全部价款和价外费用减去该项不动产购置原价或者取得不动产时的作价后的余额，按照5%的预征率在不动产所在地预缴税款后，向机构所在地主管税务机关进行纳税申报。

房地产开发企业中的一般纳税人销售房地产老项目，以及一般纳税人出租其2016年4月30日前取得的不动产，适用一般计税方法计税的，应以取得的全部价款和价外费用，按照3%的预征率在不动产所在地预缴税款后，向机构所在地主管税务机关进行纳税申报。

一般纳税人销售其2016年4月30日前自建的不动产，适用一般计税方法计税的，应以取得的全部价款和价外费用为销售额计算应纳税额。纳税人应以取得的全部价款和价外费用，按照5%的预征率在不动产所在地预缴税款后，向机构所在地主管税务机关进行纳税申报。

14. 一般纳税人跨省（自治区、直辖市或者计划单列市）提供建筑服务或者销售、出租取得的与机构所在地不在同一省（自治区、直辖市或者计划单列市）的不动产，在机构所在地申报纳税时，计算的应纳税额小于已预缴税额，且差额较大的，由国家税务总局通知建筑服务发生地或者不动产所在地省级税务机关，在一定时期内暂停预缴增值税。

(四) 销售额

对一般纳税业务的销售额确定并不难,但是关联方直接发生应税行为的价格可能会不公允,价格会明显偏低或者偏高,还有视同销售服务、无形资产或者不动产而无销售额的情形,有的企业不按税法规定顺序确定销售额,而是以价格较小者确定销售额,存在少缴增值税的税务风险。

《营业税改征增值税试点实施办法》第四十四条规定,纳税人发生应税行为价格明显偏低或者偏高且不具有合理商业目的的,或者发生该办法第十四条所列行为而无销售额的,主管税务机关有权按照下列顺序确定销售额:

1. 按照纳税人最近时期销售同类服务、无形资产或者不动产的平均价格确定。

2. 按照其他纳税人最近时期销售同类服务、无形资产或者不动产的平均价格确定。

3. 按照组成计税价格确定。组成计税价格的公式为:

$$组成计税价格 = 成本 \times (1 + 成本利润率)$$

成本利润率由国家税务总局确定。

不具有合理商业目的,是指以谋取税收利益为主要目的,通过人为安排,减少、免除、推迟缴纳增值税税款,或者增加退还增值税税款。

(五) 价外费用

《营业税改征增值税试点实施办法》第三十七条规定,销售额,是指纳税人发生应税行为取得的全部价款和价外费用,财政部和国家税务总局另有规定的除外。

价外费用,是指价外收取的各种性质的收费,但不包括以下项目:

1. 代为收取并符合该办法第十条规定的政府性基金或者行政事业性收费。

2. 以委托方名义开具发票代委托方收取的款项。

> **风险提示**
>
> 很多企业对发生应税行为价外收取的手续费、违约金、滞纳金、延期付款利息、赔偿金、代收款项等费用不计提缴纳增值税,造成少缴增值税的税务风险。举例说明:
>
> 建筑企业收取房地产开发企业的违约金、提前竣工奖、材料差价款、赔偿金等属于税法规定的价外费用,也需要开具发票缴纳增值税。
>
> 固定电话、有线电视、宽带、水、电、燃气、暖气等经营者向用户收取的安装费、初装费、开户费、扩容费以及类似收费,按照安装服务缴纳增值税。不属于原增值税销售价外费用而随销售货物的税率征收增值税。

(六) 兼 营

兼营业务一定要分别核算,否则有多缴税款的风险。

《营业税改征增值税试点实施办法》第三十九条规定,纳税人兼营销售货物、劳务、服务、无形资产或者不动产,适用不同税率或者征收率的,应当分别核算适用不同税率或者征收率的销售额;未分别核算的,从高适用税率。

《营业税改征增值税试点实施办法》第四十一条规定,纳税人兼营免税、减税项目的,应当分别核算免税、减税项目的销售额;未分别核算的,不得免税、减税。

《营业税改征增值税试点实施办法》第二十九条规定,适用一般计税方法的纳税人,兼营简易计税方法计税项目、免征增值税项目而无法划分不得抵扣的进项税额,按照下列公式计算不得抵扣的进项税额:

$$\text{不得抵扣的进项税额} = \text{当期无法划分的全部进项税额} \times \left(\text{当期简易计税方法计税项目销售额} + \text{免征增值税项目销售额} \right) \div \text{当期全部销售额}$$

主管税务机关可以按照上述公式依据年度数据对不得抵扣的进项税额进行清算。

《营业税改征增值税试点有关事项的规定》第一条第(一)项"兼营"规定,试点纳税人销售货物、加工修理修配劳务、服务、无形资产或者不动产适用不同

税率或者征收率的,应当分别核算适用不同税率或者征收率的销售额,未分别核算销售额的,按照以下方法适用税率或者征收率:

1. 兼有不同税率的销售货物、加工修理修配劳务、服务、无形资产或者不动产,从高适用税率。

2. 兼有不同征收率的销售货物、加工修理修配劳务、服务、无形资产或者不动产,从高适用征收率。

3. 兼有不同税率和征收率的销售货物、加工修理修配劳务、服务、无形资产或者不动产,从高适用税率。

(七) 混合销售

《营业税改征增值税试点实施办法》第四十条规定,一项销售行为如果既涉及服务又涉及货物,为混合销售。从事货物的生产、批发或者零售的单位和个体工商户的混合销售行为,按照销售货物缴纳增值税;其他单位和个体工商户的混合销售行为,按照销售服务缴纳增值税。

这里所称从事货物的生产、批发或者零售的单位和个体工商户,包括以从事货物的生产、批发或者零售为主,并兼营销售服务的单位和个体工商户在内。

(八) 销售收入完整性

企业应明确有无应计收入而未计导致少缴增值税的情形,如:

1. 发生应税行为不开发票,未计收入申报纳税;

2. 预收账款长期挂账,应税行为已发生不按规定转收入申报纳税;

3. 收取的款项,不按规定全额计收入,而将支付的回扣、手续费等费用扣除,坐支销货款;

4. 视同销售服务、无形资产或者不动产,服务、无形资产转让已完成,不动产权属已变更,仍不申报纳税;

5. 出售已使用过的固定资产,是否未按适用税率计提销项税额或按征收率计算应纳税额。

6. 以物易物、以物抵债等特殊业务收入,未计收入申报纳税。

7. 业主根据合同约定扣留建筑安装施工企业一定比例的工程款，作为开发项目的质量保证金，还有从工程款中抵扣施工所用的水电费，建筑企业需要将质量保证金和从工程款中抵扣的水电费用一起开发票申报纳税，有的建筑企业没有这样做。

二、进项税额的税务风险

进项税额的税务风险主要表现在以下几个方面。

（一）增值税扣税凭证

《营业税改征增值税试点实施办法》第二十六条规定，纳税人取得的增值税扣税凭证不符合法律、行政法规或者国家税务总局有关规定的，其进项税额不得从销项税额中抵扣。

增值税扣税凭证，是指增值税专用发票、海关进口增值税专用缴款书、农产品收购发票、农产品销售发票和完税凭证。

纳税人凭完税凭证抵扣进项税额的，应当具备书面合同、付款证明和境外单位的对账单或者发票。资料不全的，其进项税额不得从销项税额中抵扣。

提醒纳税人注意，除上述规定之外的其他发票（比如取得的增值税普通发票等）都不能作为抵扣进项税额的合法凭证。

纳税人还需注意，即使取得上述合规票据，也并非一定能够抵扣进项税额。

（二）不应该抵扣而抵扣进项税额

纳税人要熟悉税法规定的不得从销项税额中抵扣进项税额的情形。相关税法规定如下：

1. 根据《营业税改征增值税试点实施办法》第二十七条的规定，下列项目的进项税额不得从销项税额中抵扣：

（1）用于简易计税方法计税项目、免征增值税项目、集体福利或者个人消费的购进货物、加工修理修配劳务、服务、无形资产和不动产。其中涉及的固定资产、无形资产、不动产，仅指专用于上述项目的固定资产、无形资产（不包括其他权益性无形资产）、不动产。

纳税人的交际应酬消费属于个人消费。

（2）非正常损失的购进货物，以及相关的加工修理修配劳务和交通运输服务。

（3）非正常损失的在产品、产成品所耗用的购进货物（不包括固定资产）、加工修理修配劳务和交通运输服务。

（4）非正常损失的不动产，以及该不动产所耗用的购进货物、设计服务和建筑服务。

（5）非正常损失的不动产在建工程所耗用的购进货物、设计服务和建筑服务。

纳税人新建、改建、扩建、修缮、装饰不动产，均属于不动产在建工程。

（6）购进的旅客运输服务、贷款服务、餐饮服务、居民日常服务和娱乐服务。

（7）财政部和国家税务总局规定的其他情形。

这里第（4）项、第（5）项所称货物，是指构成不动产实体的材料和设备，包括建筑装饰材料和给排水、采暖、卫生、通风、照明、通讯、煤气、消防、中央空调、电梯、电气、智能化楼宇设备及配套设施。

2.《营业税改征增值税试点实施办法》第二十八条规定，不动产、无形资产的具体范围，按照该办法所附的《销售服务、无形资产或者不动产注释》执行。

固定资产，是指使用期限超过12个月的机器、机械、运输工具以及其他与生产经营有关的设备、工具、器具等有形动产。

非正常损失，是指因管理不善造成货物被盗、丢失、霉烂变质，以及因违反法律法规造成货物或者不动产被依法没收、销毁、拆除的情形。

3.《营业税改征增值税试点实施办法》第三十三条规定，有下列情形之一者，应当按照销售额和增值税税率计算应纳税额，不得抵扣进项税额，也不得使用增值税专用发票：

（1）一般纳税人会计核算不健全，或者不能够提供准确税务资料的。

(2) 应当办理一般纳税人资格登记而未办理的。

(三) 应作进项税额转出而未作进项税额转出

已抵扣进项税额的购进货物、固定资产、劳务、服务、无形资产或者不动产，发生《营业税改征增值税试点实施办法》规定的不得抵扣进项税额的情形，应当将该进项税额从当期进项税额中扣减；无法确定该进项税额的，按照当期实际成本计算应扣减的进项税额。

1.《营业税改征增值税试点实施办法》第二十九条规定，适用一般计税方法的纳税人，兼营简易计税方法计税项目、免征增值税项目而无法划分不得抵扣的进项税额，按照下列公式计算不得抵扣的进项税额：

$$不得抵扣的进项税额 = 当期无法划分的全部进项税额 \times \left(当期简易计税方法计税项目销售额 + 免征增值税项目销售额 \right) \div 当期全部销售额$$

主管税务机关可以按照上述公式依据年度数据对不得抵扣的进项税额进行清算。

2.《营业税改征增值税试点实施办法》第三十条规定，已抵扣进项税额的购进货物（不含固定资产）、劳务、服务，发生该办法第二十七条规定情形（简易计税方法计税项目、免征增值税项目除外）的，应当将该进项税额从当期进项税额中扣减；无法确定该进项税额的，按照当期实际成本计算应扣减的进项税额。

3.《营业税改征增值税试点实施办法》第三十一条规定，已抵扣进项税额的固定资产、无形资产或者不动产，发生该办法第二十七条规定情形的，按照下列公式计算不得抵扣的进项税额：

$$不得抵扣的进项税额 = 固定资产、无形资产或者不动产净值 \times 适用税率$$

固定资产、无形资产或者不动产净值，是指纳税人根据财务会计制度计提折旧或摊销后的余额。

4.《营业税改征增值税试点实施办法》第三十二条规定，纳税人适用一般计税方法计税的，因销售折让、中止或者退回而退还给购买方的增值税额，应当从当期的销项税额中扣减；因销售折让、中止或者退回而收回的增值税额，应当从当期的进项税额中扣减。

(四) 扣税凭证要符合规定，资料要齐全

1. 纳税人取得的增值税扣税凭证不符合法律法规的，进项税额不准从销项税额抵扣。

比如，一般纳税人销售货物或者提供应税劳务（服务）可汇总开具专用发票。汇总开具专用发票的，同时使用防伪税控系统开具《销售货物或者提供应税劳务（服务）清单》，并加盖发票专用章。若收到无清单或自制清单的汇总开具的专用发票，则不可以抵扣税款。

又如，纳税人提供应税服务，开具增值税专用发票后，提供应税服务中止、折让、开票有误等情形，应当按照国家税务总局的规定开具红字增值税专用发票。未按照规定开具红字增值税专用发票的，不得扣减销项税额或者销售额。有些企业自作聪明，改由接受服务方向提供服务方开具增值税专用发票，避免开具红字发票的麻烦，这种行为属于不按规定开具发票的行为，是不可以抵扣销项税额的。

2. 纳税人资料不全的，进项税额也不得从销项税额中抵扣。

比如，纳税人凭完税凭证抵扣进项税额的，应当具备书面合同、付款证明和境外单位的对账单或者发票。资料不全的，其进项税额不得从销项税额中抵扣。

三、发票使用管理税务风险

发票，是指在购销商品，提供或者接受服务以及从事其他经营活动中，开具、收取的收付款凭证。

《中华人民共和国发票管理办法》第三十六条规定，违反发票管理法规的行为包括："（一）未按照规定印制发票或者生产发票防伪专用品的；（二）未按照规

定领购发票的;(三)未按照规定开具发票的;(四)未按照规定取得发票的;(五)未按照规定保管发票的;(六)未按照规定接受税务机关检查的。对有前款所列行为之一的单位和个人,由税务机关责令限期改正,没收非法所得,可以并处1万元以下的罚款。有前款所列两种或者两种以上行为的,可以分别处罚。"

因此,纳税人在日常发票管理过程中,要建立完善的发票使用、保管制度,严格按规定使用、保管发票,严格防范上述行为的发生,否则就有可能受到相应处罚。

常见的发票管理税务风险有以下几种。

(一) 不得开具增值税专用发票而开具的税务风险

违反规定开具专用发票的,则对其开具的销售额依照增值税适用税率全额征收增值税,不得抵扣进项税额,并按照《发票管理办法》及其实施细则的有关规定予以处罚。

1. 属于下列情形之一的,不得开具增值税专用发票:
(1) 向消费者个人销售服务、无形资产或者不动产。
(2) 适用免征增值税规定的应税行为。

2. 金融商品转让,不得开具增值税专用发票。

3. 经纪代理服务,向委托方收取的政府性基金或者行政事业性收费,不得开具增值税专用发票,可以开具普通发票。

4. 试点纳税人提供有形动产融资性售后回租服务,向承租方收取的有形动产价款本金,不得开具增值税专用发票,可以开具普通发票。

5. 选择差额征税办法计算销售额的试点纳税人,向旅游服务购买方收取并支付的相关费用。不得开具增值税专用发票,可以开具普通发票。

6. 选择差额纳税的纳税人,向用工单位收取用于支付给劳务派遣员工工资、福利和为其办理社会保险及住房公积金的费用,不得开具增值税专用发票,可以开具普通发票。

7. 纳税人提供人力资源外包服务,按照经纪代理服务缴纳增值税,其销售额不包括受客户单位委托代为向客户单位员工发放的工资和代理缴纳的社会保险、住房公积金。向委托方收取并代为发放的工资和代理缴纳的社会保险、住房公积金，不得开具增值税专用发票，可以开具普通发票。

8. 商业企业一般纳税人零售的烟、酒、食品、服装、鞋帽（不包括劳保专用部分）、化妆品等消费品，不得开具增值税专用发票。

9. 增值税一般纳税人销售免税货物，一律不得开具专用发票，但国有粮食购销企业销售免税粮食除外。

10. 小规模纳税人不能自行开具增值税专用发票。

小规模纳税人发生应税行为，购买方索取增值税专用发票的，可以向主管税务机关申请代开。

（二）增值税发票不及时认证的税务风险

很多企业有开具发票后在收到货款前不交给购货方发票的习惯，而购货方财务人员也有为了调节税负在收到发票后不及时认证抵扣的习惯，有的业务员还有不及时把取得的发票交给财务人员的习惯，这些习惯都有可能会给企业带来税收风险。

根据《国家税务总局关于调整增值税扣税凭证抵扣期限有关问题的通知》（国税函〔2009〕617号）的规定，增值税一般纳税人取得2010年1月1日以后开具的增值税专用发票和机动车销售统一发票，应在开具之日起180日内到税务机关办理认证，并在认证通过的次月申报期内，向主管税务机关申报抵扣进项税额。

根据《国家税务总局关于增值税一般纳税人取得防伪税控系统开具的增值税专用发票进项税额抵扣问题的通知》（国税发〔2003〕17号）的规定，增值税一般纳税人认证通过的防伪税控系统开具的增值税专用发票，应在认证通过的当月按照增值税有关规定核算当期进项税额并申报抵扣，否则不予抵扣进项税额。

《国家税务总局关于全面推行增值税发票系统升级版有关问题的公告》（国家税务总局公告2015年第19号）第五条规定，专用发票已交付购买方的，购买方可在增值税发票系统升级版中填开并上传《开具红字增值税专用发票信息表》。该信息表所对应的蓝字专用发票应经税务机关认证（所购货物或服务不属于增值税扣税项目范围的除外）。专用发票尚未交付购买方或者购买方拒收的，销售方应于专用发票认证期限内在增值税发票系统升级版中填开并上传该信息表。

因此，根据上述规定，有两种税务风险：

1. 购货方会因为发票超过180天认证期限未认证而无法抵扣，多缴纳增值税款。

2. 如果已经在规定时限（180日）内认证的专用发票发生退货，没有冲红的时间限制。如果超过认证期限尚未办理认证的专用发票（所购货物或服务不属于增值税扣税项目范围的除外），则无法开具红字发票，企业开出专用发票后应及时交购货方抵扣，减少税务风险。

（三）不按税法规定开具发票的税务风险

《营业税改征增值税试点实施办法》第四十二条规定，纳税人发生应税行为，开具增值税专用发票后，发生开票有误或者销售折让、中止、退回等情形的，应当按照国家税务总局的规定开具红字增值税专用发票；未按照规定开具红字增值税专用发票的，不得按照该办法第三十二条和第三十六条的规定扣减销项税额或者销售额。

风险提示

> 纳税人发生开票有误或者销售折让、中止、退回等情形又不符合作废条件的，应按规定开具红字发票，否则不得扣减销项税额或者销售额。以后重开发票，将会被造成企业重复纳税。
>
> 某些纳税人怕麻烦采取相反方向开具蓝字发票的方法，也属于不按规定开具发票，双方都会面临税务风险。

《营业税改征增值税试点实施办法》第四十三条规定，纳税人发生应税行为，将价款和折扣额在同一张发票上分别注明的，以折扣后的价款为销售额；未在同一张发票上分别注明的，以价款为销售额，不得扣减折扣额。

> **风险提示**
>
> 纳税人采取折扣方式销售服务、无形资产或者不动产，价款和折扣额在同一张发票上分别注明是指价款和折扣额在同一张发票上的"金额"栏分别注明的，以折扣后的价款为销售额征收增值税。未在同一张发票"金额"栏注明折扣额，而仅在发票的"备注"栏注明折扣额的，折扣额不得从价款中减除。

（四）虚开发票的税务风险

有些营改增纳税人，面对"凭票抵扣税款"的诱惑，希望通过获取更多增值税扣税凭证来抵扣税款，从而达到少纳税款的非法目的，就可能会出现虚开发票、代开发票、"买票"等利用发票套利行为，为企业带来巨大的税务风险。

《中华人民共和国刑法》第二百零五条规定，虚开增值税专用发票或者虚开用于骗取出口退税、抵扣税款的其他发票，是指有为他人虚开、为自己虚开、让他人为自己虚开、介绍他人虚开行为之一的。

最高人民法院《关于适用〈全国人民代表大会常务委员会关于惩治虚开、伪造和非法出售增值税专用发票犯罪的决定〉的若干问题的解释》（以下简称《解释》）规定：虚开增值税专用发票的，构成虚开增值税专用发票罪。具有下列行为之一的，属于"虚开增值税专用发票"：

（1）没有货物购销或者没有提供或接受应税劳务而为他人、为自己、让他人为自己、介绍他人开具增值税专用发票；

（2）有货物购销或者提供或接受了应税劳务但为他人、为自己、让他人为自己、介绍他人开具数量或者金额不实的增值税专用发票；

（3）进行了实际经营活动，但让他人为自己代开。

在最高人民法院《关于对为他人代开增值税专用发票的行为如何定性问题的答复》（以下简称《答复》）和《解释》这两个文件中，都把"为他人的实际经营活动代开增值税专用发票的行为"纳入了虚开增值税专用发票罪。所不同的是：《答复》中的代开是指："自己为他人的实际经营活动代开"，"自己"构成虚开增值税专用发票罪；《解释》中的代开是指"进行了实际经营活动，但让他人为自己代开"，"他人"构成虚开增值税专用发票罪。

总之，根据这两个文件的规定，可以得出一个结论："尽管进行了实际经营活动,但是,只要代开,无论是开票人还是发票代开请求人,即便开票数额和经营数额相符,也可构成虚开增值税专用发票罪"。

按照《中华人民共和国刑法》及相关司法解释的规定,构成犯罪的,量刑标准分为四种情形。其中,最低刑罚是处以"三年以下有期徒刑或者拘役,并处二万元以上二十万元以下罚金";最高刑罚则是处以"无期徒刑或者死刑,并没收财产"。

虚开增值税专用发票税务风险主要体现在以下几个方面。

1. 补缴已申报抵扣的增值税款。

《国家税务总局关于纳税人虚开增值税专用发票征补税款问题的公告》(国家税务总局公告 2012 年第 33 号)规定:纳税人虚开增值税专用发票,未就其虚开金额申报并缴纳增值税的,应按照其虚开金额补缴增值税;已就其虚开金额申报并缴纳增值税的,不再按照其虚开金额补缴增值税。税务机关对纳税人虚开增值税专用发票的行为,应按《税收征收管理办法》及《发票管理办法》的有关规定给予处罚。纳税人取得虚开的增值税专用发票,不得作为增值税合法有效的扣税凭证抵扣其进项税额。

无论有没有实际经营活动,一旦被查处为自己、让他人为自己虚开增值税专用发票,凭虚开增值税专用发票申报抵扣的税款必须被补缴入库。

2. 罚款、滞纳金。

《税收征收管理法》第六十三条规定:"对纳税人逃避缴纳税款的,由税务机关追缴其不缴或者少缴的税款、滞纳金,并处不缴或者少缴的税款百分之五十以上五倍以下的罚款。根据《中华人民共和国税收征收管理法实施细则》第五十二条规定:滞纳金的计算期限自纳税人应缴未缴税款之日起至实际缴纳之日止,按日加收滞纳税款万分之五。"

《国家税务总局关于纳税人取得虚开的增值税专用发票处理问题的通知》(国税发〔1997〕134 号,以下简称国税发〔1997〕134 号文)规定:

受票方利用他人虚开的专用发票,向税务机关申报抵扣税款进行偷税的,应当依照《中华人民共和国税收征收管理法》及有关规定追缴税款,处以偷税数额五倍以下的罚款;进项税金大于销项税金的,还应当调减其留抵的进项税额。利用虚开的专用发票进行骗取出口退税的,应当依法追缴税款,处以骗税数额五倍以下的罚款。

在货物交易中，购货方从销售方取得第三方开具的专用发票，或者从销货地以外的地区取得专用发票，向税务机关申报抵扣税款或者申请出口退税的，应当按偷税、骗取出口退税处理，依照《税收征收管理法》及有关规定追缴税款，处以偷税、骗税数额五倍以下的罚款。

3. 承担刑事责任。

《中华人民共和国刑法》第二百零五条规定："虚开增值税专用发票或者虚开用于骗取出口退税、抵扣税款的其他发票的，处三年以下有期徒刑或者拘役，并处二万元以上二十万元以下罚金；虚开的税款数额较大或者有其他严重情节的，处三年以上十年以下有期徒刑，并处五万元以上五十万元以下罚金；虚开的税款数额巨大或者有其他特别严重情节的，处十年以上有期徒刑或者无期徒刑，并处五万元以上五十万元以下罚金或者没收财产。"

单位犯本条规定之罪的，对单位判处罚金，并对其直接负责的主管人员和其他直接责任人员，处三年以下有期徒刑或者拘役；虚开的税款数额较大或者有其他严重情节的，处三年以上十年以下有期徒刑；虚开的税款数额巨大或者有其他特别严重情节的，处十年以上有期徒刑或者无期徒刑。

《最高人民法院关于印发〈关于适用《全国人民代表大会常务委员会关于惩治虚开、伪造和非法出售增值税专用发票犯罪的决定》的若干问题的解释〉的通知》（法发〔1996〕30号）规定：虚开税款数额1万元以上的或者虚开增值税专用发票致使国家税款被骗取5 000元以上的，应当依法定罪处罚。

另外，虚开增值税专用发票一旦被查处，纳税人在贷款人、投资人、客户、供货商的信誉度下降，纳税人正常的经营运作会受到较大的负面影响，涉案当事人的信誉也受到影响。

> **温馨提醒**
>
> 合同、票、物、款不一致，不能抵扣进项税额。
>
> 例如，甲公司向A公司购进货物而销货方提供的增值税专用发票却为B公司开具，甲公司抵扣了进项税额。
>
> 乙公司向A公司购买货物，取得A公司开具的增值税专用发票，但因为A、B公司为同一个老板，乙公司将该笔货款支付给了B公司。乙公司取得的增值税专用发票抵扣了进项税额。
>
> 甲乙公司存在何种税务风险？

1. 国税发〔1997〕134号文规定，在货物交易中，购货方从销售方取得第三方开具的专用发票，或者从销货地以外的地区取得专用发票，向税务机关申报抵扣税款或者申请出口退税的，应当按偷税、骗取出口退税处理，依照《税收征收管理法》及有关规定追缴税款，处以偷税、骗税数额五倍以下的罚款。

2. 《国家税务总局关于加强增值税征收管理若干问题的通知》（国税发〔1995〕192号，以下简称国税发〔1995〕192号文）规定，纳税人购进货物或应税劳务，支付运输费用，所支付款项的单位，必须与开具抵扣凭证的销货单位、提供劳务的单位一致，才能够申报抵扣进项税额，否则不予抵扣。

3. 《发票管理办法》第二十二条规定，开具发票应当按照规定的时限、顺序、栏目，全部联次一次性如实开具，并加盖发票专用章。任何单位和个人不得有下列虚开发票行为：

（1）为他人、为自己开具与实际经营业务情况不符的发票；

（2）让他人为自己开具与实际经营业务情况不符的发票；

（3）介绍他人开具与实际经营业务情况不符的发票。

甲公司的行为为国税发〔1997〕134号文规定的"取得虚开的增值税专用发票"，因此，不能将抬头为销货方以外的其他单位的专用发票税额进行抵扣，当月发票已经认证的要作进项税额转出，已经申报抵扣的增值税进项税额应补缴增值税。

乙公司将货款支付给B公司，与开具增值税专用发票的销售单位A公司不一致，违反了国税发〔1995〕192号文的规定，因此不能抵扣进项税额。

在执法实践中，对三种票货款不一致的情形能否抵扣进项税额的界定方法如下：

第一种情形：甲公司与乙公司签订了商品交易合同，甲公司给乙公司供货并开具增值税专用发票，但由于丙公司与乙公司存在债权债务关系，乙公司委托丙公司向甲公司支付货款，乙公司免除丙公司相应金额的债务。在这种情形下，甲公司、乙公司、丙公司三家企业签订委托支付令。这种情形目前很多税务机关也并不认可。

第二种情形：甲公司与乙公司签订了商品交易合同，甲公司给乙公司供货，但是甲公司并没有给乙公司开具增值税专用发票，而是向乙公司提供了销货单位为丙公司的专用发票。这种情形下，不管甲公司与丙公司之间是否存在关联关系

（哪怕两个公司是同一个老板），乙公司取得的专用发票都不得抵扣进项税额，而且相应的成本费用在企业所得税税前都不得扣除，因为这种情形属于虚开发票。

第三种情形：甲公司与乙公司签订了商品交易合同，甲公司给乙公司供货并开具增值税专用发票，由于甲公司与丙公司为关联企业（比如两个公司是同一个老板），或者甲公司与丙公司存在债权债务关系，乙公司将货款支付给了丙公司。在这种情形下，甲公司、乙公司、丙公司三家企业签订委托收款书。这种情形目前很多税务机关也并不认可。

温馨提醒

虚构资金流，不能抵扣进项税额。

某公司大量使用银行承兑汇票进行业务结算，在纳税检查中，对企业应收票据科目进行检查时，发现了两份汇票号码相同的银行承兑汇票复印件，一份显示向甲公司付款，一份显示向乙公司付款。继续检查，发现该企业还有几份银行承兑汇票复印件存在重复支付问题。

另外，还发现该公司使用两份金额分别为30万元和50万元的承兑汇票支付丙公司20万元和丁公司60万元的情况，丙公司与丁公司非关联单位，明显为虚构资金流。

该公司存在何种税务风险？

1. 国税发〔1995〕192号文第一条第三项规定，纳税人购进货物或应税劳务，支付运输费用，所支付款项的单位，必须与开具抵扣凭证的销货单位、提供劳务的单位一致，才能够申报抵扣进项税额，否则不予抵扣。

2. 《国家税务总局关于纳税人虚开增值税专用发票征补税款问题的公告》（国家税务总局公告2012年第33号）规定，纳税人虚开增值税专用发票，未就其虚开金额申报并缴纳增值税的，应按照其虚开金额补缴增值税；已就其虚开金额申报并缴纳增值税的，不再按照其虚开金额补缴增值税。税务机关对纳税人虚开增值税专用发票的行为，应按《税收征收管理法》及《发票管理办法》的有关规定给予处罚。纳税人取得虚开的增值税专用发票，不得作为增值税合法有效的扣税凭证抵扣其进项税额。

银行承兑汇票仅以复印件入账，为某些企业虚构资金流提供了便利，该企业正是利用这一点反复使用同一份承兑汇票虚构资金流以掩饰接受虚开发票的行为,达到抵扣进项税额的目的。另外,两份金额分别为30万元和50万元的承兑汇票支付丙公司20万元和丁公司60万元,显然也是使用承兑汇票虚构资金流以掩饰接受虚开发票的行为。

该企业取得的虚开代开的增值税专用发票,不得作为增值税合法的抵扣凭证抵扣进项税额。

为应付税务部门检查,一些财务人员利用银行承兑汇票去虚构资金流,掩盖虚开发票真相,企图蒙混过关。其主要方式有四种:

(1)利用真银行承兑汇票虚构资金流。受票方为了掩饰其虚抵进项发票的真相,向银行申请开具银行承兑汇票,注明受票人为增值税专用发票开票方,虚假制造资金流向,然后再授意专用发票开票方背书给第三方、第四方等,最后返回受票方或下属机构。

(2)利用银行承兑汇票退回虚构资金流。受票方为虚构资金流,申请开具银行承兑汇票后,将汇票复印件作为入账依据,然后将原件以"申请未用"的名义退还银行,取消此项承兑汇票业务。

(3)利用虚假背书入账。受票方与开票方勾结,在受票方持有的其他银行承兑汇票复印件上作虚假背书,制造已将银行承兑汇票背书给开票方的假象。而实际上,银行承兑汇票持有人仍是受票方,汇票所有权并没有转让,而是利用虚假背书虚构资金流。

(4)利用虚假银行承兑汇票入账。银行承兑汇票票面内容可机打、可手写,各专业银行没有统一的规定。企业对银行承兑汇票复印件任意修改复印,虚构资金流。

四、税控设备管理税务风险

(一)防伪税控专用设备被盗、丢失的税务风险

防伪税控企业应采取有效措施保障防伪税控设备的安全,防伪税控企业专用

设备发生被盗、丢失的，应迅速将有关情况报告当地公安机关和主管税务机关，税务机关按照规定进行处理。

虽然丢失、被盗税控设备不是企业的主观故意行为，但根据《防伪税控系统管理办法》和《发票管理办法》的规定，企业因主观或非主观原因丢失、被盗防伪税控设备，处以 10 000 元以下罚款，并在规定的期限内办理处罚手续。

丢失、被盗税控设备会造成一系列严重后果：纳税人丢失、被盗税控设备后，必须层报税务机关审批后才能重新购买，纳税人将有一段时间无法开具专用发票，直接影响纳税人的正常生产经营。而且，防伪税控专用设备被盗，造成增值税专用发票电子数据失控，会给不法分子带来虚开增值税专用发票骗取国家税款的可乘之机，从而给国家税款流失造成隐患。

（二）未按照规定安装、使用税控装置的税务风险

根据《税收征收管理法》的规定，纳税人未按照规定安装、使用税控装置，或者损毁或者擅自改动税控装置的，由税务机关责令限期改正，可以处 2 000 元以下的罚款；情节严重的，处 2 000 元以上 10 000 元以下的罚款。

因此，企业应加强法律意识，对防伪税控设备应采取专人、专室保管，保证税控设备的安全。

五、逾期申报、逾期缴税的风险

（一）逾期申报的风险

纳税人必须依照法律、行政法规规定或者税务机关依照法律、行政法规的规定确定的申报期限、申报内容如实办理纳税申报，报送纳税申报表、财务会计报表以及税务机关根据实际需要要求纳税人报送的其他纳税资料。纳税人未按照规定的期限办理纳税申报和报送纳税资料的，或者扣缴义务人未按照规定的期限向

税务机关报送代扣代缴、代收代缴税款报告表和有关资料的，由税务机关责令限期改正，可以处 2 000 元以下的罚款；情节严重的，可以处 2 000 元以上 10 000 元以下的罚款。

纳税人应按照法律、行政法规规定或者税务机关按照法律、行政法规的规定确定的申报期限、申报内容办理纳税申报和报送纳税资料，纳税人未按照规定的期限办理纳税申报和报送纳税资料的，或者扣缴义务人未按照规定的期限向税务机关报送代扣代缴、代收代缴税款报告表和有关资料的，将按《税收征收管理法》的规定，由税务机关责令限期改正，可以处 2 000 元以下的罚款；情节严重的，可以处 2 000 元以上 10 000 元以下的罚款。

（二）逾期缴税的风险

纳税人、扣缴义务人按照法律、行政法规规定或者税务机关按照法律、行政法规的规定确定的期限，缴纳或者解缴税款。

按期缴税是纳税人的基本义务，纳税人应该提前做好资金安排，以防止逾期纳税而被税务机关处以罚款和支付滞纳金。纳税人确有特殊困难不能按期缴纳税款的，可按《税收征收管理法》第三十一条及其实施细则第四十一条和第四十二条的规定，报经省、自治区、直辖市国家税务局批准，可以延期缴纳税款，但最长不得超过三个月。

若纳税人、扣缴义务人在规定期限内不缴或者少缴应纳或者应解缴的税款且无提出延期缴税并经批准的，税务机关除依照规定采取强制执行措施追缴其不缴或者少缴的税款外，将按《税收征收管理法》的规定处以不缴或者少缴的税款 50％以上 5 倍以下的罚款。

六、纳税人销售额超过小规模纳税人标准不登记的风险

《营业税改征增值税试点实施办法》第五条规定，符合一般纳税人条件的纳税人应当向主管税务机关办理一般纳税人资格登记。具体登记办法由国家税务总局

制定。除国家税务总局另有规定外，一经登记为一般纳税人后，不得转为小规模纳税人。

《营业税改征增值税试点实施办法》第三十三条规定，有下列情形之一者，应当按照销售额和增值税税率计算应纳税额，不得抵扣进项税额，也不得使用增值税专用发票：

（1）一般纳税人会计核算不健全，或者不能够提供准确税务资料的。

（2）应当办理一般纳税人资格登记而未办理的。

因此，对达到一般纳税人标准但不办理一般纳税人资格登记的纳税人，应按销售额依照规定的增值税税率计算应纳税额，不得抵扣进项税额，也不得使用增值税专用发票。

七、账务处理的税务风险

账务处理的税务风险主要是由于企业财务人员自身的专业素质所限，对税法不熟悉和账务处理水平较低引起的，虽然没有主观故意，但是会给企业带来税收风险。

营业税的账务处理较为简单，增值税的账务处理则相对复杂，营改增试点政策实施后，涉及会计科目增多，会计核算要求也相应提高，企业的整个会计核算体系随之改变。企业在财务的日常管理中，由于财务人员自身业务素质的限制，对相关税收法规的精神把握不准，对于增值税缺乏全面的认识，以致产生理解上的偏差，不能正确、合理地运用，虽然主观上并没有逃避缴纳税款的故意，但在实际纳税处理时却没有按照有关税收规定去操作，或者只是在表面上、局部上符合规定，但在实质上、整体上却没有能够按照税收规定去操作，从而造成了事实上的逃避缴纳税款，给企业带来一定的税务风险。

账务处理方面的风险主要有以下几个方面：

1. 销项税额方面，视同销售服务、无形资产或者不动产、收取价外费用等业务不知道计提增值税或计提增值税额不正确；服务中止、折让、折扣等特殊销售行为处理不得当；发生纳税义务没有申报缴纳增值税等。

2. 进项税额方面，不应当抵扣的进项税额进行了抵扣，应当做进项税额转出的没有转出等。

3. 发票方面，发票没有按规定填开；红字发票使用不得当；抵扣凭证不符合要求等。

企业财务人员自身的专业素质也是造成税收风险的一个重要因素，因此企业财务人员要认真研读税收法规，不断加强税收业务学习，不断提高自己的涉税处理水平，避免因账务处理不当而给企业带来损失。

八、节税筹划的操作风险

节税筹划方案要建立在正确理解税法的基础上，若纳税人对税法理解不当，注意不到税法的变化，考虑不到税法的某些特殊规定，则很容易造成节税筹划失败，给企业带来税务风险，造成一定的损失。因此，企业应该高度警惕增值税筹划方案中的税务风险。

纳税人降低节税筹划操作风险需注意以下几点：

1. 规范企业财务管理是节税筹划的基础。

我国纳税人（一般是中小企业）往往重经营、轻财务，企业内部的经营机构和组织机构的设置都较简单，没有太多的管理层次，有的企业会计机构设置很不规范，甚至不设置会计机构，只是为了出报表、报税而招聘一些兼职会计，而且相当一部分会计人员业务素质、业务水平不高，对国家的各项税收政策理解不够，规范管理、规范经营根本无从谈起。中小企业各项管理制度不够规范，会计核算的随意性大，节税筹划存在相当大的税收风险。要想取得筹划成功，规范企业财务管理是第一步。

2. 密切关注政策变化，注意节税筹划时效性。

纳税人应当密切关注国家有关税收法律法规等政策的变化，准确理解税收法律法规的政策实质，及时调整节税筹划的思路和方法，全面系统地把握税收政策，注意节税筹划的时效性，因为某些节税筹划的思路和方法可能会随着新的税收法规的出台而不再适用。

3. 遵循成本效益原则。

纳税人在选择节税筹划方案时，必须遵循成本效益原则，才能保证节税筹划目标的实现。任何一项筹划方案的实施，都必须满足节税筹划成本小于节税筹划所得收益之条件才是合理可行的。节税筹划成本主要包括方案实施对其他税种的影响、相关管理成本、机会成本、货币时间价值及风险收益等，企业应当对节税筹划成本予以综合考虑，选择能实现纳税人整体效益最大化的节税筹划方案。

4. 建立良好的税企关系。

税务机关和纳税人对某些税收政策的理解存在差异，税务执法机关往往拥有较大的自由裁量权，各地税务机关在税收政策的执行中都存在一定的弹性空间，除了国家颁布的有关税收政策外，地方政府还出台了一些相关规定，因此，纳税人在进行增值税节税筹划时必须加强与税务机关的联系和沟通，向他们咨询有关税法的执行办法，争取在对税法的理解上与税务机关取得一致，特别是对一些比较模糊、没有明确界定的税务处理尽可能地得到税务机关的认可。这样可以减少对节税筹划的错误认识，缓解征纳矛盾，避免无效筹划，降低节税筹划风险，使节税筹划方案得以顺利实施。

5. 聘请财税专业人士。

节税筹划，涉及税收、财务、投资、金融、物流、贸易、法律等多方面专业知识，其专业性相当强。而且，节税筹划方案具有一定的时效性，随着时间、经营状况和税收政策变化，原有方案可能不再有效，甚至由合法变成违法。节税筹划方案也具有一定的针对性，随不同的纳税人和不同的业务而不同，不可以生搬硬套。纳税人，特别是中小企业由于知识、经验和人才的不足，独立完成节税筹划有一定难度，因此，纳税人最好聘请财税专业人士或者具有专业胜任能力的社会中介机构来进行筹划，从而提高节税筹划的合法性、规范性和可操作性，降低节税筹划的风险。

九、营改增企业合同签订中的税务风险

合同管理是企业完善的内部管理体系中的重要一环，是税务风险管理中的重

要环节，合同条款的具体内容将直接影响纳税人的税负承担及税款交纳。作为营改增纳税人，在签订服务合同时，需要关注相关合同条款的拟定，以享受减税效应，避免争议。

1. 企业名称和相关信息的准确性。

增值税一般纳税人取得符合要求的发票可以抵扣，在原有的营业税体系下，虽然也有发票开具的规范性要求，但相对而言，增值税体系下对服务提供方开具发票的要求更为严格。

发票接受方需要把公司名称、纳税人识别号、地址、电话、开户行、账号信息主动提供给开票方，用于开票方按照税法规定开具增值税专用发票。而纳税人识别号信息在原有体系下并不需要提供。拟订合同时，双方应更重视企业名称和相关信息的准确性。

2. 根据交易的实质来描述合同标的。

合同对标的的描述是判断纳税义务的最主要依据。合同对应税行为内容的描述可能会成为判断纳税义务发生时间、适用税率、计税方法的重要依据。

企业应清楚地根据交易的实质来描述合同标的，同时还要熟悉《销售服务、无形资产或者不动产注释》，关注自身经营范围，在合同约定时，考虑对标的内容的描述。

特别是销售服务，本身不像实物买卖一样有看得见摸得着的合同标的，且缺乏第三方认证（如技术部门对技术合同的等级认证），因此容易引发征纳双方的争议。为降低征纳双方的争议风险，相关合同条款内容的书写就显得尤为重要。合同内容应在尊重事实的前提下，尽可能将销售服务的方式、服务的内容及服务的地点等规定清晰。

3. 合同价款相关条款约定要明确。

（1）为了避免双方争议，合同价款是否为含税价要明确。对建筑企业来说，应分为含税造价、不含税造价、税金。

（2）合同价款需要重新确定。

在原有的营业税体系下，企业向客户收取服务费 100 元，因为客户从企业收到的 100 元营业税发票并不能抵扣其缴纳的增值税或营业税，客户通常不愿额外支付 5 元（假定营业税税率为 5%）的营业税税款。新的增值税体系下，如果试点企业和客户都是一般纳税人，在同等条件下，因为试点企业开具增值税专用发票可以被客户用于抵扣,客户通常并不排斥在100元的价款之外再额外支付相应的增值税(比如6%)。因为客户支付的额外进项增值税可以从其销项税额中抵扣,并不形成客户真实的税收负担。

营改增对某些企业的税负、收入、利润均会产生一定的影响,双方为了保证自身的利益需要重新确定合同价款。当然,价格多少也要受市场影响,不是哪一方可以控制的。

(3) 对涉及兼营不同应税行为的合同,应分别注明不同业务的价款,避免被认定为未分别核算而从高适用税率。

(4) 对涉及混合销售行为的合同,按照主业税率缴纳增值税,也是签订一个合同,不能将货物和服务分别签订合同分别按不同税率纳税,否则多缴税或者少缴税被税务处罚的风险。

(5) 对收取的价外费用也要在合同中明确约定。

(6) 对于建筑行业来说,争取将主要材料及设备纳入合同范围,在增加项目收入的同时,可以降低项目整体税负。

4. 代扣代缴费用的约定。

对于甲方代扣代缴的项目部现场发生的水、电、气等能源消耗支出,签订合同时应约定甲方转售水、电、气等费用并开具增值税专用发票给总包方。

5. 对发票条款要特别重视。

国家税务总局要求"三必查",即"查税必查票"、"查账必查票"、"查案必查票"。

(1) 在企业采用增值税一般计税方法的情况下,明确约定将需要提供增值税专用发票作为一个义务条款,而不是仅仅约定取得符合税法规定的发票,因为对方也可能给你提供增值税普通发票,这样就不能抵扣进项税额。若企业本身不能抵扣进项税额,可以只约定取得符合税法规定的合规发票。

(2) 明确约定履约期限、结算方式和付款时间,这是判断纳税义务发生时间(即什么时间开票)的重要依据。不同的结算方式和付款时间对应着不同的纳税义务发生时间,也就是对应着不同的开具增值税专用发票的时间,因此,在合同中要明确约定结算方式和付款时间,并明确开票方提供发票的时间,便于及时取得增值税专用发票抵扣税款,更好地保证企业自身利益。

> **温馨提醒**
>
> 以建筑工程合同为例，可以明确约定总包方给甲方开具工程款发票后甲方在一定期限内付款（最好是开票与收款在同月完成），以降低总包方的资金压力。在明确合同约定的工程款收取时间时，应考虑未来按约定履行可能性，可在合同中加入因甲方拖欠工程款而造成损失支付违约金、赔偿款的条款。
>
> 再以采购合同和分包合同为例，一般来说，发票开具时间（纳税义务发生时间）与付款时间最好保持一致，合同条款应明确约定由对方提供等额、合法、有效的增值税专用发票，在对方提供相应的请款申请、增值税专用发票后再行付款，也可约定提前开具发票等条款，发票提供时间越早越有利于采购方、总包方的进项税额抵扣，另外，合同条款设计至少需要保证分包合同条款与总包合同条款相匹配。当然这是站在对采购方和总包方有利的角度上看的合同条款，应当尽力争取。具体条款还需要双方共同确定。

（3）明确约定发票票面开具内容及税率。发票开具内容必须与合同一致，不能开具与合同内容不一致的发票。增值税有多种税率和征收率，开票方在开具发票时，可能为了减轻自己的税负，或者对税法不熟悉，开具税率错误的发票，除了不能抵扣进项税额以外，也会导致对方不能准确核算销项税额。

（4）明确约定开具发票的正确方法。比如：

纳税人提供技术转让、技术开发和与之相关的技术咨询、技术服务免征增值税，关于发票的规定是：这部分技术咨询、技术服务的价款与技术转让或者技术开发的价款应当在同一张发票上开具。

纳税人发生应税行为，将价款和折扣额在同一张发票上分别注明的，以折扣后的价款为销售额；未在同一张发票上分别注明的，以价款为销售额，不得扣减折扣额。

纳税人发生应税行为，开具增值税专用发票后，发生开票有误或者销售折让、中止、退回等情形的，应当按照国家税务总局的规定开具红字增值税专用发票。

一般纳税人销售货物或者提供应税劳务可汇总开具专用发票。汇总开具专用发票的，同时使用防伪税控系统开具《销售货物或者提供应税劳务清单》，并加盖发票专用章。

纳税人销售货物并向购买方开具增值税专用发票后，由于购货方在一定时期内累计购买货物达到一定数量，或者由于市场价格下降等原因，销货方给予购货方相应的价格优惠或补偿等折扣、折让行为，销货方可按现行《增值税专用发票使用规定》的有关规定开具红字增值税专用发票。

（5）明确约定发票不符合税法规定应承担赔偿责任。

明确约定发票出现税务问题时，开票方应承担赔偿责任，包括但不限于税款、滞纳金、罚款及其相关的损失。

（6）明确约定企业因发票问题被税务调查，开票方有义务配合企业做好调查、解释和说明工作。

（7）明确约定收到发票后付款还是付款后提供发票，以避免产生经济纠纷。

（8）明确约定丢失增值税专用发票发票联和抵扣联，销售方必须提供专用发票记账联复印件及销售方主管税务机关出具的《丢失增值税专用发票已报税证明单》。

6. 税费的承担方式约定。

最高人民法院公告案例"山西嘉和泰房地产开发有限公司与太原重型机械（集团）有限公司土地使用权转让合同纠纷案"，在认定嘉和泰房地产公司和太原重型机械公司约定的包税条款法律效力时，最高人民法院指出："虽然我国税收管理方面的法律法规对于各种税收的征收均明确规定了纳税义务人，但是并未禁止纳税义务人与合同相对人约定由合同相对人或第三人缴纳税款。税法对于税种、税率、税额的规定是强制性的，而对于实际由谁缴纳税款没有做出强制性或禁止性规定。故《补充协议》关于税费负担的约定并不违反税收管理方面的法律法规的规定，属合法有效协议。"因此，包税条款是合法有效的，称此条款是规避法律应属无效，实际上是对法律的误读。

有些法院依据《中华人民共和国税收征收管理法实施细则》第三条第二款"纳税人应当依照税收法律、行政法规的规定履行纳税义务；其签订的合同、协议等与税收法律、行政法规相抵触的，一律无效"的规定而否定包税条款的法律效力，也是错误的。因为包税合同约定的税款负担条款并不是约定谁负有法律上的纳税义务，而是对税款（作为履约成本）实际负担主体的确认，实现纳税主体的转移，并没有减少国家的税收收入，纯属双方交易环节中经济利益的分配，因而与税收法律、行政法规中纳税义务人强制性规定并不抵触。

《中华人民共和国税收征收管理法实施细则》第三条第二款的立法目的，在于防止缔约双方故意逃避纳税义务，造成国家税款的流失。现实中双方约定税负的原因大部分情形乃是基于交易惯例，其本意并非故意逃避国家税收。因此，如果缔约双方在起草税款负担条款时主观上没有规避国家税收的故意、客观上税款承担方在合同履行中也足额缴纳了税款，法院在此情况下应尊重当事人的意思自治，不宜判定税款负担条款无效。如果约定的税款负担主体事后并没有实际缴纳税款，税务机关则应根据税法确定的纳税义务人追征税款，该纳税义务人不得以税款负担条款约定为由进行抗辩。

在向境外支付服务费时，应税服务合同中经常有规定让服务接收方承担全部或部分税款的规定。在此情况下，服务接收方应注意将支付给外方的税后净受益还原计算为税前收益，并正确履行包税条款下的代扣代缴义务。

在此我们以国内企业向境外企业支付特许权使用费为例来说明，如何正确计算包税条款下的代扣代缴义务。

【例 6-1】A 企业支付境外 B 公司 100 万元人民币的特许权使用费，在合同中约定，所有税费（包括企业所得税和增值税）由 A 企业负担。根据中国与境外 B 公司所在国之间的税收协定，特许权使用费的预提所得税税率为 10%，增值税税率为 6%，附加税费合计为 12%，则应代扣代缴税款的计算过程如下：

设境外 B 公司应收的含税所得 X，则

含税所得－增值税－企业所得税－附加税费＝实际支付价款

$X/(1+6\%) - X/(1+6\%) \times 10\% - X/(1+6\%) \times 6\% \times 12\%$
$= 100(万元)$

还原后的含税所得 $X = 106$ 万元

应代扣代缴的企业所得税 $= 106 \div (1+6\%) \times 10\% = 10(万元)$

应代扣代缴的增值税 $= 106 \div (1+6\%) \times 6\% = 6(万元)$

应代扣代缴的附加税费 $= 106 \div (1+6\%) \times 6\% \times 12\% = 0.72(万元)$

7. 履约地点和方式。

在跨境服务中，履行的地点决定了是否需要缴纳增值税。

在中华人民共和国境内销售服务、无形资产或者不动产的单位和个人，为增值税纳税人。在境内提供应税服务，指应税服务提供方或者接受方在境内。

在境内销售服务、无形资产或者不动产，是指：(1) 服务（租赁不动产除外）或者无形资产（自然资源使用权除外）的销售方或者购买方在境内；(2) 所销售

或者租赁的不动产在境内；（3）所销售自然资源使用权的自然资源在境内；（4）财政部和国家税务总局规定的其他情形。

下列情形不属于在境内销售服务或者无形资产：（1）境外单位或者个人向境内单位或者个人销售完全在境外发生的服务。（2）境外单位或者个人向境内单位或者个人销售完全在境外使用的无形资产。（3）境外单位或者个人向境内单位或者个人出租完全在境外使用的有形动产。（4）财政部和国家税务总局规定的其他情形。

因此，应该在合同中对履行地点进行明确，以便准确确定是否在中国负有纳税义务。另外，该条款还涉及境外劳务提供方的所得税纳税义务情况，需要在合同签订时予以明确。

另外，合同履行方式的条款通常是确认纳税义务发生地点的一个佐证。如果服务的履行是通过电子邮件、电话等信息手段完成而不需要服务的提供者入境提供，建议在合同中进行明确。

8. 与采购相关的违约金条款。

《国家税务总局关于商业企业向货物供应方收取的部分费用征收流转税问题的通知》（国税发〔2004〕136号）规定，对商业企业向供货方收取的与商品销售量、销售额挂钩（如以一定比例、金额、数量计算）的各种返还收入，均应按照平销返利行为的有关规定冲减当期增值税进项税金，应冲减进项税金的计算公式调整为：当期应冲减进项税金＝当期取得的返还资金÷（1＋所购货物适用增值税税率）×所购货物适用增值税税率。

其他增值税一般纳税人向供货方收取的各种收入的纳税处理，比照该通知的规定执行。

9. 增加涉税担保条款。

股权转让中，股东将有历史遗留问题（漏税、偷税、逃税等或有税务争议）的公司转让给了后续股东，在此情况下，税务机关会向欠税的主体公司追缴税款，因此，新股东最终可能成为替罪羊（事实上，也发生了很多类似的案例）。为了防范此类风险的发生，通常可以借助并购前的税务尽职调查进行化解。为了进一步防范风险，建议收购方应在股权收购合同中增加"涉税担保"条款，承诺目标公司税务健康，并愿意承担未来可能发现由前股东存续中发生的欠税等涉税问题。

Chapter 07

第七章
营业税改征增值税纳税人常见疑难热点问题解析

本章内容由笔者在企业营改增内训和税务咨询工作中遇到的纳税人关注度较高的疑难热点问题精心挑选而形成，绝不是那种简单的、直接引用文件原文、一问一答、毫无意义的所谓答疑，也不去刻意凑问题个数，而是有多少问题就解答多少问题。对于一些热点问题，文件尚没有明确规定的，也给出了一些省市国家税务局的政策口径，供读者参考。

另外需要说明的是，营改增试点期间，存在模糊、争议等不明确事项是正常情况，大家要掌握一个原则：文件有明确规定的按文件执行，没有明确规定的可参考国家税务总局及主管税务机关的规定执行。遇到问题不要着急，积极向主管税务机关反映。我想，这是增值税时代，国家税务总局不会长时间允许各地对增值税政策理解不一致，产生多种执行口径的情况，国家税务总局必将逐渐发现问题解决问题，继续出台后续政策明确一些疑难事项，纳税人应当经常关注最新增值税政策，确保及时掌握政策，减少纳税风险。

一、建筑企业增值税疑难热点问题解析

问题1: 建筑企业跨县、市、区承接建筑工程,是在服务发生地开具发票,还是回机构所在地统一开具发票?

建筑企业跨县、市、区承接建筑工程,在营改增后应按以下要求开具增值税发票:

(1) 一般纳税人跨县(市、区)提供建筑服务,应当在服务发生地预缴税款,回机构所在地统一开具发票。

(2) 符合自开增值税普通发票条件的增值税小规模纳税人,建筑服务购买方不索取增值税专用发票的,小规模纳税人应自行开具增值税普通发票;建筑服务购买方索取增值税专用发票的,小规模纳税人可按规定向建筑服务发生地或不动产所在地主管国税机关申请代开。

(3) 不符合自开增值税普通发票条件的增值税小规模纳税人,可按规定向建筑服务发生地主管国税机关申请代开增值税普通发票和增值税专用发票。

问题2: 施工企业作为一般纳税人,采购小规模纳税人按简易计税方法出售的材料,该材料可否作为施工企业的进项税额进行抵扣?

小规模纳税人不能自行开具增值税专用发票,但是可以到国税部门申请代开3%征收率的增值税专用发票。施工企业取得代开的增值税专用发票,用于采用一般计税方法应税项目,允许抵扣。

问题3: 建筑用和生产建筑材料所用的砂、土、石料、砖、瓦、商品混凝土,是必须采用简易计税方法,还是可选择一般计税方法或简易计税方法?

可以选择简易计税方法,但应办理备案手续。

问题4: 财税〔2016〕36号文的附件二中"试点纳税人提供建筑服务适用简易计税方法的,以取得的全部价款和价外费用扣除支付的分包款后的余额为销售

额。"这里所称的"分包款",是指工程分包、劳务分包还是材料分包?不同项目可以差额扣除分包款吗?

同一个项目的分包款才可以差额扣除,不是同一个项目的分包款不可以差额扣除。可以扣除的是该项目对外支付的分包款,分包仅指建筑服务税目注释范围内的应税服务。不包括采购货物等非建筑服务方面的支出。

问题5:实施分包的工程,减除分包款项,须取得合法发票,是否指增值税专用发票?

增值税专用发票或普通发票都可以。

问题6:跨县(市、区)外的建安项目,经总公司授权并由分公司对外签订分包合同、材料合同等,回机构所在地机构时,其取得的进项发票由于公司名称不一致,无法进行抵扣。这一问题有无解决办法?

总公司和分公司作为增值税链条上的独立纳税人,应当根据税收法律法规,独立核算和纳税申报,总公司与分公司的业务往来也应当独立作价并开具发票,以分公司名义取得的进项抵扣凭证不能在总公司做进项抵扣。

有人根据《国家税务总局关于诺基亚公司实行统一结算方式增值税进项税额抵扣问题的批复》(国税函〔2006〕1211号)的规定(对分公司购买货物从供应商取得的增值税专用发票,由总公司统一支付货款,造成购进货物的实际付款单位与发票上注明的购货单位名称不一致的,不属于《国家税务总局关于加强增值税征收管理若干问题的通知》(国税发〔1995〕192号)第一条第(三)款有关规定的情形,允许抵扣增值税进项税额)得出结论:

分公司购买货物从供应商取得的增值税专用发票,由总公司统一支付货款,造成购进货物的实际付款单位与发票上注明的购货单位名称不一致的,允许抵扣增值税进项税额。

这种认识是错误的,因为该文件只对诺基亚公司有效,其他企业还是要按照《国家税务总局关于加强增值税征收管理若干问题的通知》(国税发〔1995〕192号)的规定处理。

**问题7:一般纳税人以清包工方式或者甲供工程提供建筑服务,适用简易计税方法，开票的金额是总金额还是分包之后的金额？

可以全额开票，例如总包收到100万元，分包款50万元，总包开具100万元的发票，发票上注明的金额为100/(1+3%)，税额为100/(1+3%)×3%，下游企业全额抵扣。纳税人申报时，填写附表3，进行差额扣除，实际缴纳的税额为(100－50)/(1+3%)×3%。

问题8：建筑公司在工地搭建的临时建筑在工程完工后会被拆除，原已抵扣的进项税额是否需要转出？

建筑企业搭建的临时建筑，虽然形态上属于不动产，但施工结束后即被拆除，其性质上更接近于生产过程中的中间投入物，可以进行抵扣。

根据财税〔2016〕36号文的规定，非正常损失，是指因管理不善造成货物被盗、丢失、霉烂变质，以及因违反法律法规造成货物或者不动产被依法没收、销毁、拆除的情形。

建筑工地的临时建筑在工程结束时被拆除，显然不属于非正常损失的不动产，其进项税额不需要转出。

问题9：EPC总承包合同属于兼营还是混合销售？怎样预缴税款？

EPC总承包合同属于兼营还是混合销售，目前还有争议，我倾向于属于兼营。

天津市国家税务局也持这种观点：此项业务不属于混合销售，应该属于兼营项目，需要针对不同的业务进行单独核算。预缴税款时，应该只按建筑服务部分进行预缴。

问题10：建筑业的行业特点决定了将会有大量采购来自个人之类的无票供应商，这些开支怎样取得发票？

对于无法提供发票的个人，可以要求其到国税部门申请代开发票作为成本列支之用，代开发票需携带个人身份证件以及发生相关业务证明。施工企业作为购买方不得申请。

问题11：营改增后提供建筑服务的一般纳税人按照建委要求为施工人员购买团体意外保险，保险费支出取得增值税专用发票，能否作为进项税额抵扣？

对此问题有不同观点。有观点认为只有财产保险支出才可以抵扣，与"人"

有关的保险支出不可以抵扣,但是我更认可新疆维吾尔自治区国家税务局的观点:可以作为进项税额抵扣。

问题12：建筑企业违法分包怎样界定？是否适用差额征税？能否抵扣进项税额？

在各项税收法律、法规中,涉及建筑业分包的条款,都没有界定什么是分包。但是在《建筑法》、《住房和城乡建设部关于修改〈房屋建筑和市政基础设施工程施工分包管理办法〉的决定》等法律、法规中,对分包有明确的规定和要求。

《建筑法》规定,禁止承包单位将其承包的全部建筑工程转包给他人,禁止承包单位将其承包的全部建筑工程肢解以后以分包的名义分别转包给他人。

《房屋建筑和市政基础设施工程施工分包管理办法》明确规定,施工分包是指建筑业企业将其所承包的房屋建筑和市政基础设施工程中的专业工程或者劳务作业发包给其他建筑业企业完成的活动。

建筑工程施工分包分为专业工程分包和劳务作业分包。专业工程分包,是指施工总承包企业（以下简称专业分包工程发包人）将其所承包工程中的专业工程发包给具有相应资质的其他建筑业企业（以下简称专业分包工程承包人）完成的活动。劳务作业分包,是指施工总承包企业或者专业承包企业（以下简称劳务作业发包人）将其承包工程中的劳务作业发包给劳务分包企业（以下简称劳务作业承包人）完成的活动。

建筑法律、法规规定,分包应当符合以下几个方面的条件:

一是分包必须取得发包人的同意。除总承包合同中约定的分包外,总承包人将工程分包给其他有资质条件的单位,必须经建设单位认可。分包工程发包人和分包工程承包人应当依法签订分包合同,并按照合同履行约定的义务。分包合同必须明确约定支付工程款和劳务工资的时间、结算方式以及保证按期支付的相应措施,确保工程款和劳务工资的支付。经建设单位许可的分包合同,一般由总包方、分包方和建设方三方签定的多方合同。施工总承包合同中未有约定,又未经建设单位认可,分包工程发包人将承包工程中的部分专业工程分包给他人的,是违法分包。

二是工程分包只能进行一次,禁止分包单位将其承包的工程再分包。专业分包工程承包人必须自行完成所承包的工程。劳务作业分包由劳务作业发包人与劳务作业承包人通过劳务合同约定。劳务作业承包人必须自行完成所承包的任务。

三是分包必须是分包给具备相应资质条件的单位。禁止总承包单位将工程分包给不具备相应资质条件的单位。分包工程发包人将专业工程或者劳务作业分包给不具备相应资质条件的分包工程承包人的，是违法分包。

四是主体工程不得分包。总承包人可以将承包工程中的部分工程发包给具有相应资质条件的分包单位，但建筑工程主体结构的施工必须由总承包单位自行完成，不得将主体工程分包出去。

另外，《房屋建筑和市政基础设施工程施工分包管理办法》规定：严禁个人承揽分包工程业务。

关于建筑法中的违法分包能否差额征税及抵扣进项税额的规定，税法也没有明确规定，于是在实务中又产生了争议。有人认为只要是违法的，不管是什么法，均不得抵扣；也有人认为，违法分包不是税法所能规范的范围，税法没明确不能抵扣就可以抵扣。我支持第二种观点。因为税法中关于能否抵扣的规定采用的是完全列举的方式，所以没列举到的就可以抵扣。

《国家税务总局纳税服务司关于下发营改增热点问题答复口径和营改增培训参考材料的函》（税总纳便函〔2016〕71号）中有一句话可以印证我的观点，即：以建筑业为例。建筑的总包和分包大量存在，大的工程大多有总包和分包，分包的种类很多，可能有专业分包、劳务分包，甚至多级分包。如果没有差额征税政策，建筑企业的税负就会比较高。

从国家税务总局的口径判断，多级分包也是可以差额征税的，这一口径并没有纠结于多级分包是不是违法分包，所以我认为违法分包并没有在文件规定不得抵扣范围之内，是可以抵扣的。当然在实际工作中，最好还是关注一下主管税务机关的规定。

问题13：销售建筑服务、不动产和出租不动产，开票时有什么特殊规定？

提供建筑服务，纳税人自行开具或者由税务机关代开增值税发票时，应在发票的备注栏注明建筑服务发生地县（市、区）名称及项目名称。

销售不动产，纳税人自行开具或税务机关代开增值税发票时，应在发票

"货物或应税劳务、服务名称"栏填写不动产名称及房屋产权证书号码（无房屋产权证书的可不填写），"单位"栏填写面积单位，备注栏注明不动产的详细地址。

出租不动产，纳税人自行开具或者由税务机关代开增值税发票时，应在备注栏注明不动产的详细地址。

问题14：建筑分包项目，总包方和分包方分别如何开具发票？

分包方就所承包项目向总包方开票，总包方按规定全额开具增值税发票。

问题15：建筑服务未开始前收到的备料款是否征税？

《营业税改征增值税试点实施办法》第四十五条规定，纳税人提供建筑服务采取预收款方式的，其纳税义务发生时间为收到预收款的当天。因此，建筑企业收到的备料款等预收款，应当在收到当月申报缴纳增值税。

问题16：建筑服务已在营改增前完成，按合同规定营改增后收取的工程款怎样征税？

《营业税改征增值税试点实施办法》第四十五条规定，增值税纳税义务发生时间为：纳税人发生应税行为并收讫销售款项或者取得索取销售款项凭据的当天；先开具发票的，为开具发票的当天。

取得索取销售款项凭据的当天，是指书面合同确定的付款日期；未签订书面合同或者书面合同未确定付款日期的，为服务、无形资产转让完成的当天或者不动产权属变更的当天。

因此，如果合同规定提供建筑服务的收款日期在营改增之后，应当在收到当月申报缴纳增值税。

问题17：经住建部门批准在原建筑工程项目基础上进行新增建设（如扩大建筑面积等），新增合同对应项目可否参照原建筑工程项目按照老项目选择简易计税方法？

工程合同注明的开工日期在2016年4月30日前的建筑服务工程项目，经住建部门批准在原建筑工程项目基础上进行新增建设（如扩大建筑面积等），新增合同对应项目可参照原建筑工程项目按照老项目选择简易计税方法。

问题18：纳税人提供建筑服务时，应按照工程进度还是按合同约定缴纳增值税？

纳税人提供建筑服务时，按照工程进度在会计上确认收入，与按合同约定收到的款项不一致时，以按合同约定收到的款项为准，确认销售额。先开具发票的，为开具发票的当天。

二、房地产企业增值税疑难热点问题解析

问题1：房地产企业在预售环节如何预缴增值税？预收款范围如何确定？是否需要开票？怎样进行纳税申报？

《国家税务总局关于发布〈房地产开发企业销售自行开发的房地产项目增值税征收管理暂行办法〉的公告》(国家税务总局公告2016年第18号)规定：

一般纳税人采取预收款方式销售自行开发的房地产项目，应在取得预收款的次月纳税申报期，按照3%的预征率向主管国税机关预缴税款。

一般纳税人销售自行开发的房地产项目适用一般计税方法计税的，应按照规定的增值税纳税义务发生时间，以当期销售额和11%的适用税率计算当期应纳税额，抵减已预缴税款后，向主管国税机关申报纳税。未抵减完的预缴税款可以结转下期继续抵减。

一般纳税人销售自行开发的房地产项目适用简易计税方法计税的，应按照规定的增值税纳税义务发生时间，以当期销售额和5%的征收率计算当期应纳税额，抵减已预缴税款后，向主管国税机关申报纳税。未抵减完的预缴税款可以结转下期继续抵减。

但是关于发票及申报的问题，各地的规定不一致。举例如下：

1. 江苏省国家税务局的规定。

在国家税务总局进一步明确前，暂按下列方式处理：

房地产开发企业销售自行开发的房地产，收取定金等预收款时，可以开具增

值税普通发票,开具增值税普通发票时,税率栏填"0",同时在发票备注栏注明"房地产企业预售不动产预收款项"。

按照上述要求开具发票的,开具发票视同收据,开具发票时间不作为纳税义务发生时间,申报当期税款时不需反映该项收入。

收取的预收款应按照销售额的3%预缴增值税,仅需填报《增值税预缴税款表》即可。

2. 河北省国家税务局的规定。

关于房地产开发企业预收款范围及开票申报问题:

预收款包括分期取得的预收款(首付+按揭+尾款)、全款取得的预收款。定金属于预收款;诚意金、认筹金和订金不属于预收款。

房地产开发企业收到预收款时,未达到纳税义务发生时间,不开具发票,应按照销售额的3%预缴增值税,填报《增值税预缴税款表》。

例如,房地产公司2016年8月收到1 000万元预收款时,不开具增值税发票,无须在《增值税纳税申报表》第1行"按适用税率计税销售额"中填报,应按照销售额的3%预缴增值税,填报《增值税预缴税款表》。

3. 江西省国家税务局的规定。

省国税局和省地税局协商明确,2016年5月1日后,江西省房地产业可暂时沿用地税"两业"管理系统开具收款收据和录入相关经营数据,但不得开具增值税发票。采取预收款方式销售自行开发的房地产项目,应在收到预收款时按照3%的预征率预缴增值税,在取得预收款的次月纳税申报期向项目所在地主管国税机关预缴税款。同时,按照《营业税改征增值税试点管理办法》第四十五条规定的纳税义务发生时间,计算应纳税额,抵减已预缴税款后,向主管国税机关申报纳税。未抵减完的预缴税款可以结转下期继续抵减。

4. 内蒙古自治区国家税务局的规定。

营改增前,企业收到预收款后,开具由内蒙古自治区地方税务局统一印制的收据,作为企业开具发票前收取预收款的结算凭证。该收据统一编号,管理上类似于发票,购房者持该收据可以到房管、公积金、金融等部门办理相关业务。

营改增后,为保证不影响购房者正常业务办理,在国家税务总局未出台具体规定之前,暂允许房地产开发企业在收到预收款时,向购房者开具增值税普通发票,在"货物或应税劳务、服务名称"栏填写不动产名称房号并标明"预收款

（预收 %）"字样，数量单价可不填写，备注栏中须详细注明不动产的详细地址、房款全款等相关信息。待正式交易完成时，对预收款时开具的增值税普通发票予以冲红，同时开具全额的增值税发票。

5．湖南省国家税务局的规定。

房地产开发企业收到预收款时，可选择以下两种方式之一处理：一是可开具纳税人自制的预收款收款收据；二是在收到预收款时可开具增值税普通发票，并在发票备注栏注明"预收款"，税率选择0，税额为0。

无论纳税人开具自制收据还是增值税普通发票，收取的预收款收入均应按规定预缴税款，并填报《增值税预缴税款表》，但不填报《增值税纳税申报表》及其附列资料。正式交易完成或全额缴纳房款时，纳税人应根据最终的实际交易金额重新全额开具增值税发票，并按规定进行纳税申报。对预收房款时开具的增值税普通发票，纳税人可选择在发票管理新系统中进行冲红，冲红时开具的红字发票金额不在《增值税纳税申报表》及其附列资料中填报。

6．山东省国家税务局的规定。

营改增后，为保证不影响购房者正常业务办理，允许房地产开发企业在收到预收款时，向购房者开具增值税普通发票，在开具增值税普通发票时暂选择"零税率"开票，在发票备注栏单独备注"预收款"。开票金额为实际收到的预收款全款，待下个月申报期内通过《增值税预缴税款表》进行申报并按照规定预缴增值税。在申报当期增值税时，不再将已经预缴税款的预收款通过申报表体现，将来正式确认收入开具不动产销售发票时也不再进行红字冲回。

7．湖北省国家税务局的规定。

房地产开发企业在收到预收款时，可以向购房者开具增值税普通发票，在开具增值税普通发票时暂选择"零税率"开票，金额为实际收到的预收款。在发票备注栏上列明合同约定面积、价格、房屋全价，同时注明"预收款，不作为产权交易凭据"。在开具发票次月申报期内，通过《增值税预缴税款表》进行申报，按照规定预缴增值税。预收款所开发票金额不在申报表附表（一）中反映。

在交房时，按所售不动产全款开具增值税发票，按规定申报纳税。

问题2：房地产开发企业跨县（市、区）开发房产如何预缴税款？

《营业税改征增值税试点有关事项的规定》第二条第（十一）款第2项规定：

"房地产开发企业中的一般纳税人销售房地产老项目,以及一般纳税人出租其2016年4月30日前取得的不动产,适用一般计税方法计税的,应以取得的全部价款和价外费用,按照3%的预征率在不动产所在地预缴税款后,向机构所在地主管税务机关进行纳税申报。"

可见,对于房地产企业老项目适用一般计税方法的预征问题,政策是明确的。但是目前国家税务总局文件未对适用一般计税方法的新项目,以及适用简易计税方法的老项目的跨县(市、区)开发房产预缴税款问题做出规定。

河北省国家税务局、内蒙古自治区国家税务局的观点是:本着同类问题同样处理的原则,也应当按照3%的预征率在不动产所在地预缴税款后,向机构所在地主管税务机关进行纳税申报。

而山东省国家税务局的观点是:本着不影响现有财政利益格局的原则,建议房地产开发企业在每个项目所在地均办理营业执照和税务登记,独立计算和缴纳税款;对于未在项目所在地办理税务登记的,参照销售不动产的税务办法进行处理,在不动产所在地按照5%的征收率进行预缴,在机构所在地进行纳税申报,并自行开具发票,对于不能自行开具增值税发票的,可向不动产所在地主管国税机关申请代开。

问题3:已缴纳营业税未开具发票是否需要补开增值税普通发票?

根据《国家税务总局关于发布〈房地产开发企业销售自行开发的房地产项目增值税征收管理暂行办法〉的公告》(国家税务总局公告2016年第18号)的规定,纳税人销售自行开发的房地产项目,其2016年4月30日前收取并已向主管地税机关申报缴纳营业税的预收款,未开具营业税发票的,可以开具增值税普通发票,不得开具增值税专用发票。

具体开票方法,各地的国家税务局作出了规定。举例如下:

1. 内蒙古自治区国家税务局的规定。

房地产开发企业在地税机关已申报缴纳营业税未开具发票需要补开增值税普通发票的,可以自行开具,不能自行开具的,可向主管国税机关申请代开增值税普通发票。

不能自行开具增值税发票的纳税人是指月销售额3万元(按季纳税9万元)以下的小规模纳税人。

补开的增值税普通发票备注栏注明"已缴纳营业税，完税凭证号码××××，未开具发票补开"字样。纳税申报时，补开的增值税发票不体现在增值税纳税申报表中。

试点纳税人到主管国税机关补开发票时，需提供以下资料：税务登记证副本及复印件（居民身份证原件及复印件）、税收完税凭证和地税机关开具的纳税人已申报营业税未开具发票证明等资料。资料审核无误后，按要求向纳税人开具增值税普通发票。同时，将开具的增值税普通发票、税收完税凭证和已申报营业税未开具发票证明一起归档。纳税人自行补开的，应将上述资料留存备查。

2. 湖南省国家税务局的规定。

纳税人在地税机关已申报营业税未开具发票，2016年5月1日以后需要补开发票的，可于2016年12月31日前自行开具增值税普通发票，不能自行开具发票的，可向主管税务机关申请代开增值税普通发票。开具发票时，金额栏填写已缴营业税未开具营业税发票的收入数，税率栏填0，备注栏注明"已缴纳营业税补开发票，营业税完税凭证号码为×××"。

纳税人补开发票时应提供原主管地税机关出具的已缴税未开票证明和营业税完税凭证，证明应包括纳税人名称、项目名称、项目地址、缴税日期、金额、税款所属期等详细信息。

纳税申报时应注意：补开发票的金额不填入增值税纳税申报表；电子申报比对不通过的，可到办税服务厅手工申报，通过"一窗式"申报比对异常处理模块进行操作。

3. 山东省国家税务局的规定。

在开具普通发票时暂选择"零税率"开票，同时将缴纳营业税时开具的发票、收据及完税凭证等相关资料留存备查，在发票备注栏单独备注"已缴纳营业税"字样。

秉持"对于征税主体发生的一项应税行为，不重复征税"的原则，对适用上述情况开具的增值税普通发票，不再征收增值税，也不通过申报表体现。

问题4：房地产公司销售不动产纳税义务发生时间如何确定？

《营业税改征增值税试点实施办法》第四十五条规定，增值税纳税义务、扣缴义务发生时间为：纳税人发生应税行为并收讫销售款项或者取得索取销售款项凭据的当天；先开具发票的，为开具发票的当天。

纳税人发生应税行为是纳税义务发生的前提。房地产公司销售不动产，以房地产公司将不动产交付给买受人的当天作为应税行为发生的时间。

在具体交房时间的辨别上，以《商品房买卖合同》上约定的交房时间为准；若实际交房时间早于合同约定时间，则以实际交付时间为准。

以交房时间作为房地产公司销售不动产纳税义务发生时间，主要是出于以下几点考虑：

一是可以解决税款预缴时间与纳税义务发生时间不明确的问题；

二是可以解决房地产公司销项税额与进项税额发生时间不一致造成的错配问题（如果按收到房屋价款作为纳税义务发生时间，可能形成前期销项税额大、后期进项税额大、长期留抵甚至到企业注销时进项税额仍然没有抵扣完毕的现象）。

三是可以解决从销售额中扣除的土地价款与实现的收入匹配的问题。

这是湖北省国家税务局的观点，内蒙古自治区等省区的国家税务局也明确以交房时间作为房地产公司销售不动产纳税义务发生时间，我也支持这种观点。

问题5：房地产开发企业适用差额征税的增值税发票怎样开具？

房地产开发企业的一般纳税人销售其开发的房地产项目适用一般计税方法的，以取得的全部价款和价外费用扣除受让土地时各政府部门支付的土地价款后的余额为销售额。但可以按照取得的全部价款和价外费用全额开具增值税发票。

问题6：房地产开发企业的多个老项目可否部分选择简易计税方法，部分选择一般计税方法？

房地产开发企业的多个老项目可以部分选择简易计税方法，部分选择一般计税方法。简易计税方法计税的项目一经选择，36个月内不得变更为一般计税方法计税。

房地产以项目管理为原则，同一房地产企业的老项目需要单独备案，符合老项目标准的，可以选择适用简易征收。按5%征收率缴纳增值税。除法律规定不得开具增值税专用发票的情形外，一般纳税人可自行开具增值税专用发票。

例如，一个房地产开发企业有A、B两个老项目，A项目适用简易计税方法并不影响B项目选择一般计税方法。

问题 7：房地产开发企业销售精装修房、售房送装修，怎样纳税？

房地产开发企业销售精装修房，《商品房买卖合同》中注明的装修费用（含装饰、设备等费用）已经包含在房价中，因此不属于税法中所称的无偿赠送，无须视同销售。

例如，房地产公司销售精装修房一套，其中精装修部分含电器、家具的购进价格为 20 万元，销售价格 200 万元，并按照 200 万元全额开具增值税发票，按照 11% 的税率申报销项税额。此时，无须对 20 万元电器部分单独按照销售货物征收增值税。

问题 8：房地产企业销售不动产的同时，无偿提供家具、家电等货物如何征税？

湖北省国家税务局规定，房地产企业销售不动产，将不动产与货物一并销售，且货物包含在不动产价格以内的，不单独对货物按照适用税率征收增值税。例如，随精装房一并销售的家具、家电等货物，不单独对货物按 17% 的税率征收增值税。

房地产企业销售不动产时，在房价以外单独无偿提供的货物，应视同销售货物，按货物适用税率征收增值税。例如，房地产企业销售商品房时，为促销举办抽奖活动赠送的家电，应视同销售货物，按货物适用税率征收增值税。

山东省国家税务局规定，房地产开发企业销售住房赠送装修、家电，作为房地产开发企业的一种营销模式，其主要目的为销售住房。购房者统一支付对价，可参照混合销售的原则，按销售不动产适用税率申报缴纳增值税。

我的观点与湖北、山东省国家税务局一致，但也有部分地方的国家税务局存在不同观点，比如内蒙古自治区国家税务局规定，"买一赠一"赠送部分视同销售，按"平进平出"计算缴纳增值税销项税额。买房送物业管理费视同销售，按市场公允价，确定销售额征税。

问题 9：房地产企业"一次拿地、分次开发"，如何扣除土地成本？可供销售建筑面积如何确定？

房地产企业分次开发的每一期都是作为单独项目进行核算的，这一操作模式与《房地产开发企业销售自行开发的房地产项目增值税征收管理暂行办法》中的"项目"口径一致，因而，对"一次拿地、分次开发"的情形，要分为两步走，第一步，要将一次性支付土地价款，按照土地面积在不同项目中进行划分固化；第二步，对单个房地产项目中所对应的土地价款，要按照该项目中当期销售建筑面积与可供销售建筑面积的比例，进行计算扣除。

（1）首先，计算出已开发项目所对应的土地出让金：

$$\text{已开发项目所对应的土地出让金} = \text{土地出让金} \times \left(\frac{\text{已开发项目占地面积}}{\text{开发用地总面积}} \right)$$

（2）然后，按照以下公式计算当期允许扣除的土地价款：

$$\text{当期允许扣除的土地价款} = \left(\frac{\text{当期销售房地产项目建筑面积}}{\text{房地产项目可供销售建筑面积}} \right) \times \text{已开发项目所对应的土地出让金}$$

当期销售房地产项目建筑面积，是指当期进行纳税申报的增值税销售额对应的建筑面积。

房地产项目可供销售建筑面积，是指房地产项目可以出售的总建筑面积，不包括销售房地产项目时未单独作价结算的配套公共设施的建筑面积。

（3）按上述公式计算出的允许扣除的土地价款要按项目进行清算，且其总额不得超过支付的土地出让金总额。

（4）从政府部门取得的土地出让金返还款，可不从支付的土地价款中扣除。

问题 10：适用简易计税方法的房地产开发项目是否允许扣除土地价款？

适用简易计税方法的房地产开发项目，不允许扣除土地价款。

问题 11：房地产开发企业一般纳税人土地价款扣除范围怎样确定？

房地产开发企业中的一般纳税人，销售其开发的房地产项目（选择适用简易计税方式的除外），单独作价销售的配套设施，例如幼儿园、会所等项目，其销售额可以扣除该配套设施所对应的土地价款。

房地产开发企业中的一般纳税人销售其开发的房地产项目（选择简易计税方法的房地产老项目除外），只能扣除受让土地时向政府部门支付的土地价款。采取"旧城改造"方式开发房地产项目的，以取得的全部价款和价外费用为销售额，不得扣除直接支付给拆迁户的补偿款。

问题 12：因土地缴纳的契税、配套设施费、政府性基金及因延期缴纳地价款

产生的利息能否纳入土地价款扣除?

根据《房地产开发企业销售自行开发的房地产项目增值税征收管理暂行办法》第五条的规定,支付的土地价款,是指向政府、土地管理部门或受政府委托收取土地价款的单位直接支付的土地价款。因此,不包括市政配套费等政府收费、契税、配套设施费、延期缴纳地价款产生的利息等其他费用。

问题 13:当期允许扣除的土地价款=(当期销售房地产项目建筑面积/房地产项目可供销售建筑面积)×支付的土地价款,房地产项目可供销售建筑面积能否将用于出租、自用的物业面积剔除?

房地产项目可供销售建筑面积不可以将用于出租的、自用的物业面积剔除。

问题 14:如果存在土地返还款,企业实际需要支付的土地价款可能小于土地出让合同列明的土地价款,该种情况下可以扣除的土地价款的范围是否只包含企业直接支付的土地价款?

按实际取得的省级以上(含省级)财政部门监(印)制的财政票据所列价款扣除。

问题 15:同一法人多项目滚动开发,新拿地支付的土地出让金能否在其他正在销售的项目的销售额中抵减?

根据《房地产开发企业销售自行开发的房地产项目增值税征收管理暂行办法》第四条的规定,房地产开发企业中的一般纳税人销售自行开发的房地产项目,适用一般计税方法计税,按照取得的全部价款和价外费用,扣除当期销售房地产项目对应的土地价款后的余额计算销售额。因此,土地价款不得在其他项目的销售额中扣除。

问题 16:项目清算后进项税额留抵,如何处理?

现行营改增试点政策中没有项目清算的规定。根据《营业税改征增值税试点实施办法》的规定,符合条件的进项税额准予从销项税额中扣除,期末留抵税额可以抵扣以后月份的销项税额。

问题 17:地下车位永久租赁行为的增值税税目如何适用?

《中华人民共和国合同法》规定,租赁合同超过 20 年无效。对永久租赁,按财税〔2016〕36号文的规定，应按销售不动产处理，适用11%的增值税税率。

问题18：没收的定金和违约金是否应当缴纳增值税及开具发票？

没收的定金和违约金，如果最后交易成交，属于价外费用，则需缴纳增值税，如果交易没有成交，则不需要缴纳增值税。

问题19：房地产开发企业收到购房人的定金、订金、诚意金、意向金时，是否视同收到预收款按照3%的预征率预缴增值税？

"定金"是一个法律概念，属于一种法律上的担保方式，《中华人民共和国担保法》第八十九条规定：当事人可以约定一方向对方给付定金作为债权的担保。债务人履行债务后，定金应当抵作价款或者收回。给付定金的一方不履行约定的债务的，无权要求返还定金；收受定金的一方不履行约定的债务的，应当双倍返还定金。签订合同时，对定金必须以书面形式进行约定，同时还应约定定金的数额和交付期限。定金数额可以由合同双方当事人自行约定，但是不得超过主合同总价款的20%，超过20%的部分无效。

对于"订金"，我国现行法律中没有明确规定，它不具备"定金"的担保性质，当合同不能履行时，除不可抗力外，应根据双方当事人的过错承担违约责任，一方违约，另一方无权要求其双倍返还，只能得到原额，也没有20%比例的限制。

"意向金（诚意金）"在我国现行法律中不具有法律约束力，主要是房产中介行业为试探购房人的购买诚意及对其有更好的把控而创设出来的概念，在实践中，意向金（诚意金）未转定金之前客户可要求返还且无须承担由此产生的不利后果。

综上，在定金、订金、意向金、诚意金中，只有"定金"具有法律约束力，而对于订金、意向金、诚意金，无论当事人是否违约，支付的款项均需返还。因此，房地产开发企业收到购房人的定金，可视同收到预收款；收到订金、意向金、诚意金，不视同收到预收款。

但销售行为成立时，订金、意向金、诚意金不再退还，实质上属于房屋价款，需要计算缴纳增值税。销售行为不成立时，如果诚意金、定金退还，不属于纳税人的收入，不需要计算缴纳增值税；如果诚意金、定金不退还，属于纳税人的营业外收入，不属于价外收费，也不需要计算缴纳增值税。

问题 20：2016 年 5 月 1 日后发生的退补面积差，如何缴纳税款？

（1）2016 年 5 月 1 日后发生退面积差款，如果该纳税人没有交过增值税，应向地税机关办理退还营业税申请；如果该纳税人已交过增值税，直接向国税机关办理退还增值税申请。

（2）2016 年 5 月 1 日后发生补面积差款，纳税人应向国税缴纳增值税。

问题 21：怎样算一个项目？一个项目分期开发，分别取得《建筑工程施工许可证》，是作为一个项目还是不同项目？

房地产项目以取得的《建筑工程施工许可证》作为界定标准，进行项目划分。分期项目分别取得《建筑工程施工许可证》应作为不同项目处理。

问题 22：房地产企业取得境外公司发票（如规划、设计费、劳务费）能否抵扣？

房地产企业向境外单位购买服务，境外单位在境内未设有经营机构的，购买方作为增值税扣缴义务人，按适用税率计算并扣缴增值税，取得的完税凭证可以作为进项抵扣凭证。

问题 23：原已开具地税的不动产发票若发生退房、更名等需要开具红字发票的情况，红字发票如何开具？发生退税行为的由哪个部门受理？

开票问题文件尚未明确，根据当地规定处理。比如，福建省国家税务局、福建省地税局公告 2016 年第 9 号规定：试点纳税人 2016 年 4 月 30 日前销售服务、无形资产或者不动产已开具发票，2016 年 5 月 1 日后发生销售中止、折让、开票有误等，且不符合发票作废条件的，开具红字增值税普通发票，开具时应在备注栏内注明红字发票对应原开具的营业税发票的代码、号码及开具原因，不得抵减当期增值税应税收入。

根据财税〔2016〕36 号文附件二的规定，试点纳税人发生应税行为，在纳入营改增试点之日前已缴纳营业税，营改增试点后因发生退款减除营业额的，应当向原主管地税机关申请退还已缴纳的营业税。

问题 24：营改增实施后，房地产企业代垫的施工水电费，可否作为代收代付处理？

有两种处理方法：房地产企业可以直接转售水、电给施工企业，开具增值税发票；也可以由水、电部门直接向施工企业开具发票，并由房地产企业代收转付相关款项。

问题 25：房产预售按 3% 征收率预缴的税款，在发生纳税义务时未抵减完的可以结转下期继续抵减，具体怎样抵减？若因后续没有销售收入，预缴额未抵减完的，能否退税？

《房地产开发企业销售自行开发的房地产项目增值税征收管理暂行办法》第十四条规定："一般纳税人销售自行开发的房地产项目适用一般计税方法计税的，应按照《营业税改征增值税试点实施办法》第四十五条规定的纳税义务发生时间，以当期销售额和 11% 的适用税率计算当期应纳税额，抵减已预缴税款后，向主管国税机关申报纳税。未抵减完的预缴税款可以结转下期继续抵减。"

例如，某房地产开发企业有 A、B、C 三个项目，其中 A 项目适用简易计税方法，B、C 项目适用一般计税方法。2016 年 8 月，三个项目分别收到不含税销售价款 1 亿元，分别预缴增值税 300 万元，共预缴增值税 900 万元。2017 年 8 月，B 项目达到了纳税义务发生时间，当月计算出应纳税额为 1 000 万元，此时抵减全部预缴增值税后，应当补缴增值税 100 万元。

房地产开发企业应当在《增值税申报表》主表第 19 行"应纳税额"填报 1 000 万元，第 24 行"应纳税额合计"填报 1 000 万元，第 28 行"分次预缴税额"填报 900 万元，第 34 行"本期应补（退）税额"填报 100 万元。

未抵减完的预缴税款属于多缴税款，可以在办理注销税务登记时申请退税。

问题 26：房地产开发企业增值税留抵税额是否可以抵减预缴税款？

房地产开发企业的增值税留抵税额不能抵减预缴税款。

例如，2016 年 8 月，某适用一般计税方法的房地产开发企业取得不含税销售收入 1 000 万元，应当预缴增值税 30 万元，当月该公司留抵税额 50 万元。此时，该公司应当缴纳预缴增值税 30 万元，50 万元留抵税额继续留抵，而不允许以留抵税额抵减预缴税额。

在纳税申报上，当月有留抵税额时，《增值税纳税申报表》主表第 24 行"应纳税额合计"为0，第28行"分次预缴税额"也为0，可见不能相互抵减。

在会计处理上，预缴的增值税一般在"应交税费——应交增值税（已交税额）"科目借方记载，而增值税留抵税额在"应交税费——应交增值税（进项税额）"科目记载。两者属于不同的会计科目，不能相互抵减。

问题27：房地产兼有新老项目无法准确划分进项税如何计算？

一般纳税人销售自行开发的房地产项目，兼有一般计税方法计税、简易计税方法计税、免征增值税的房地产项目而无法划分不得抵扣的进项税额的，应以《建筑工程施工许可证》注明的"建设规模"为依据进行划分。计算方式为：

$$\text{不得抵扣的进项税额} = \text{当期无法划分的全部进项税额} \times \left(\text{简易计税、免税房地产项目建设规模} \div \text{房地产项目总建设规模} \right)$$

问题28：房地产开发企业的售楼处、样板间的进项税额如何抵扣？这些设施如果最后拆除，已经抵扣的进项税额是否要转出？

售楼处、样板间属于在施工现场修建的临时建筑物、构筑物，其进项税额可一次性抵扣，如果最终拆除，表明售楼部、样板间已经使用完毕，不需要做进项税额转出。

问题29：房地产开发企业中的一般纳税人销售开发的房地产老项目如何计税？

根据《房地产开发企业销售自行开发的房地产项目增值税征收管理暂行办法》的规定，一般纳税人销售自行开发的房地产老项目，可以选择适用简易计税方法按照5%的征收率计税。简易计税方法计税一经选择，36个月内不得变更为一般计税方法计税。一般纳税人销售自行开发的房地产老项目适用简易计税方法计税的，以取得的全部价款和价外费用为销售额，不得扣除对应的土地价款。

问题30：房地产开发企业中的一般纳税人出租自行开发的房地产老项目如何计税？

国家税务总局发布的《纳税人提供不动产经营租赁服务增值税征收管理暂行办法》规定：一般纳税人出租不动产，按照以下规定缴纳增值税：一般纳税人出租其2016年4月30日前取得的不动产，可以选择适用简易计税方法，按照 5% 的征收率计算应纳税额。不动产所在地与机构所在地不在同一县（市、区）的，纳税人应按照上述计税方法向不动产所在地主管国税机关预缴税款，向机构所在地主管国税机关申报纳税。不动产所在地与机构所在地在同一县（市、区）的，纳税人向机构所在地主管国税机关申报纳税。

房地产企业出租自行开发的房地产老项目，应按以上规定计算缴纳增值税。

问题 31：房地产企业销售不动产在营改增前已开具营业税发票的，营改增后，企业发生退款等其他情形应如何处理？

营改增后，房地产企业销售不动产发生退款等情形需重新开具发票的，可按规定开具增值税发票并申报缴纳税款，原已缴纳的营业税款应向原主管地税机关申请退还。

问题 32：营改增全面推开后，房地产开发企业"代建"房屋的行为如何征收增值税？

房地产开发企业营改增之前，《国家税务总局关于"代建"房屋行为应如何征收营业税问题的批复》（国税函〔1998〕554号）对"代建"行为的规定为：房地产开发企业（以下简称甲方）取得土地使用权并办理施工手续后根据其他单位（以下简称乙方）的要求进行施工，并按施工进度向乙方预收房款，工程完工后，甲方替乙方办理产权转移等手续。甲方的上述行为属于销售不动产，应按"销售不动产"税目征收营业税；如甲方自备施工力量修建该房屋，还应对甲方的自建行为，按"建筑业"税目征收营业税。

营改增后，房地产开发企业发生"代建"房屋的行为，若只自备施工力量修建房屋不替乙方办理产权转移手续的，应按照建筑业税目征收增值税；若自备施工力量在修建房屋的同时替乙方办理了产权转移手续，应按照销售不动产税目征收增值税。

问题 33：出售车位或储藏间，没有独立产权，是否按不动产出售处置？

国家税务总局明确：按照实质重于形式的原则，如果购买方取得了不动产的占有、使用、收益、分配等权力，仍应按照出售不动产处理。

问题 34：房地产开发企业总分机构之间土地价款能否扣除？

一般观点是不可以扣除，但是有些省的国家税务局认为可以扣除，比如山东省国家税务局规定：房地产开发企业以总机构的名义竞拍土地，并支付土地价款，交由分支机构开发，则相关的土地价款允许按照政策规定在分支机构进行扣除。

问题 35：房地产开发企业将尚未出售的房屋进行出租怎样界定房地产新、老项目？

房地产老项目，是指：

(1)《建筑工程施工许可证》注明的合同开工日期在 2016 年 4 月 30 日前的房地产项目；

(2)《建筑工程施工许可证》未注明合同开工日期或者未取得《建筑工程施工许可证》但建筑工程承包合同注明的开工日期在 2016 年 4 月 30 日前的建筑工程项目。

新、老项目的界定标准，对房地产开发企业的不同的经营行为是相同的，按照租、售相同，税收公平原则，房地产开发企业将尚未出售的房屋进行出租，仍按上述标准判定是否属于老项目。

问题 36：房地产开发企业代收的办证费、契税、印花税等代收转付费用是否属于价外费用？

《营业税改征增值税试点实施办法》第三十七条规定，"以委托方名义开具发票代委托方收取的款项"不属于价外费用。因此房地产开发企业为不动产买受人代收转付，并以不动产买受人名义取得票据的办证费、契税、印花税等代收转付费用不属于价外费用的范围。

问题 37：房地产开发企业自行开发的开发产品转为固定资产后再销售怎样征税？

房地产开发企业销售权属登记在自己名下的不动产，应当按照《国家税务总局关于发布〈纳税人转让不动产增值税征收管理暂行办法〉的公告》（国家税务总局公告 2016 年第 14 号）的规定进行税务处理，不适用《房地产开发企业销售自行开发的房地产项目增值税征收管理暂行办法》，不允许扣除土地成本。

例如，某房地产企业开发一批商铺，销售出 90%，剩余有 10 套商铺尚未售出。房地产开发企业在办理权属登记时，将该 10 套商铺登记在自己名下。3 年后，该商区房产价格上涨，房地产开发企业决定将该 10 套商铺再出售，此时，该 10 套商铺已经登记在房地产企业名下，再次销售时，属于"二手"，不是房地产开发项目尚未办理权属登记的房产，因此应适用《纳税人转让不动产增值税征收管理暂行办法》。

问题 38：房地产开发企业在 2015 年 4 月 30 日前购入在建工程，于 5 月 1 日后销售的，可否选择适用简易计税方法扣除土地价款后按照 5% 的征收率计税？

《国家税务总局关于发布〈房地产开发企业销售自行开发的房地产项目增值税征收管理暂行办法〉的公告》（国家税务总局公告 2016 年第 18 号）明确规定：

"房地产开发企业以接盘等形式购入未完工的房地产项目继续开发后，以自己的名义立项销售的，属于本办法规定的销售自行开发的房地产项目。

一般纳税人销售自行开发的房地产老项目，可以选择适用简易计税方法按照 5% 的征收率计税。一经选择简易计税方法计税的，36 个月内不得变更为一般计税方法计税。

一般纳税人销售自行开发的房地产老项目适用简易计税方法计税的，以取得的全部价款和价外费用为销售额，不得扣除对应的土地价款。"

问题 39：房地产开发企业自行开发的产品用于出租怎样征税？

财税〔2016〕36 号文以及《国家税务总局关于发布〈纳税人提供不动产经营租赁服务增值税征收管理暂行办法〉的公告》（国家税务总局公告 2016 年第 16 号）规定，房地产开发企业如果是小规模纳税人，其出租不动产应适用简易计税方法；如果是一般纳税人，则要根据取得不动产的时间来判定，2016 年 4 月 30 日前取得的不动产属于"老"的不动产，可以选择适用简易计税方法；2016 年 5 月 1 日以后取得的不动产属于"新"的不动产，出租时适用的是一般计税方法。

对此问题，有人认为关于房地产开发企业自行开发的产品用于出租并没有进行明文规定。上述公告中明确，取得的不动产，包括以直接购买、接受捐赠、接受投资入股、自建以及抵债等各种形式取得的不动产。房地产企业自行开发的产品属于自建取得，适用普遍规定。

部分税务机关建议按下列办法确定取得的不动产时间：不办理房产证等三证的，按竣工验收完成时间确认为取得不动产的时间；办理三证的，按《房屋所有权证》、《房屋契证》和《国有土地使用证》三证时间确认为取得不动产的时间。房屋所有权证和土地使用证将合二为一，统一登记到《不动产权证书》上，即"两证变一证"。

三、其他增值税疑难热点问题解析

问题1：公司超营业范围经营，可否开具增值税发票？

纳税人的经营业务日趋多元化，在主营范围以外也会发生其他属于增值税应税范围的经营活动。所以纳税人自行开具增值税发票或向税务机关申请代开增值税发票时，不受其营业执照中的营业范围限制，只要发生真实的应税业务，均可开具增值税发票。

国家税务总局也明确：一般纳税人发生超出税务登记范围的业务，一律自开增值税发票。

问题2：选择简易计税方法的试点一般纳税人，是否可以开具增值税专用发票？

根据现行政策的规定，目前一般纳税人适用简易计税办法且不得开具增值税专用发票的情形包括：

（1）属于增值税一般纳税人的单采血浆站销售非临床用人体血液，可以按照简易办法依照3%的征收率计算应纳税额，但不得对外开具增值税专用发票。

（2）纳税人销售旧货，应开具普通发票，不得自行开具或者由税务机关代开增值税专用发票。

（3）销售自己使用过的固定资产，减按2%征税的，不得对外开具增值税专用发票。

除上述不得开具增值税专用发票的情形外，其他一般纳税人适用简易计税方法的情形可以开具增值税专用发票。

问题3：哪些项目的差额扣除部分不得开具增值税专用发票？不得开具增值税专用发票的部分应如何开票？

1. 经纪代理服务。

以取得的全部价款和价外费用，扣除向委托方收取并代为支付的政府性基金或者行政事业性收费后的余额为销售额。向委托方收取的政府性基金或者行政事业性收费，不得开具增值税专用发票。

2. 旅游服务。

试点纳税人提供旅游服务，可以选择以取得的全部价款和价外费用，扣除向旅游服务购买方收取并支付给其他单位或者个人的住宿费、餐饮费、交通费、签证费、门票费和支付给其他接团旅游企业的旅游费用后的余额为销售额。采用此办法计算销售额的试点纳税人，向旅游服务购买方收取并支付的上述费用，不得开具增值税专用发票，可以开具普通发票。

3. 有形动产融资性售后回租服务。

纳税人根据2016年4月30日前签订的有形动产融资性售后回租合同，在合同到期前提供的有形动产融资性售后回租服务，选择以向承租方收取的全部价款和价外费用扣除向承租方收取的价款本金及对外支付的借款利息（包括外汇借款和人民币借款利息）、发行债券利息后的余额为销售额的，向承租方收取的有形动产价款本金，不得开具增值税专用发票，可以开具普通发票。

4. 劳务派遣服务。

纳税人提供劳务派遣服务，可以选择差额纳税，以取得的全部价款和价外费用，扣除代用工单位支付给劳务派遣员工的工资、福利和为其办理社会保险及住房公积金后的余额为销售额，按照简易计税方法依5%的征收率计算缴纳增值税。向用工单位收取用于支付给劳务派遣员工工资、福利和为其办理社会保险及住房公积金的费用，不得开具增值税专用发票，可以开具普通发票。

5. 纳税人提供人力资源外包服务。

按照经纪代理服务缴纳增值税，其销售额不包括受客户单位委托代为向客户单位员工发放的工资和代理缴纳的社会保险、住房公积金。向委托方收取并代为发放的工资和代理缴纳的社会保险、住房公积金，不得开具增值税专用发票，可以开具普通发票。

6. 电信企业为公益性机构接受捐款。

中国移动通信集团公司、中国联合网络通信集团有限公司、中国电信集团公司及其成员单位通过手机短信公益特服号为公益性机构接受捐款，以其取得的全部价款和价外费用，扣除支付给公益性机构的捐款后的余额为销售额。其接受的捐款，不得开具增值税专用发票。

《国家税务总局关于全面推开营业税改征增值税试点有关税收征收管理事项的公告》（国家税务总局公告2016年第23号）规定，按照现行政策规定适用差额征税办法缴纳增值税，且不得全额开具增值税发票的（财政部、税务总局另有规定的除外），纳税人自行开具或者税务机关代开增值税发票时，通过新系统中差额征税开票功能开具发票。

按此规定，纳税人发生上述差额征税项目，可通过以下途径开具发票：

一是可通过增值税发票管理新系统中差额征税开票功能开具增值税专用发票；

二是可通过增值税发票管理新系统就差额扣除后余额部分和差额扣除部分分别开具增值税专用发票和增值税普通发票，开具增值税普通发票时税率选择为0；

三是可通过增值税发票管理新系统全额开具增值税普通发票。

问题4：增值税一般纳税人从安装总电表单位购进的非直供电力产品，应如何开票、缴税？

总表单位为一般纳税人的，可以直接为购买方开具增值税专用发票，总表单位为小规模纳税人的，可向税务机关申请代开增值税专用发票。总表单位收取的全部价款和价外费用按照转供电行为申报缴纳增值税，向电力企业购买的电力产品，可向电力企业索取增值税专用发票。

问题5：自来水费、电费是否开具增值税专用发票？若是，税率是多少？

销售电力适用税率为17%，销售自来水适用13%的低税率，但自来水公司销售自产的自来水可以选择简易计税方法，征收率为3%。

问题6：纳税人提供的电梯保养服务怎样征收增值税？

电梯保养服务按照修缮服务征收增值税。

修缮服务，是指对建筑物、构筑物进行修补、加固、养护、改善、使之恢复原来的使用价值或者延长其使用期限的工程作业。电梯是构成不动产实体的设备，纳税人提供电梯保养服务属于建筑服务中的修缮服务。

问题7：转让土地使用权、土地出租怎样征收增值税？

土地使用权属于无形资产，转让土地使用权适用税率为11％。在转让建筑物或者构筑物时一并转让其所占土地使用权的，按照销售不动产缴纳增值税，适用税率为11％。纳税人以经营租赁方式将土地出租给他人使用的，按照不动产经营租赁服务缴纳增值税，适用税率为11％。

问题8：旅店业和饮食业纳税人销售非现场消费的食品怎样征收增值税？

按照《国家税务总局关于旅店业和饮食业纳税人销售食品有关税收问题的公告》（国家税务总局公告2011年第62号）和《国家税务总局关于旅店业和饮食业纳税人销售非现场消费食品增值税有关问题的公告》（国家税务总局公告2013年第17号）的相关规定，旅店业和饮食业纳税人销售非现场消费的食品，属于不经常发生增值税应税行为，可选择按照小规模纳税人缴纳增值税。"不经常发生增值税应税行为"出自《国家税务总局关于明确〈增值税一般纳税人资格认定管理办法〉若干条款处理意见的通知》（国税函〔2010〕139号）中的规定。该文件规定，"认定办法第五条第（三）款所称不经常发生应税行为的企业，是指非增值税纳税人；不经常发生应税行为是指其偶然发生增值税应税行为。全面营改增后，已不存在非增值税纳税人"。

因此，旅店业和饮食业一般纳税人销售非现场消费的食品按照销售货物适用17％的税率。

问题9：挂靠企业应当如何确定纳税义务人？

单位以承包、承租、挂靠方式经营的，承包人、承租人、挂靠人（以下统称承包人）以发包人、出租人、被挂靠人（以下统称发包人）名义对外经营并由发包人承担相关法律责任的，以该发包人为纳税人。否则，以承包人为纳税人。

问题10：如何区分劳务派遣和人力资源外包？增值税税收政策有何区别？

1. 劳务派遣与人力资源外包的区别。

（1）劳务派遣，是指由劳务派遣公司与劳务派遣劳动者订立劳动合同，劳务派遣公司根据与实际用工单位之间签订的协议,将劳务派遣劳动者派至实际用工单位处工作的一种用工形式。

(2) 人力资源外包,指企业根据需要将某一项或几项人力资源管理工作或职能外包出去,交由其他企业或组织进行管理。

2. 销售额计算方式的区别。

(1) 劳务派遣:扣除代用工单位支付给劳务派遣员工的工资、福利和为其办理社会保险及住房公积金后为计税销售额。

说明:社保公积金,由劳务派遣公司以自己企业的名义为员工办理登记并缴纳;劳务派遣是从销售额中扣除上述项目,即所谓的"差额征收"政策。

(2) 人力资源外包:不包括受客户单位委托代为向客户单位员工发放的工资和代理缴纳的社会保险、住房公积金。

说明:社保公积金,由发包企业以自己的名义为员工办理社保公积金登记,但由人力资源外包企业代为发放。人力资源外包销售额中不包括上述项目,即其本身不构成销售额。工资和社保公积金等是客户负担,人力资源外包企业仅仅是代为缴纳,所以其并不构成销售额。所以,人力资源外包,不存在销售额差额征收政策。此行为类似于融资性售后回租的销售额的政策,销售额是"不包括"本金,而不是"扣除"本金。

3. 劳务派遣和人力资源外包的税收政策区别。

(1) 劳务派遣增值税政策。根据《财政部国家税务总局关于进一步明确全面推开营改增试点有关劳务派遣服务、收费公路通行费抵扣等政策的通知》(财税〔2016〕47号)的规定,一般纳税人选择一般计税的,以取得的全部价款和价外费用为销售额,按照6%的适用税率计算缴纳增值税;选择差额征税的,以取得的全部价款和价外费用,扣除代用工单位支付给劳务派遣员工的工资、福利和为其办理社会保险及住房公积金后的余额为销售额,按照简易计税方法依5%的征收率计算缴纳增值税。

小规模纳税人以取得的全部价款和价外费用为销售额,按照简易计税方法依3%的征收率计算缴纳增值税;选择差额征税的,以取得的全部价款和价外费用,扣除代用工单位支付给劳务派遣员工的工资、福利和为其办理社会保险及住房公积金后的余额为销售额,按照简易计税方法依5%的征收率计算缴纳增值税。

选择差额纳税的纳税人,向用工单位收取用于支付给劳务派遣员工工资、福利和为其办理社会保险及住房公积金的费用，不得开具增值税专用发票，可以开具普通发票。

（2）人力资源外包增值税政策。根据《财政部国家税务总局关于进一步明确全面推开营改增试点有关劳务派遣服务、收费公路通行费抵扣等政策的通知》（财税〔2016〕47号）的规定，"纳税人提供人力资源外包服务，按照经纪代理服务缴纳增值税，其销售额不包括受客户单位委托代为向客户单位员工发放的工资和代理缴纳的社会保险、住房公积金。向委托方收取并代为发放的工资和代理缴纳的社会保险、住房公积金，不得开具增值税专用发票，可以开具普通发票。

一般纳税人提供人力资源外包服务，可以选择适用简易计税方法，按照5%的征收率计算缴纳增值税"。

问题11：转租不动产怎样征收增值税？

关于转租不动产如何纳税的问题，国家税务总局明确按照纳税人出租不动产来确定。

一般纳税人将2016年4月30日之前租入的不动产对外转租的，可选择简易办法征税；将5月1日之后租入的不动产对外转租的，不能选择简易办法征税。

问题12：营改增全面实施后，其他个人发生应税项目可否申请代开增值税专用发票？

根据《国家税务总局关于营业税改征增值税委托地税局代征税款和代开增值税发票的通知》（税总函〔2016〕145号）的规定，其他个人销售其取得的不动产和出租不动产，购买方或承租方不属于其他个人的，纳税人缴纳增值税后可以向地税局申请代开增值税专用发票。上述情况之外的，其他个人不能申请代开增值税专用发票。

问题13：分支机构已达到一般纳税人登记标准，但总机构尚未登记一般纳税人资格，分支机构能否认定？

分支机构是否登记为一般纳税人，与总分机构之间的隶属关系没有必然联系。分支机构的一般纳税人资格登记，以其年应税销售额是否达到500万元来判断。

问题 14：在会计制度上按"固定资产"核算的不动产，其进项税额如何抵扣？在会计制度上不按"固定资产"核算的不动产或者不动产在建工程（如投资性房地产），其进项税额如何抵扣？

2016 年 5 月 1 日后取得并在会计制度上按"固定资产"核算的不动产或者 2016 年 5 月 1 日后取得的不动产在建工程，其进项税额 60% 的部分于取得扣税凭证的当期从销项税额中抵扣；40% 的部分为待抵扣进项税额，于取得扣税凭证的当月起第 13 个月从销项税额中抵扣。

（1）2016 年 5 月 1 日后，纳税人购入的原材料等物资用途明确，直接用于不动产在建工程的，其进项税额的 60% 于取得扣税凭证的当期直接申报抵扣；剩余 40% 的部分为待抵扣进项税额，于取得扣税凭证的当月起第 13 个月申报抵扣。

（2）纳税人购入的原材料用途不明的，可在购入当期按规定直接抵扣进项税额。将已抵扣进项税额的原材料用于不动产在建工程时，应将已抵扣进项税额的 40% 在材料领用当期转出为待抵扣进项税额，并于转出当月起第 13 个月再行抵扣。

（3）2016 年 5 月 1 日后取得并在会计制度上不按"固定资产"核算的不动产或者不动产在建工程（如投资性房地产），其进项税额可以一次性全额抵扣。

问题 15：原兼营增值税、营业税业务分别享受小微企业优惠政策的纳税人，如何享受小微企业增值税优惠政策？

增值税小规模纳税人应分别核算销售货物，提供加工、修理修配劳务的销售额，以及销售服务、无形资产的销售额。增值税小规模纳税人销售货物，提供加工、修理修配劳务月销售额不超过 3 万元（按季纳税 9 万元），销售服务、无形资产月销售额不超过 3 万元（按季纳税 9 万元）的，自 2016 年 5 月 1 日起至 2017 年 12 月 31 日，可分别享受小微企业暂免征收增值税优惠政策。

问题 16：不得开具专用发票的情形有哪些？

（1）向消费者个人销售货物、劳务、服务、无形资产或者不动产。

（2）适用免征增值税规定的，国有粮食购销企业除外。

（3）提供经纪代理服务向委托方收取的政府性基金或者行政事业性收费，不得开具增值税专用发票。

（4）提供旅游服务，选择差额扣除的住宿费、餐饮费、交通费、签证费、门票费和支付给其他接团旅游企业的旅游费部分不得开具增值税专用发票，可以开具普通发票。

（5）金融商品转让，不得开具增值税专用发票。

（6）有形动产融资性售后回租服务的老合同，选择以扣除本金部分后的余额为销售额时，向承租方收取的有形动产价款本金，不得开具增值税专用发票，可以开具普通发票。

问题17：宾馆（酒店）在楼层售货或房间内的单独收费物品如何征税？

宾馆（酒店）在楼层售货或在客房中销售方便面等货物，应分别核算销售额，按适用税率和征收率缴纳增值税。

问题18：宾馆住宿服务和不动产租赁怎样划分？

住宿服务不但提供房间，还要提供配套客房服务，如打扫清理等。没有配套服务的属于不动产经营租赁服务。

问题19：餐饮企业购进新鲜食材，还没用完就过期或变质了，超市销售的食品过了保质期还没有卖掉就销毁了，这些情况是否属于非正常损失？

这些情况一般都不属于非正常损失所规定的管理不善导致的货物霉烂变质，不应作进项税额转出处理。

问题20：酒店餐饮企业里的兼营和混合销售怎样划分？

餐饮企业提供餐食的同时售卖烟酒，也是混合销售的餐饮服务，烟酒和菜品一样可能都是单独计价的，但不能按照兼营单独征税，这些东西加上厨师和服务人员的劳动，共同形成了餐饮服务。酒店房间里售卖饮料食品就是兼营，分别征税。无偿赠送早餐和房间里赠送的食品饮料、洗漱用品，不能按兼营和视同销售征税。

问题21：不动产的范围如何界定？出租附着在土地或不动产上的空位、楼面、

屋顶给他人安装竖立广告牌等是否属于出租不动产范围?

根据财税〔2016〕36号文的规定,不动产,是指不能移动或者移动后会引起性质、形状改变的财产,包括建筑物、构筑物等。建筑物,包括住宅、商业营业用房、办公楼等可供居住、工作或者进行其他活动的建造物。构筑物,包括道路、桥梁、隧道、水坝等建造物。

出租附着在土地或不动产上的空位、楼面、屋顶给他人安装竖立广告牌等,按照出租不动产处理。

问题22:以货币资金投资收取的固定利润或者保底利润,如何缴纳增值税?

财税〔2016〕36号文规定,以货币资金投资收取的固定利润或者保底利润,按照贷款服务缴纳增值税。贷款服务,以提供贷款服务取得的全部利息及利息性质的收入为销售额。

问题23:楼体广告、电梯间广告、车辆广告行为如何适用增值税税目?

财税〔2016〕36号文规定,楼梯广告、电梯间广告按租赁不动产征税,按11%的税率征收增值税。车辆广告按17%的税率征收增值税。

问题24:物业公司代收水电费、暖气费怎样征收增值税?

物业公司代收水电费、暖气费,缴纳营业税时实行差额征税,开具代开普通发票,而营改增试点政策中并未延续差额征税政策。对此问题,国家税务总局正在研究解决。暂时按照各省要求进行处理,下面以内蒙古自治区和河北、海南、湖北省的规定为例加以说明。

1. 内蒙古自治区国家税务局的规定。

在新的政策出台之前,可暂按以下情况区分对待:

(1)如果物业公司以自己名义为客户开具发票,属于转售行为,应该按发票金额缴纳增值税。

(2)如果物业公司代收水电费、暖气费等,在国家税务总局明确之前,可暂按代购业务的原则掌握,同时具备以下条件的,暂不征收增值税:

①物业公司不垫付资金;

②自来水公司、电力公司、供热公司等(简称销货方),将发票开具给客户,

并由物业公司将该项发票转交给客户；

③物业公司按销货方实际收取的销售额和增值税额与客户结算货款，并另外收取手续费。

2. 河北省国家税务局的规定。

物业公司代收水电费可暂按代购业务的原则掌握，同时具备以下条件的，不征收增值税：

（1）物业公司不垫付资金；

（2）自来水公司、电力公司等（简称销货方），将发票开具给客户，并由物业公司将该项发票转交给客户；

水电部门对物业公司开具增值税发票，物业公司将水电销售给用户（业主）的，实质属于物业公司销售水电的应税行为，应缴纳增值税。物业公司销售水电，可以开具增值税发票。

3. 海南省国家税务局的规定。

根据《中华人民共和国增值税暂行条例》及其实施细则、《海南省国家税务局关于物业管理公司销售水、电增值税有关问题的公告》（海南省国家税务局公告2013年第8号）等有关规定，物业公司收取水电费，按以下情况区分对待：

（1）物业管理公司销售水、电行为。供水、供电公司统一将水、电销售给物业管理公司，统一向物业管理公司结算收取水、电费，并向物业管理公司开具货物销售发票。再由物业管理公司向住户销售水、电并收取价款的行为，属于物业管理公司销售水、电行为。物业管理公司发生上述销售水、电行为的，应向当地主管国税机关领取货物销售发票开具给用户，并按销售货物计算缴纳增值税。

（2）物业管理公司代收水、电行为。物业管理公司受供水、供电公司委托代收水、电费，同时具备以下条件的，暂不征收增值税：

①持有相关代收协议；

②物业公司不垫付资金；

③代收水、电费时，将供水、供电公司开具给用户的货物销售发票转交给用户；

④物业管理公司按销货方实际收取的销售额和增值税额与客户结算货款，并另外收取手续费（手续费部分按照经纪代理服务计算缴纳增值税）。

4. 湖北省国家税务局的规定。

物业公司在提供物业管理服务中,向用户收取的水费、电费等,属于混合销售行为,一并按物业管理服务征收增值税。

问题 25:营改增后有哪些发票类型?过渡期发票政策是怎样的?

《国家税务总局关于全面推开营业税改征增值税试点有关税收征收管理事项的公告》(国家税务总局公告 2016 年第 23 号)规定:

(1)一般纳税人及小规模纳税人可开具增值税专用发票、增值税普通发票、机动车销售统一发票、增值税电子普通发票。

(2)增值税普通发票(卷式)启用前,纳税人使用国税机关发放的现有卷式发票。

(3)门票、过路(过桥)费发票、定额发票、客运发票和二手车销售统一发票继续使用,自 2016 年 5 月 1 日起,由国税机关监制管理,原来地税机关监制的门票、过路(过桥)费发票,仍然可以沿用至 6 月 30 日。

(4)采取汇总纳税的金融机构,省、自治区所辖地市以下分支机构可以使用地市级机构统一领取的增值税专用发票、增值税普通发票、增值税电子普通发票。

(5)国税机关、地税机关使用新系统代开增值税专用发票和增值税普通发票。代开增值税专用发票使用六联票,代开增值税普通发票使用五联票。

(6)自 2016 年 5 月 1 日起,地税机关不再向试点纳税人发放发票。试点纳税人已领取地税机关印制的发票以及印有本单位名称的发票,可继续使用至 2016 年 6 月 30 日,特殊情况经省国家税务局确定,可适当延长使用期限,最迟不超过 2016 年 8 月 31 日。

(7)纳税人在地税机关已申报营业税未开具发票,2016 年 5 月 1 日以后需要补开发票的,可于 2016 年 12 月 31 日前开具增值税普通发票(国家税务总局另有规定的除外)。

问题 26:同一纳税人在简易计税方法与一般计税方法并存的情况下,进项税额怎么划分?

一般纳税人的进项税额既用于一般计税方法的项目又用于简易计税方法的项目存在无法划分的情况下,适用《营业税改征增值税试点实施办法》第二十九条,即：不得抵扣的进项税额＝当期无法划分的全部进项税额×(当期简易计税方法计税项目销售额＋免征增值税项目销售额)/当期全部销售额)。

如果能准确判定进项税额专用于一般计税方法项目或简易计税方法的项目，则该进项税额要么全部抵扣要么不予抵扣，不需要划分。

纳税人购入固定资产、无形资产（不包括其他权益性无形资产）、不动产的进项税额如果既用于一般计税方法的项目又用于简易计税方法的项目，不需要划分，全部准予抵扣。

纳税人应当根据《营业税改征增值税试点实施办法》第二十九条的规定，及时准确做好会计核算和纳税申报。若纳税人违反上述规定，税务机关在检查中发现问题，将对该进项税额予以调整或全部转出。

问题27：营改增后公司食堂整体外包怎样进行税务处理?

公司食堂对外承包主要有两种方式：

(1) 以被承包人名义经营，经营风险由被承包人承担。食堂所有采购仍以被承包公司名义进行，食堂运营支出均在公司列支核算，则该食堂仍属于公司内部食堂。如果食堂服务对象仅为公司员工，不对外经营，不征增值税。

(2) 以承包者名义经营并承担经营风险。公司将食堂外包给专业餐饮服务公司，由专业餐饮服务公司负责运营管理、承担经营风险，按期向公司支付承包费用，员工就餐直接向承包人支付就餐费用。

公司将食堂（包括场地、设备及经营权）整体外包给专业餐饮服务公司，如果外包协议并未区分不同资产外包服务价格，因该协议主要标的并非不动产、动产的使用权，而是食堂的经营权，所以适用对外销售无形资产——其他权益性无形资产之中的经营权（其他经营权），按所收全部价款包括价外费用（含公司支付的水电气费用等）按6%的税率征税，不适用不动产、动产租赁服务征税；如果公司食堂发生的水电气费用单独向专业餐饮服务公司收取，则按转售水电气适用税率征税（电17%、自来水、天然气13%）。如果出租与承租方相互之间提供免费服务，需按抵顶之前的销售额分别确认各自的应税销售额。

企业及内部员工支付给专业餐饮服务公司的进餐费用，专业餐饮服务公司应按餐饮服务6%的税率征税。

问题 28：以不动产对外投资是否缴纳增值税？

《营业税改征增值税试点实施办法》第十条规定："销售服务、无形资产或者不动产，是指有偿提供服务、有偿转让无形资产或者不动产。"

《营业税改征增值税试点实施办法》第十一条规定："有偿，是指取得货币、货物或者其他经济利益。"

以不动产投资，是以不动产为对价换取了被投资企业的股权，取得了"其他经济利益"，应当缴纳增值税。

问题 29：股权转让涉及的不动产是否需要缴纳增值税？

在股权转让中，被转让企业的不动产并未发生所有权转移，不缴纳增值税。

问题 30：营改增纳税人兼营和混合销售有什么区别？

财税〔2016〕36号文规定，纳税人兼营销售货物、劳务、服务、无形资产或者不动产，适用不同税率或者征收率的，应当分别核算适用不同税率或者征收率的销售额；未分别核算的，从高适用税率。一项销售行为如果既涉及货物又涉及服务，为混合销售。

二者的区别在于：兼营是指纳税人经营的业务中，有两项或多项销售行为，但是这二项或多项销售行为没有直接的关联和从属关系，业务的发生互相独立，如纳税人既有销售货物业务，又有不动产出租的业务，还有销售金融服务的业务；而混合销售是一项销售行为，虽然既涉及货物又涉及服务，但二者之间有直接关联或互为从属关系，如商场销售空调的同时提供送货上门、安装服务。

问题 31：境内单位进口货物取得境外单位的返利是否需要作进项税额转出？

《国家税务总局关于平销行为征收增值税问题的通知》（国税发〔1997〕167号）规定，自1997年1月1日起，凡增值税一般纳税人，无论是否有平销行为，因购买货物而从销售方取得的各种形式的返还资金，均应依所购货物的增值税税率计算应冲减的进项税金，并从其取得返还资金当期的进项税金中予以冲减。应冲减的进项税金计算公式如下：当期应冲减进项税金＝当期取得的返还资金×所购货物适用的增值税税率。

因此，即使是境外单位的返利，也需要作进项税额转出。

问题32：某公司连续12个月取得装饰服务销售额400万元，同期还取得设计服务的销售额80万元，取得货物的销售额40万元，那么该公司是否要认定为一般纳税人？

按照财税〔2016〕36号文的规定，营改增纳税人兼有销售货物、提供加工修理修配劳务以及历次和本次应税服务（无形资产、不动产）的，应税货物及劳务销售额与应税服务销售额（无形资产、不动产）分别计算，分别适用增值税一般纳税人资格认定标准。那么，该企业营改增的应税服务销售额是480万元，销售货物销售额是40万元，两项不相加计算，仍然可按小规模纳税人计税。

问题33：营改增试点纳税人中，已登记为一般纳税人的个体工商户能适用增值税起征点的规定吗？

按照财税〔2016〕36号文的规定，增值税起征点不适用于登记为一般纳税人的个体工商户。

问题34：什么情况下可以使用新系统中的差额征税开票功能？

按照现行政策规定适用差额征税办法缴纳增值税，且不得全额开具增值税发票的（财政部、国家税务总局另有规定的除外），纳税人自行开具或者由税务机关代开增值税发票时，可以使用新系统中差额征税开票功能。

问题35：什么情形下可以开具红字增值税专用发票？

纳税人发生应税行为，开具增值税专用发票后，发生开票有误或者销售折让、中止、退回等情形的，应当按照国家税务总局的规定开具红字增值税专用发票；未按照规定开具红字增值税专用发票的，不得按照《财政部 国家税务总局关于全面推开营业税改征增值税试点的通知》（财税〔2016〕36号）第三十二条和第三十六条的规定扣减销项税额或者销售额。

问题36：婚庆公司提供婚庆策划、主持司仪、婚车接送、花篮等服务怎样缴纳增值税？

婚庆公司提供婚庆策划、主持司仪、婚车花篮等整体服务，按照居民日常服务缴纳增值税。

问题 37："三流"一致，也有的说"四流"一致，其中的资金流究竟有无政策依据？资金流不一致究竟能否抵扣？三方抵款协议、委托付款协议在税法上是否认可？

增值税实务中所说的"三流"，是指业务流（货物流、服务流）、资金流、发票流。也有人说是"四流"，即合同流、业务流（货物流、服务流）、资金流、发票流。

1. 政策依据。

《国家税务总局关于加强增值税征收管理若干问题的通知》（国税发〔1995〕192号，以下简称国税发〔1995〕192号文）第一条第三款规定，纳税人购进货物或应税劳务，支付运输费用，所支付款项的单位，必须与开具抵扣凭证的销货单位、提供劳务的单位一致，才能够申报抵扣进项税额，否则不予抵扣。

2. 稽查案例。

日前，吉林省大安市东方风电公司违反规定抵扣税款，受到大安市国税局稽查局的查处，被依法追缴税款及滞纳金 462.66 万元。

大安市国税局稽查局 3 名稽查员到大安市东方风电公司开展专项检查时，发现该公司银行存款和应付账款均较上年大幅增加。既然资金状况较好，为何不及时支付货款？带着疑问，稽查人员以调查核实其资金往来情况为突破口，展开了对该公司的深入检查。

稽查人员获取了该公司购进货物取得相关增值税专用发票的信息，发现该公司可能存在取得收款方与开票方不一致的进项增值税专用发票的问题。为此，稽查人员对有关账户和相关凭证一一展开分析，通过比对，他们发现该公司 2012 年从大安风电设备有限公司购进风电叶片后，只将货款的一小部分直接支付给开票方大安风电设备有限公司，而其余款项未支付，应付账款却挂在非开票单位天津某风电叶片工程有限公司账上。

稽查人员约谈了该公司相关业务的经办人员。经过耐心的税法宣传教育，相关人员交代了这些增值税专用发票的来龙去脉。原来，2012 年 2 月 27 日，大安市东方风电公司、大安风电设备有限公司和天津某风电叶片工程有限公司 3 家企业签订了《三方抵款协议》。根据《三方抵款协议》的内容，大安市东方风电公司向天津某风电叶片工程有限公司支付风电叶片货款 2 376.03 万元。其余款项 450.75 万元直接支付给大安风电设备有限公司。会计人员解释称，由于平时对税收政策学习不够，对政策理解出现了偏差，以为既然签订了《三方抵款协议》，尽管支付货款的单位与开具增值税专用发票的销货单位不一致，也是可以申报抵税的。该会计人员主动向税务人员承认错误，愿意接受税务机关的处理。

　　同时，稽查人员分别从开票、受票单位的资金运作情况展开协查取证，并向开票单位所在地税务机关发出协查函，通过货款取得与支付情况的比对，核实实际交易记录，确认了该公司违规抵扣进项税额造成少缴税款的事实。根据《国家税务总局关于加强增值税征收管理若干问题的通知》（国税发〔1995〕192号）第一条第三款的规定，纳税人购进货物或应税劳务，支付运输费用，所支付款项的单位，必须与开具抵扣凭证的销货单位、提供劳务的单位一致，才能够申报抵扣进项税额，否则不予抵扣。因此，大安市国税局稽查局追缴了该公司少缴的税款及滞纳金。

（资料来源：刘忠月、张立东：《理解政策有误违规抵扣被查》，载《中国税务报》，2014年10月。）

3. 相关建议。

（1）《国家税务总局关于公布全文失效废止和部分条款废止的税收规范性文件目录的公告》（国家税务总局公告2016年第34号）对税收规范性文件进行了清理，并重点清理了不利于稳增长、促改革、调结构、惠民生的税收规范性文件。这次清理废止失效了120份规范性文件，还对10份规范性文件的部分条款进行了废止。不过，这次清理仍未废止国税发〔1995〕192号文第一条第（三）项。是疏忽吗？显然不是，因为本次清理废止了国税发〔1995〕192号文第一条第（一）项。

　　随着商业模式的日新月异，该文件是否应该废止或细化？目前争议很大，但是在没有被废止前，企业还需慎之又慎！企业作为购买方还需按照规定执行；作为销售方，购买方想通过第三方付款的，应明确告知购买方存在进项税额不能抵扣的风险，因此发生的一切后果与销售方无关，销售方若因此受到损失由购买方赔偿。

（2）在实务中，三方抵款协议、委托付款协议等在合同法上没有问题，在税法上税务风险究竟有多大，是否符合三流一致的要求，税务机关是否认可，能否抵扣进项税额，一直存在争议。但是从上述税务稽查案例来看，企业最好不要以身犯险，应尽量做到资金流和发票流一致。

（3）税法并没有规定必须通过基本账户收付款，只要使用以企业为账户名称开户的银行账户即可。

（4）税法并没有规定所有业务必须通过转账付款，没有限制结算方式，更没有禁止现金结算，企业人员因公出差发生的住宿费用可以取得增值税专用发票抵扣进项税额。居然有"专家"认为，员工出差用现金或个人银行卡支付住宿费用属于"三流"不一致，不允许公司抵扣，必须由公司账户付款才可以抵扣，真是可笑至极。

（5）不少建筑企业"分公司"都有"账户"，但是很多所谓的"分公司"都没有营业执照，实际上相当于一个项目部，一个企业部门，并非真正意义上的分公司，不属于独立增值税纳税人，其"账户"也属于企业名称的账户，当然可以用该账户付款，符合"三流一致"的要求。但是领取营业执照的分公司则属于独立的增值税纳税人，总公司业务不能由分公司账户收付款，《国家税务总局关于诺基亚公司实行统一结算方式增值税进项税额抵扣问题的批复》（国税函〔2006〕1211号）的规定仅适用于诺基亚公司，其他公司不适用。

（6）《国家税务总局关于诺基亚公司实行统一结算方式增值税进项税额抵扣问题的批复》（国税函〔2006〕1211号）规定，对诺基亚各分公司购买货物从供应商取得的增值税专用发票，由总公司统一支付货款，造成购进货物的实际付款单位与发票上注明的购货单位名称不一致的，不属于国税发〔1995〕192号文第一条第（三）款有关规定的情形，允许其抵扣增值税进项税额。

（7）从政策文件措辞对比中我们也发现，《增值税暂行条例》第五条规定："纳税人销售货物或者应税劳务，按照销售额和本条例第二条规定的税率计算并向购买方收取的增值税额，为销项税额"；财税〔2016〕36号文附件一中第二十二条规定："销项税额，是指纳税人发生应税行为按照销售额和增值税税率计算并收取的增值税额"。财税〔2016〕36号文未说明向购买方收取，而仅仅说明收取。